# 陈梧桐精选集

陈梧桐 ◎ 著

人民日报出版社
北京

## 图书在版编目（CIP）数据

陈梧桐精选集 / 陈梧桐著 . — 北京：人民日报出版社，2023.5
ISBN 978-7-5115-7820-4

Ⅰ.①陈… Ⅱ.①陈… Ⅲ.①中国历史—明代—文集 Ⅳ.① K248.07-53

中国国家版本馆 CIP 数据核字（2023）第 085894 号

| | |
|---|---|
| 书　　名： | 陈梧桐精选集<br>CHEN WUTONG JINGXUAN JI |
| 作　　者： | 陈梧桐 |
| 出 版 人： | 刘华新 |
| 策 划 人： | 欧阳辉 |
| 责任编辑： | 毕春月　刘思捷 |
| 装帧设计： | 新成博创 XIN CHENG BO CHUANG |
| 出版发行： | 人民日报出版社 |
| 社　　址： | 北京金台西路 2 号 |
| 邮政编码： | 100733 |
| 发行热线： | （010）65369509　65369527　65369846　65363528 |
| 邮购热线： | （010）65369530　65363527 |
| 编辑热线： | （010）65369521 |
| 网　　址： | www.peopledailypress.com |
| 经　　销： | 新华书店 |
| 印　　刷： | 北京盛通印刷股份有限公司 |
| 法律顾问： | 北京科宇律师事务所　（010）83622312 |
| 开　　本： | 710 毫米 ×1000 毫米　1/16 |
| 字　　数： | 196 千字 |
| 印　　张： | 19 |
| 版次印次： | 2023 年 9 月第 1 版　2023 年 9 月第 1 次印刷 |
| 书　　号： | ISBN 978-7-5115-7820-4 |
| 定　　价： | 78.00 元 |

# 前　言

我于 1954 年至 1958 年就读于厦门大学历史系，毕业后分配到高等教育出版社文史组当编辑。一年后，我被下放到陕西延安，接受贫下中农的再教育。返京后不久，我被调到人民教育出版社历史编辑室世界史组，后同人教社的同事一起下放安徽凤阳。过了三年，我被分配到广西大学，参与中文系的创办，并承担世界近代史公开课的教学。1975 年，我调回北京，到中央民族学院（今中央民族大学）历史系任教。

到中央民族大学，我已到不惑之年。由于工作单位频繁变动，自己的史学专业应该说是一无所成。于是，我决心转向自己感兴趣的明史研究，希望在有生之年写出一两部有分量的明史专著。从此，在教学之余，我跑遍北京各大图书馆、档案馆和书店，搜寻购置各种有关的史籍。有空就埋头钻到这些故纸堆里，广读博览，甚至挑灯夜战，挖掘资料。在此基础上，撰写了《洪武皇帝大传》《朱元璋传》《朱元璋大传》《崇祯往事》等几部数十万字的专著；同时，应友人之约，撰写了一些普及性的短小篇什，发表在报纸杂志上，后收入《履痕集》《散叶集》《秋实集》《自从出了朱皇帝》《朱元璋：从乞丐到皇帝》等集子中。

前不久，人民日报出版社编辑与我约稿，他说，这本书主要是面向大众读者，忌晦涩艰深、鸿篇巨制，应写得通俗易懂、短小精悍。按照这个原则，我从先前出版的几个集子中挑选出一批文章，按"朱元璋其人其事""朱元璋周围的人物""明史杂谭"的逻辑顺序，编入这部精选集中。除《洪武年间的休养生息政策》《朱元璋喜忧交织的晚年》《朱元璋一生的功与过》涉及内容较多、篇幅稍长外，其他篇什都在五千字上下。

希望广大读者能从中领略到明史的若干风貌，得到有益的启迪和借鉴。

2023 年 2 月 10 日于北京海淀区民族大学西路寓所

前　言

朱重八名字的由来……………………………………… 001

虚幻的光环与现实的苦难……………………………… 004

投奔起义，崭露头角…………………………………… 012

营建江南根据地………………………………………… 021

重树儒学的独尊地位…………………………………… 030

君主专制中央集权制度的高度强化…………………… 035

对人才的网罗使用与摧残扼杀………………………… 041

大打折扣的谏诤………………………………………… 050

不禁贪暴，则民无以遂其生……………………060

安民为本和锄强扶弱的治国之策………………066

洪武年间的休养生息政策………………………074

大槐树的传说……………………………………094

军屯开展与边疆开发……………………………101

胡惟庸党案的真与假……………………………107

真假混淆的蓝玉党案……………………………118

从赐徐达食蒸鹅的传闻说起……………………128

威德兼施的民族政策……………………………134

以"不征"为特征的和平外交…………………141

把办学与农桑视为"王政之本"………………155

学向勤中得………………………………………161

尊容与画像之谜…………………………………166

朱元璋喜忧交织的晚年…………………………170

朱元璋一生的功与过……………………………187

赞成大业、母仪天下的马皇后…………………203

亲侄朱文正之死…………………………………210

度量狭窄、目光短浅的郭子兴…………………216

明朝第一开国功臣徐达……………………………221

明朝第一开国文臣刘基……………………………228

李善长的功与过……………………………………239

明成祖为何迁都北京………………………………246

政策失误与土木之变………………………………255

四百年后再看张居正的改革………………………267

明朝覆亡的历史反思………………………………279

党员干部为什么要学点历史知识…………………289

## 朱重八名字的由来

明朝的开国皇帝明太祖朱元璋，小时候父母给他取的名字叫重八，长大后自己改名为兴宗，后来才改名为元璋，字国瑞。时下流行的一本通俗历史读物《明朝那些事儿·朱元璋卷》，开篇为朱元璋列出一份档案，在姓名与别名的栏目里写道："姓名：朱元璋　别名（外号）：朱重八、朱国瑞。"这里应该把朱重八列为"小名"一栏，或者把朱重八、朱兴宗列为"曾用名"一栏。

朱元璋的父母为什么给他取这样的名字？这本通俗历史读物的作者解释说："取这样的名字不是因为朱家是搞数学的，而是因为在元朝，老百姓如果不能上学和当官就没有名字，只能以父母年龄相加或者出生的日期命名（登记户口的人一定会眼花）。"既然是以父母年龄相加或者出生的日期命名，他的名字应该是两个数字，所以作者说："朱重八，这个名字也可以叫朱八八。"但是，朱元璋生于元文宗天历元年（1328年）农历（当时使用农历，通常也称阴历）九月十八日（阳历10月21日），这一年他父亲朱五四四十八岁,母亲陈氏四十三岁,父母的年岁相加为九十一岁,如果朱元璋的名字是以父母的年岁相加或者出生的日期命名,他的名字应该是九一或一八,怎么说也不会是重八或八八了。

其实,在宋元以来的封建社会,平民百姓是没有职名的,除以父母的年岁相加或者出生的日期作为称呼外,还有以行辈命名的。清代俞樾《春在堂随笔》卷五云:

> 徐诚庵大令为余言:"向见吾邑《蔡氏家谱》有前辈书小字一行,云:'元制:庶民无职者,不许取名,止以行第及父母年齿合计为名。'此制于《元史》无征,然证以明高皇(明太祖朱元璋)所称其兄之名,正是如此。其为元时令甲无疑矣。见在绍兴乡间,颇有以数目字为名者。如夫年二十四,妇年二十二,合为四十六,生子即名四六;夫年二十三,妇年二十二,合为四十五,生子或名为五九,五九四十五也。"以上并徐君说。余考明勋臣,开平王常遇春,曾祖四三,祖重五,父六六;东瓯王汤和曾祖五一,祖六一,父七一,亦以数目字为名。又考洪文敏《夷坚志》所载宋时杂事,如云兴国军民熊二;又云刘十二,鄱阳城民也;又云南城田夫周三;又云鄱阳小民隗六;又云符离人从四;又云楚州山阳县渔者尹二;又云解州安邑池西乡民梁小二;又云董小七,临川人;又云徽州婺源民张四;又云黄州市民李十六,其仆崔三;又云鄱阳乡民郑小五;又云金华县孝顺镇农民陈二。诸如此类,不可胜举。又载阳武四将军事云:"访渔之家,

无有知之者，亦不曾询其姓第，识者疑为神云。"按言姓第，不言姓名，疑宋时里巷细民，固无名也。

重八这个名字就是按照行辈的次序取的。他属于"重"字辈，有四个堂兄分别叫重一、重二、重三、重五，三个胞兄分别叫重四、重六、重七，他年纪最小，就叫重八。既然是按辈分取名的，这个重八，就不能叫八八，重一、重二、重三、重四、重五、重六、重七，同样也不能叫一一、二二、三三、四四、五五、六六、七七。事实上，翻遍明代史籍，也从不见有称朱元璋兄弟为一一、二二、三三、四四、五五、六六、七七、八八的记载。

历史本身很精彩，所有的历史都可以写得很好看。同时要看到，历史虽然是发生过的往事，却是一种客观的存在，不是可以任人随意打扮的小姑娘。任何历史作品，不管它的表现形式如何，是学术著作还是通俗读物，都应该真实地反映历史的面貌，揭示其丰富的内涵。否则，戏说历史，真假混淆，就无助于人们认识历史，难以得到有益的启迪。因此，历史作品应该写得好看，更要写得真实。真实是历史作品的生命之所在。

## 虚幻的光环与现实的苦难

皇帝也是肉眼凡胎,同普通人没什么两样,他凭什么能称孤道寡,君临天下,掌握全国臣民的生杀予夺大权呢?于是,皇帝制度的吹鼓手们便制造出种种神话,把皇帝说成是皇天上帝在地上的化身——天子,是代表皇天上帝来统治黎民百姓的。首倡此说者是汉代董仲舒,刘向紧随其后,他们都鼓吹"天人合一"说,把皇帝说成是天人结合的宠儿。如汉代谏大夫鲍宣就对汉哀帝说:"天下乃皇天之天下也,陛下上为皇天子,下为黎庶父母,为天牧养元元。"(《汉书》卷四二,《鲍宣传》)皇帝既然是天之骄子,就由人变成了神,他是皇天上帝在地上的代表,人们只能服服帖帖地听从他的统治。不仅如此,汉代的吹鼓手们还为西汉王朝的开国皇帝汉高祖刘邦编造神话,说他的母亲刘媪"尝息大泽之陂,梦与神遇",当时雷电晦冥,他父亲太公往视,"则见蛟龙于其上"。刘媪随即怀有身孕,"遂产高祖"(《史记》卷八,《高祖本纪》)。这样,刘邦就成了龙子,是真龙天子,平民百姓更得诚惶诚恐，俯首听命。

这种做法，后来为历朝历代所仿效，到明代更是达到登峰造极的地步。朱元璋穿上龙袍，坐上龙椅，当上明朝的开国皇帝后，很快就被人神化起来。从《天潢玉牒》《皇朝本纪》《龙兴慈记》《明太祖实录》等诸书的记载来看，这种造神运动在明朝初年就开始兴起。据造神的吹鼓手们说，泗州（今江苏盱眙）有个杨家墩，墩下有个窝，朱元璋的祖父朱初一曾躺在窝里，刚好有两个道士路过，对他说："若葬此，出天子。"朱初一把这话告诉儿子即朱元璋的父亲朱五四。后来他死后，朱五四把他葬在那儿，那儿竟自行鼓起一个高大的坟堆。过了半年，朱五四的妻子陈氏便怀上朱元璋，于是人们皆言"此墩有天子气"。又说朱元璋出生前一天，母亲陈氏梦见一黄冠道士在麦场上送给她一丸大仙丹，让她服下。待她一觉醒来，嘴里尚有余香。生下朱元璋时，有"白气自东南贯室，异香经宿不散"。还说朱元璋出生后，"常有神光满室，每一岁间，家内数次夜惊，似有火，急起视之，惟堂前供神之灯，他无火"。周围的邻居夜间常见他家的茅草屋有红光闪现，以为是失火，急忙赶来营救，但走到茅草屋前，红光却又消失不见了，大家都感到疑惑不解。朱元璋出生后得了肚胀病，肚子胀得鼓鼓的，好些天不吃奶。朱五四到处求医，总不见效。有天夜里，忽然梦见一个和尚，"以手抚摩上（朱元璋）顶，旦日疾遂愈"。经过吹鼓手们的不断鼓吹，给朱元璋的头上加上一个又一个光环，朱元璋也就由人变成神，成了龙裔凤胄，他之所以能坐上龙庭，乃是皇天上帝的安排，命里注定的。

但是，所谓神不过是人造的幻影。抹去那一个个虚幻的光环，展现在人们面前的，却是朱元璋童年和青年时代无穷无尽的忧伤和苦难。朱元璋出生于元朝末年社会矛盾普遍激化的年代。当时，不仅官府的赋税、徭役极其繁重，而且蒙、汉及各族的贵族、官僚、地主和寺院疯狂兼并土地，追加地租，奴役佃户及其子女，甚至将佃户随田转卖。加之朝政腐败，贪风炽盛，自然灾害频仍，广大农民纷纷破产，饿殍载道，哀鸿遍野。伴随着不堪忍受的阶级压迫的，还有极其残暴的民族压迫。元朝统治者在征服广大中原和江南地区的过程中，把全国各族人民划分为蒙古、色目（包括西域各族和西夏人）、汉人（包括原先金朝统治下的各族和较早被征服的四川、云南各族，除汉族外，还有契丹、女真等族）、南人（包括原先南宋统治下的汉族和南方少数民族）。四个等级的政治地位各不相同，蒙古人最高，色目人次之，汉人和南人的地位最为低下，也最受歧视，被蔑称为"汉儿""汉子"和"蛮子"。

同当时广大汉族农民一样，朱元璋一家的日子也过得非常艰难。他家祖籍原在沛国相县（今安徽濉溪西北），就是我国历史上第一个布衣出身的皇帝汉高祖刘邦的故乡。后来，他的先祖南渡长江，迁到金陵句容（今属江苏）通德乡的朱家巷。朱家原是一个淘金户，按照规定每年都得向官府交纳黄金。但句容无金可淘，朱家只得改种庄稼，出卖粮食，再买进金子交给官府。几年下来，把仅有的一点家产都赔光了。后来，朱元璋的祖父朱初一带着两个儿子朱五一、朱五四北渡长江，来到泗州北边的孙家岗垦荒。经过几年的辛勤劳作,日子渐有起色,置了田产,并分别给两个儿子娶了媳妇。然而好景不长,朱初一去世后,"家道日替"(《七修类稿》卷七,《朱氏世德碑》),生活又变得艰难了。朱家两兄弟先后迁移到淮河南岸的盱眙津律镇(又称津里镇),并在那里生儿育女。由于生活艰难,他们再次搬家。哥哥朱五一迁到濠州钟离(今安徽凤阳),弟弟朱五四先迁到灵璧,再迁到虹县,后来到钟离东乡,与先前迁居于此的朱五一家住在一起,以便互相照应。

大约在离开盱眙之后,朱五四开始给地主当佃户,有时也出外打工。他"勤俭忠实"(《明太祖实录》卷一),全家佃种地主的几十亩地,拼死拼活地干活,打下的粮食有一多半得给地主交租,剩下的往往不够一家糊口,遇到灾荒年月,生活就更加困苦。有时年景稍好,地主就要加租,如不同意,即被夺佃,只好搬家另租地种。所以,他在一个地方往往住不长久,过段时间就得搬一次家。搬到钟离东乡不久,朱五四已有三男一女(大女儿在津律镇已经送人,但朱五四迁到东乡又生下二女儿佛女),长子朱重四又娶了媳妇,加上朱五四夫妻两口,共七口人,日子过得紧巴巴的。天历元年九月十八日(1328年10月21日),在朱家的一间破茅草屋里,朱元璋呱呱坠地。这给朱家带来的,自然是忧愁多于欢乐。

朱元璋十一岁时,地主又无故夺佃,朱家只得从东乡搬到西乡,在西乡住了一年时间,大伯朱五一不幸染病身亡。此时,大伯的儿女们都已成家,各立门户,朱五四便领着自己的儿女,迁居到人烟稀少的太平乡孤庄村，租种地主刘德的田地。由于多次搬家，加上二姊出嫁，大哥娶亲，花了些钱，日子越发不济，经常"取草之可茹者杂米以炊"（《明太祖实录》卷四〇）。为了减轻家里的负担，二哥和三哥分别到唐家、刘家当了上门女婿，长得"姿貌雄杰"（《明太祖实录》卷一）的朱元璋，也去给地主刘德看牛放羊。不料，淮河两岸接连发生旱灾，二嫂刘氏和二哥的独生子旺儿先后病死，大姊和大姊夫王七一满门死绝。但是，眼泪还未哭干，更大的灾难又接踵而来。至正四年（1344年）春，江淮大地相继发生旱灾、蝗灾和瘟疫，朱元璋的父亲朱五四、大哥朱重四及其长子圣保、母亲陈氏先后染疾而亡。此时，家徒四壁，连块埋葬的坟地都没有。朱元璋和二哥硬着头皮去央求地主刘德，请他发善心给一小块坟地。尽管朱家给他种了多年的地，从未欠过一粒租子，但刘德还是"呼叱昂昂"（《明太祖集》卷一四，《皇陵碑》），不仅不给坟地，还把他们臭骂了一顿。幸好刘德的哥哥刘继祖同朱家是邻居，往日同朱五四关系比较密切，给了一小块地，朱元璋和二哥这才把父母的尸首草草埋葬。后来，朱元璋在《皇陵碑》里不无伤感地回忆道："殡无棺椁，被体恶裳。浮掩三尺，奠何肴浆！"

埋葬亲人的遗体后，旱灾、蝗灾和瘟疫仍未停止。失去生活依靠的朱元璋，只得到附近的於皇寺（又名皇觉寺）去当小行童。可是，佛门之内，也没有穷人的乐土。所谓"行童"，就是僧寺中的童仆，需要打扫佛堂，上香烛，敲钟鼓，给长老做饭，洗衣裳，并连带给全寺的僧众做各种杂役，干得不好，还得挨长老的骂。庙里不给工钱，只管饭食，实际上还不如一个长工。朱元璋累得上气不接下气，却常常吃不饱肚子。不过，就是这样的日子也过不长久。仅仅过了五十天，於皇寺的住持因"岁歉不足给众食"（《天潢玉牒》），遣散了众僧。朱元璋"家道零落，归无所恃，出无所怙"（袁文新：《凤阳新书》卷八，朱元璋御制《龙兴寺碑》），只好四出游方化缘。化缘为佛教用语，意为募化、乞求布施，用老百姓的话说，就是叫花、要饭。朱元璋听说南边和西边灾情较轻，年景较好，就到那一带去化缘。他一路跋山涉水，穿村越镇，白天对大户人家敲一阵木鱼，唱几句佛号，讨几文钱，要几勺米或一钵饭，晚上借古寺或农家的茅草屋歇脚。遇到荒无人烟的地方，饿了抓几把讨来的存米，用瓦钵烧熟了吃，存米吃光，就摘些野果充饥；累了找处山洞或背风的山崖休息，有时连山洞或背风的山崖都找不到，就干脆躺在野地里，对着清风夜月露宿。后来，他曾回忆这段流浪生活说："突朝烟而急进，暮投古寺以趋跄。仰穹崖崔嵬而倚碧，听猿啼夜月而凄凉。魂悠悠而觅父母无有，志落魄而佽伴。西风鹤唳，俄淅沥以飞霜。身如蓬逐风而不止，心滚滚乎沸汤。"（《皇陵碑》）

在三年多的时间里，朱元璋走过皖西豫东的八九个郡县，受尽世人的白眼、冷落和嘲弄，饱尝风霜之苦，但也熟悉了那里的山川地势、风土人情，大大开阔了眼界，积累了丰富的知识。在流浪过程中，由于沉到社会的最底层，广泛接触贫苦农民，并受到正在淮西一带从事反元秘密活动的白莲教的影响，朱元璋对社会的黑暗、百姓的苦难和民心的期盼，有了更深刻的体会。在流浪过程中，他生活没有依靠，广交江湖朋友。艰苦的游方生活，更塑造了他坚强勇敢而又猜忌多疑的性格。

至正八年（1348年），朱元璋重返於皇寺。由于连年荒旱，寺里香火寂寥，僧众大多离散。留在寺里的几个和尚，没有多少事可干。朱元璋小时念过几个月的私塾，认得几十个字，就跟几个无家可归的老和尚学习佛经，有时把庙里有限的几本杂书拿来翻翻。史籍说他从此"始知立志勤学"（《皇朝本纪》）。这样日积月累，他认识的字越来越多，知识面不断扩大，文化水平得到提高。

又过了三年，刘福通在颍州（今安徽阜阳）发动红巾军起义。朱元璋尽管生活艰难，但仍在庙里撞钟，读书。后来，郭子兴在濠州（今安徽凤阳）起义，於皇寺毁于兵燹，朱元璋这才被逼上梁山，前往濠州投奔了起义。

事实很清楚，出身于贫苦农民家庭的朱元璋，头顶上原本就没有什么光环，有的只是常人难以忍受的无边苦难。北宋思想家张载说："艰难困苦，玉汝于成。"（《张子全书》卷一，《西铭》）不是皇天上帝的安排，而是童年和青年时代的苦难生活，迫使他投身于反抗元朝黑暗统治的起义洪流中，从而成就他日后的一番事业。孟子有言："天将降大任于斯人也，必先苦其心志，劳其筋骨，饿其体肤，空乏其身，行拂乱其所为，所以动心忍性，曾益其所不能。"（《孟子·告子下》）

如果不把"天"当成皇天上帝而是当成历史老人的话，这话是绝对正确的。经历磨难是一种财富，一切不幸的遭遇和坎坷，都能使人更深刻地了解社会,认识人生,增长才干,变成促使人奋发向上、拼搏向前的力量。如果没有童年和青年时代的苦难,朱元璋是不可能成就一番大业的。

## 投奔起义，崭露头角

朱元璋从淮西流浪归来，重返於皇寺待了三年，刘福通在颍州发动红巾军起义，彭莹玉、芝麻李、布王三、孟海马等纷起响应。又过一年，到至正十一年（1351年），定远土豪郭子兴联合孙德崖和俞某、曹某、潘某四人起兵响应，攻占濠州，归刘福通节制。定远和濠州一带农民欢欣鼓舞，纷纷前往投奔。朱元璋在於皇寺得到消息，自然十分兴奋。因为他觉得这个社会实在太过黑暗，太不公平。那些大地主连阡累陌，每年收租几十万甚至上百万石，穷人却无立锥之地，陷于饥寒交迫的困境。朱元璋小时候和同村小伙伴给地主放牛放羊，就常常愤愤不平地议论：为啥财主家不用干活，却天天有大鱼大肉吃，我们天天风里来雨里去，却填不饱肚子呢？当时州县的衙门官吏，又"多不恤民，往往贪财好色，饮酒废事，凡民疾苦，视之漠然"，老百姓对他们恨得咬牙切齿，朱元璋见到他们亦"心实怒之"（《明太祖实录》卷三九）。朱元璋时常想起儿时在油灯下听母亲陈氏边纺纱边给他讲的外祖父陈公抗元的故事。五六十年前,朱元璋的外公曾在宋朝大将张世杰手下当过亲兵。元朝大军南下,攻占南宋都城临安(今浙江杭州),俘虏了宋恭帝,张世杰和陆秀夫等将领在福州拥立益王赵昰做皇帝,继续抗元。文天祥出任丞相,招兵买马,转战于江西、广东一带。不久,赵昰病死,赵昰的弟弟、广王赵昺做皇帝,继续坚持抗元斗争。文天祥不幸兵败被俘,张世杰、陆秀夫护送九岁的小皇帝退往崖山(今广东新会崖门附近)。元朝水军穷追不舍,被张世杰顽强击退。后来,元军攻占崖山海口,切断宋军砍柴取水之路,于祥兴二年(1279年)二月发动大规模攻势,突破宋军的防线。陆秀夫见大势已去,拔剑令妻儿跳海自尽,自己背起小皇帝投海殉国。张世杰趁天黑率领十几条船只冲出重围,图谋再举。谁知四天后却在平章山海面遭遇飓风,船只倾覆,张世杰落水殉难。外公也掉在海里,侥幸被人救起,辗转返回老家。母亲讲的故事,深深打动了朱元璋。他从心底里佩服外公,盼着有一天能像外公那样拿起长矛大刀,把蒙古、色目贵族斩杀净尽,从此不再受他们的欺凌压榨。后来,朱元璋在淮西游方时,听到白莲教徒宣传"明王出世""弥勒降生",号召贫苦农民起来冲破黑暗的现实世界,他打从内心表示拥护。如今,这股以冲破黑暗世界,推翻元朝统治为目标的起义浪潮已在淮西掀起,并波及他的家乡,朱元璋心里当然兴奋异常。他天天暗自祈祷,求菩萨保佑起义队伍能越战越强,取得胜利。不料,没过多久,濠州就来了一支官军,据说有三千人,归一个叫彻里不花的蒙古军官带领。他们驻扎在濠州城南三十里处,不敢与起义军对抗，而是四出骚扰，见到百姓就抓，往其头上缠条红布，说是"乱民"，交给长官报功领赏，闹得村民惶恐不安。有一天，朱元璋正外出躲避，经常出城打劫地主富豪财物的郭子兴队伍来到於皇寺。当时的寺院大多拥有大量土地，残酷剥削佃农，寺院僧侣又常以正统自居，对起义军信奉的白莲教持反对、排斥的态度。于是，红巾军士卒就放了一把火，把寺院点着了。到傍晚，朱元璋回到庙里，偌大一座寺院已被烧掉大半，到处是残垣断壁，只剩下伽蓝殿还算完好。朱元璋的生活因此失去依靠，下一步该怎么办？他绕着残破的寺院转了几圈，也想不出办法，"出为元兵，恐红军至，欲入红军，畏元兵至，两难莫敢前"（《天潢玉牒》），真是愁煞人。

　　过了几天，从小一起放牛的同乡汤和，从濠州捎信给朱元璋，说他已参加郭子兴的队伍，整天打打杀杀，但不愁吃饭。现今兵荒马乱，人无宁居，待在乡下很不安全，何不前来投奔？朱元璋读过信赶紧烧掉，反复思考了几天，也拿不定主意。后来，同室一位师兄告诉他，有人见他收到濠州来的信，准备去官府告发，劝他赶快逃走。朱元璋急得像热锅上的蚂蚁，忙找知心的熟人商量，那人劝他向菩萨讨个卦，再决定去留。朱元璋原先并不怎么相信神佛有灵，对菩萨也不怎么恭敬。记得有一天，自己打扫伽蓝殿，不小心被石座上伽蓝神的大腿绊了一跤，曾举起扫帚狠揍了伽蓝神一顿。又有一天，供在佛殿堂上的蜡烛被耗子啃坏了，怒火中烧，心想，你这伽蓝神整天守着大殿，耗子来了也不管，还害得我挨长老的骂，就提笔在伽蓝神的背上写下"发配三千里"几个字，以发泄心中的怒气。但事到如今，朱元璋只好硬着头皮试一试。他屏住呼吸，蹑手蹑脚地走近伽蓝殿，看大殿内外没有人，便走了进去，恭恭敬敬地点上香，磕了头，再拿起神案上的两块珓，对伽蓝神祷告说："今兵难如此，吾欲出避兵，志无所定，愿与神卜之。出与处孰吉？明以告我！"然后，投珓于地。不料，卜了三次，都是否定性的凶卦，不同意他"出与处"，即外出躲避或留在寺里。他拿起珓，再次卜问："出与处既不吉，无乃欲吾从雄而后昌乎？"投珓于地，竟然是个吉卦。但他觉得现今豪杰纷起，究竟哪支队伍能够成功，实难预测，而且投奔起义军，风险极大，弄不好得掉脑袋，于是又祷告说："兵凶事，从雄吾甚恐，盍许以避兵？"再投珓于地，两块珓都立了起来，表示不赞同他外出避难（《明太祖实录》卷一）。他这才下定决心，于当晚摸黑前去投奔起义。

至正十二年闰三月初一（1352年4月15日），朱元璋穿着破烂的袈裟，抄小路来到濠州，准备入城投奔郭子兴。由于城外驻扎着元军，城门的哨兵怀疑他是元军的奸细，把他捆绑起来，准备押出城外处斩。朱元璋和士兵吵了起来，引来许多围观的群众。郭子兴听到消息，忙骑马赶来，见他年轻力壮，高大威武，又是自己的部下汤和邀来投军的，当即命亲兵给他松绑，收下他做步卒。朱元璋从此脱下袈裟，换上红袄，扎上红巾，成为一名红巾军战士。

从此，朱元璋开始同战士们一块儿上操，练习武艺。他的操练十分认真刻苦，不到十来天，就成为拔尖的角色，得到郭子兴的赏识。郭子兴每次领兵出战，都把朱元璋带在身边，他"从旁翼卫，跳荡无前，斩首捕生过当"（《国榷》卷一），立下不少战功。不久，郭子兴将他调到元帅府当亲兵，授予九夫长的军衔，有事常找他商量。日子一长，郭子兴觉得朱元璋有胆有识，有勇有谋，是个将才，开始让他带兵作战。朱元璋每次率众出征，都身先士卒，冲杀在前；得到战利品，自己分毫不取，悉数分给部下。因而深得士兵的拥护，上下一心，所向披靡。郭子兴"由是兵益盛"，对朱元璋更加器重，将养女马氏嫁给他，使他进一步站稳脚跟。

土豪出身的郭子兴，瞧不起孙德崖等四个农民出身的起义首领，每次公会议事，总是吵得不欢而散。后来，郭子兴常闭门不出，不参加公会。领导班子不团结，队伍就难以发展。朱元璋极力加以调解，却不见效果。后来，被元军击败的另一支红巾军首领彭大、赵均用自徐州前来投奔。郭子兴见彭有智术而赵无主见，厚彭而薄赵，更加剧领导班子的矛盾。赵均用乘郭子兴外出上街，派人把他抓住，关到孙德崖家里，准备暗地把他杀掉。朱元璋找彭大求救，彭带兵包围孙家，朱元璋爬上屋顶，揭瓦掀椽，下到屋里，才把郭子兴解救出来。

郭子兴虽然被解救出来，但矛盾并没有解决。加上郭子兴、孙德崖的队伍不讲纪律，"哨掠四乡"，"荡尽民财"，彭大、赵均用也"驭下无道""以力御众"，单纯依靠打骂惩罚的手段治军，部队的纪律极差，朱元璋觉得他们将来难成气候，决心自己组建一支训练有素、纪律严明的队伍。至正十三年六月，他先回乡招募徐达等七百人为兵，被升为镇抚，正式成为一名带兵的小军官。到年底，朱元璋将这支队伍交给别的将领统率，自己又带着同乡汤和与在家乡招募的徐达等二十四人南略定远，招降多支地主武装，并"倡农夫以入伍"。"不逾月而众集，赤帜蔽野而盈岗"（《明太祖集》卷一四，《皇陵碑》），他因此被升任为总管的高级官职。朱元璋从中挑选精壮男子二万名，严格训练，组成一支听指挥、讲纪律、能打仗的队伍，然后杀向东南，于至正十四年七月攻占滁州。在攻打定远、滁州的过程中，费聚、吴复、冯国用、冯胜、丁德兴、毛麒、李善长、范常、邓愈、胡大海等一批战将和儒士，先后归附。冯国用、李善长等儒士成为朱元璋的第一批幕僚，为他出谋划策。冯国用对他献策："金陵（今江苏南京）龙蟠虎踞，帝王之都，先拔之以为根本。然后四出征伐，倡仁义，收人心，勿贪子女玉帛，天下不足定也！"（《明史》卷一二九，《冯胜传附冯国用传》）李善长也向朱元璋进言："秦乱，汉高起布衣，豁达大度，知人善任，不嗜杀人，五载成帝业。今元纲既紊，天下土崩瓦解。公濠产，距沛不远。山川王气，公当受之。法其所为，天下不足定也。"（《献征录》卷一一，王世贞：《中书省左丞相太师韩国公李公善长传》）朱元璋的眼界为之大开，开始立下一个远大的目标，决心效法汉高祖刘邦，知人善任，不乱杀人，先攻拔金陵作为基地，然后四出征伐，行仁义，收人心，平定天下，夺取全国的最高统治权。

岂料，就在朱元璋进攻滁州之时，彭大、赵均用与孙德崖等已带兵攻占盱眙、泗州。赵、孙等将郭子兴挟持至泗州，时刻想杀掉他。不久，郭子兴所依靠的彭大在同赵均用火并中死去，他的处境更加危险。朱元璋想尽一切办法，劝说与贿赂并行，才使赵均用答应放人，让郭子兴来到滁州。

郭子兴到达滁州后，朱元璋将自己的队伍交给他。谁料刚过一个月，有人在郭子兴面前挑拨离间，说朱元璋的坏话。郭子兴的儿子郭天叙、郭天爵又嫉妒朱元璋，常在郭子兴面前搬弄是非。有一天，郭天叙、郭天爵设宴请朱元璋，"阴置毒酒中，欲害之"。朱元璋事先得到消息，届时随二人前去赴宴，走到半道，朱元璋勒紧缰绳，马遽跃起，他即大骂郭天叙兄弟：我哪点对不起你们，你们为何要害我？两人吓得汗流浃背，"自此不敢萌害意"（《明史纪事本末》卷一，《太祖起兵》）。郭子兴本来就没有多大气量，不能容人，他不想让朱元璋的势力过分膨胀，妨碍儿子将来接班，就对朱元璋猜忌、疏远起来。朱元璋处处小心谨慎，对郭子兴毕恭毕敬，马夫人还拿出自己的私房钱，孝敬郭子兴的正室张氏，这才使郭子兴逐渐消除对他的怀疑。紧接着，元朝右丞相脱脱统兵百万在高邮大败张士诚，分兵围六合。六合此时在赵均用、孙德崖手里，他们眼看抵挡不住，派人来滁州求救，遭到郭子兴的拒绝。朱元璋从大局出发，主张出兵救援，曰："六合被围，无救必毙；六合既毙，次将及滁。岂可以小憾而弃大事？"（《明太祖实录》卷一）郭子兴终于被说服，答应派兵救援。但诸将慑于百万元兵的威势，无人敢于领兵赴救。最后还是朱元璋亲自出马，带兵驰援六合，经过一阵激战后，用计诱骗元兵撤退。

至正十四年底,由于元朝统治集团的内部矛盾,脱脱被罢官,围攻高邮的百万元兵一哄而散。自此"元兵不复振矣"(俞本:《明兴野记》卷上),处于劣势的各支农民军,纷纷乘机出击。这时,郭子兴的队伍困守滁州,粮食非常紧张,朱元璋按照攻取金陵以为根本的计策,提议南取和州(今安徽和县),移兵就食。和州城小而坚,难以力攻。朱元璋经过深思熟虑,建议计取。郭子兴问怎么计取,他说可精选三千勇士,穿上缴获来的地主武装庐州路义兵的青衣,腹背都悬挂"庐州路义兵"的标志,赶着四匹满载牛酒的骆驼,假装进城犒赏元军。再派万名战士,穿着红巾军的红衣,跟随其后,相距十余里。待青衣兵到达州城,举火为号,红衣兵即鼓行而趋,必可破城。至正十五年正月,郭子兴采纳这个建议,派妻弟张天祐带兵袭取和州,接着命朱元璋领兵驰援。攻占和州后,升任朱元璋为统率和州兵马的总兵官。

和州诸将成分复杂,纪律差,出征时往往乱抢乱杀,掳掠人口,霸占民女。他们又欺负朱元璋年轻,不把他放在眼里,每次议事皆抢占上席,而把最末一个座位留给他。为此,朱元璋决心改变这种状况。有一天,他把将领们找来商议修建城池之事,约定每人负责一段,限定三天之内完工。过了三天,只有朱元璋一段由徐达督工修完,其他几段均未完工。他拿出郭子兴的令牌,严肃地说:"总兵,主帅命也,非我擅专。且总兵大事,不可无约束。今甓城皆不如约,事由何济?自今违令者,即以军法从事!"(《明太祖实录》卷二)诸将理屈词穷,连声说:是,是!朱元璋接着下令释放掳来的百姓妻女,他们都一一照办。部队的纪律从此开始好转，朱元璋的威信逐步建立起来。

不久，郭子兴病死，孙德崖想乘机吞并他留下的队伍和地盘。此时，刘福通已在亳州迎韩林儿为帝，号小明王，建立宋政权，年号龙凤。小明王派使者到和州，让去人商议论功封帅之事。和州诸将经过商量，决定让朱元璋带兵戍守，由张天祐前往亳州受命。四月，张天祐带回小明王的命令，封郭子兴之子郭天叙为都元帅，张天祐为右副元帅，朱元璋为左副元帅。朱元璋开始觉得接受封号就得受制于人，但转念一想，目前自己实力不大，四面受敌，"林儿势盛可倚藉"，接受他的封号，可利用他的旗号来掩护自己，号令群众，不失为一种权宜之计。于是就和郭、张一道接受封号，奉龙凤为正朔。三个元帅之中，都元帅郭天叙年轻没经验，右副元帅张天祐虽然岁数较大，但缺乏智谋，优柔寡断，左副元帅朱元璋位居第三，但和州的这支部队大多数是他招募或招降来的，并经过他的严格训练，听从他的号令，加上身边又有李善长、冯国用、冯胜、徐达等一批心腹骨干，他实际上成了这支队伍的主帅。

就这样，经过短短的三年时间，朱元璋便以其远大的目光、突出的才干和高超的谋略脱颖而出，由一名普通的士卒成长为一支起义队伍的实际统帅。

## 营建江南根据地

龙凤元年（至正十五年，1355年）三月郭子兴在和州病逝后，朱元璋实际执掌其队伍的领导权。他开始思谋南渡长江，夺取虎踞龙盘、形势险要的金陵，作为四处征伐的战争基地。他将渡江的谋划告诉李善长，李善长虽然非常赞赏，但认为时机尚不成熟，因为一来当时和州正闹粮荒，士兵吃不饱饭，无法打仗，二来其队伍全是步卒，属旱鸭子，不习水仗，没有水师，缺乏舟楫，无法南渡水域宽阔的长江，劝他缓一缓，等待时机成熟时再说。

正当朱元璋为缺乏粮饷和舟楫发愁之时，原属南方红巾军系统的集湖水师俞通海父子、廖永安兄弟等人，因为与庐州左君弼发生矛盾，于五月间归附朱元璋。这支巢湖水师"拥众万余，船千艘"（《明太祖实录》卷三），还有几万石粮食。他们的归附，解决了朱元璋的难题。渡江的时机成熟了。朱元璋遂于六月初二率部南渡长江，攻占采石、太平，然后沿长江南岸向东挺进。朱元璋发动了三次攻打集庆的战役。第一次因收编的"义兵"元帅陈埜先暗中作梗而失利。第二次直逼集庆城下，也因陈埜先用伏兵执杀郭天叙，并生擒张天祐交给元行台御史大夫福寿加以杀害，然后与福寿内外夹击，攻城的队伍猝不及防，而败退溧阳。郭、张遇害后，郭子兴的队伍全归朱元璋指挥，朱元璋成为这支部队名副其实的都元帅。龙凤二年三月，朱元璋亲率大军三攻集庆，一举攻占了这座江南重镇，改名为应天府。

宋小明王获悉朱元璋攻占集庆，提升朱元璋为江南行枢密院同佥，寻升为江南等处行中书省平章政事。七月，朱元璋在应天设立江南等处行中书省，并且置江南行枢密院，建立了一个比较完备的地方政权机构。此后，朱元璋一面分兵攻占应天周围的战略要地，并攻夺元朝统治力量比较薄弱的浙东地区，一面则采取各种措施，着力营建以应天为中心的江南根据地，"积粮训兵，待时而动"（《明太祖实录》卷一四）。

在政治上，朱元璋首先是废除元朝苛政，减轻刑罚，严惩贪贿，宽减赋役。龙凤三年十二月，他下令释放监狱里的所有囚犯。翌年二月，又派提刑按察司佥事分巡郡县，讯察案犯的罪情，规定原先判处笞刑的释放，判处杖刑的减半处刑，重罪囚犯处以杖七十的刑罚，贪污受贿的不再追缴赃物。龙凤五年三月又宣布，所辖州郡三月初二以前，除大逆不道和敌方的侦探拘禁外，其他罪犯不论罪行大小，全部赦免。吴元年（1367年）六月，他还特地告谕负责监察的御史，要慎用刑罚，说："钦慎二字，用刑之本也。"（《明太祖实录》卷二四）

对自己手下的官吏，朱元璋要求他们奉公守法，不许贪赃枉法，否则就严加惩治。龙凤八年正月，有人向按察司诬告他人，被诬者不服，担任按察司佥事的元朝降臣宋廉使对其严刑拷打，逼其招供。省都司王用言贪赃枉法，还暗中私通陈友谅的抚州通判。朱元璋发现后，即于当月十七日在聚宝门前的雨花台召集文武百官，展示王用言贪污的赃物，宣布将其斩首示众。接着对宋廉使说："你是元朝风宪官，不能死节，归我又授以耳目，亦不能与人辨曲直，拷掠诬承，谄我一时之喜，是汝罪否？我替元朝打死这失节老贼！"说完，令卫士用巨棍在其胸背各杖一百，然后扔到台下，问："老贼死未？"有人回答："未死。"朱元璋又令卫士将其抬到太医那儿，给敷上药膏。第二天，再令揭去其身上的药膏，用巨棍在胸背各杖一百，还未死。第三天，又对其施以杖刑，最后"以身首暴于市"（《明兴野记》卷上）。第二年冬，朱元璋亲征武汉，又惩处一批贪贿通敌的官吏。

朱元璋还设法减轻百姓的赋役负担。龙凤三年十二月，徽州儒士唐仲实反映当地守将邓愈役民筑城，百姓颇有怨气，朱元璋即下令停工。唐仲实又反映百姓负担过重，为解决这个问题，朱元璋一面大抓农业生产的恢复和发展，一面"使民自实田，集为图籍，核盈朒，验虚实，而定科徭"（《宋濂全集》卷五九，《端木府君墓志铭》）。就是让百姓自报田地亩数，登记在土地簿籍上，据以确定所应负担的赋役，从而减少地主隐瞒土地向农民转嫁负担，并防止官吏的额外征敛。后来，农业生产抓上去了，就着手减少各种赋税和徭役。龙凤八年，朱元璋亲至龙兴（今江西南昌）接受陈友谅部将胡廷瑞的归降，他对当地百姓宣布："军需供亿，俱不以相劳！"（《明太祖实录》卷一〇）龙凤十年称吴王后，又规定"赋税十取一"，并将所辖府县划为三等，按等征税（《明史》卷七八，《食货志》）。此后，凡是新归附地方的田地，都下令宽减赋役，有的免征一年，有的免征三年。对工商业税，也斟酌元制，去其弊政。

其次，积极支持农民夺占地主的土地和元朝的官田。朱元璋深知，广大农民之所以揭竿而起，是为了夺回被地主霸占的土地和财产，改变"贫者愈贫，富者愈富"的不平等现象。只有支持农民的正义行动，才能获得他们的拥护和支持。朱元璋在攻打浙东时，便实行"给民户由"的政策。刘辰的《国初事迹》载："太祖亲征城池，给民户由，俱自花押。"户由用以登记民户籍贯、丁口、名岁和产业，相当于户口证，具有在法律上承认民户的财产包括土地所有权的作用。朱元璋是在龙凤四年十二月亲征婺州（今浙江金华）时"命籍户口"（《明太祖实录》卷六）的，估计从这时候开始，对百姓的产业做了登记，并亲自签发"户由"，交给民户，从而承认民户包括农民夺占的地主土地和官田的所有权。

此外，朱元璋还礼贤下士，优待降人，从而不断壮大自己的队伍。

在军事上，朱元璋大力加强武装队伍的建设。他认为"兴国之本，在于强兵足食"（《明太祖实录》卷一二），对强兵一直抓得很紧。不仅积极招募农民入伍，收编归降敌军，而且重视军事训练，经常命令将帅带领士兵进行操练，并亲自检阅。攻占应天之后，他即于龙凤三年正月，在鸡鸣山下举行大规模的阅兵仪式。龙凤十一年正月，在出征淮东之前，他又亲自阅试将士，令镇抚居明率领军士分队进行军事演习，胜者赏给十两银子，有伤而不退却者也赏给数量不等的银子，负伤者给药治疗，并设酒馔宴请全体参加演习的将士。

除了建立正规的作战部队，朱元璋还注意民兵队伍的建设。龙凤四年十一月，他下令建立管领民兵万户府，此后开始在其辖区内推行民兵制度。龙凤五年冬，擢王恺为左司郎中，总制衢州军民之事，他即籍江山、常山、龙游、西安（今浙江衢州）四县丁壮，凡六丁之中简一以为兵，共得民兵一万一千八百名，"无事则为农，脱有警，则兵者出攻战，而五丁者资其食"（《宋濂全集》卷五六，《故江南等处行中书省左司郎中赠奉直大夫浙东等处行中书省左右司郎中飞骑尉追封当涂县子王公墓志铭》）。广德府广阳、建平（今安徽郎溪）等县，也曾"验丁出兵，谓之民义，以守广德"（《明太祖实录》卷二六）。龙凤九年更将民兵制度在其辖区内普遍推广，令"以两淮江南诸郡归附之民，各于近城耕种，练则为兵，耕则为农，兵农兼资"（《明太祖实录》卷一四）。由于战事频繁，兵力紧张，这些早期签点的民兵，往往跟随正规的主力部队出征，随即被编入军籍入伍，变成军户。

在强兵方面，朱元璋尤其重视军纪的整顿，要求将士听从号令，服从指挥，并且不许烧杀掳掠，侵害平民百姓。严守法纪者，通令嘉奖；违反法纪者，严惩不贷。由于赏罚分明，朱元璋的军队纪律严明，能听从指挥，服从调遣，攻城略地，秋毫无犯。

在经济上，朱元璋首先是狠抓垦荒屯田，搞好农业生产。攻占应天后，他沿用元朝的职田制度，下令武官"听从开垦荒田，以为己业"，文职"拨与职田，召佃耕种，送纳子粒，以代俸禄"（《国初事迹》），以推动荒田的开垦。龙凤二年七月建立江南行省，设营田司，专掌水利，并兼行组织军士屯田之责，许多部队在守城的同时，即屯田以给军食。如龙凤四年，吴良、吴祯兄弟戍守江阴，即率领不满五千的士卒，一面训练，一面屯田。第二年，王恺戍守衢州，也令守军屯种废田五千七百亩。龙凤九年二月，朱元璋重申屯田之令："自今诸将宜督军士，及时开垦，以收地利，庶几兵食充足，国有所赖。"（《明太祖实录》卷一二）

在垦荒屯田的同时，朱元璋还注意发动农民搞好农业生产。龙凤二年九月，他到镇江，即派儒士遍谕乡邑，劝告农桑，筑城垦荒。龙凤四年设立管领民兵万户府，开始推行民兵制度，练则为兵，耕则为农，有力推动了农业的恢复和发展。龙凤十一年六月，又令民间广植经济作物，规定"凡农民田五亩至十亩者，栽桑、麻、木棉（棉花）各半亩，十亩以上者倍之，其田多者率以是为差"（《明太祖实录》卷一七）。翌年正月，又命中书省令有司（明代称行政机构为有司，军事机构为所司）劝民农事。五月，再命中书省令有司招抚流亡，"俾之各还乡土，仍复旧业以遂生息"（《明太祖实录》卷二〇）。吴元年（1367年）七月，还设立司农司，以加强对农业生产的管理。

随着各项经济措施的实行，农业生产逐步得到恢复和发展。

如吴良、吴祯兄弟率领士卒在江阴戍守屯田，取得"敌不敢犯，民甚赖之"的优异成绩（《明太祖实录》卷六）。康茂才领兵屯田，到龙凤九年，生产稻谷一万五千石，除供给军饷，尚余七千石。由于粮食的增产，原先不断上涨的麦价，至龙凤十二年已经"稍平"。

其次，征收商税，立盐茶法，制定钱法，开设铁冶，广辟财源。龙凤六年十二月，首先对酒、醋征税，随后也对其他商品征税，为此特设官店负责征收商税，称为官店钱。龙凤八年十月又设关市批验所，征收境内外过往货物的商税，食盐十税一，其他货物十五税一。龙凤十年四月，改应天府官店为宣课司，府州县官店为通课司，同时将税额降为三十税一。盐税历来是封建官府的一项重要收入。龙凤七年确立盐法，令商人请引贩卖食盐，"每二十分而取其一，以资军饷"（《明太祖实录》卷九）。后来，随着占领区的扩大，两淮与两浙的盐场归朱元璋控制，他开始向煎盐的灶户征收盐课。龙凤十二年二月和吴元年二月，分别设置两淮和两浙两个都转运盐使司，分管二十九个和三十六个盐课司，分别年办盐课三十五万二千五百九十引和二十二万二千三百八十四引（皆为大引，每引四百斤），收入相当可观。茶法与盐法同年确立，也由商人纳钱请引贩卖茶叶，"每引茶百斤，输钱二百"（《明太祖实录》卷九）。钱法与盐法同时实行。龙凤七年在应天置宝源局，开始铸造"大中通宝"（朱元璋想在称帝后以大中为年号，后来称帝时改用洪武年号）钱，以四百文为一贯，四十文为一两，四文为一钱，代替元朝的钞币，与历代铜钱及金、银兼用。击败陈友谅后，又命江西行省置货泉局，公布大中通宝大小五等钱式，令就当地铜矿，铸之以供军需。铁冶始于龙凤十年四月，令湖广所辖州县兴建铁冶，募工铸铁，以资军用。这些举措的实施，使"民不以为困，而国用益饶"（《献征录》卷一一，王世贞：《中书省左丞相太师韩国公李公善长传》）。

再次，提倡俭朴，节约开支。在开源的同时，朱元璋非常注意节流，强调"用之有节"，尽量减少不必要的开支。他自己做出榜样，处处躬行节俭。旧衣裳洗洗再穿，舍不得扔掉。方国珍进献金玉装饰的马鞍辔，他退了回去，并说："吾方有事四方，所需者文武才能，所用者谷粟布帛，其他宝玩非所好也！"江西行省送来缴获的一张陈友谅用的镂金床，他把它比作五代后蜀亡国之君孟昶使用的用多种珍宝装饰的七宝溺器，说：此与七宝溺器有什么区别？命毁之。

在斗争策略上，则对宋政权的小明王长期保持形式上的隶属关系，以缩小目标。朱元璋接受小明王左副元帅的封号，"文移用宋龙凤年号，旗帜战衣皆红色"（《明史纪事本末》卷一，《太祖起兵》），他心里想的就是"林儿势盛可倚藉"，借助小明王的旗号来掩护自己，利用小明王的威望来号令民众。此后，朱元璋长期坚持这个策略，其职衔从江南行枢密院同佥、江南等处行中书省平章政事、吴国公到后来的中书左丞相，都是小明王封授的。龙凤十年，群臣劝朱元璋就帝位，他未应允，虽称吴王，仍奉龙凤正朔，以"皇帝圣旨，吴王令旨"的名义发布命令，表示自己还是小明王的臣属。这样做，就大大缩小了目标，避免树大招风，遭受打击。

经过数年的营建，朱元璋的江南根据地得到巩固，兵力和财力迅速壮大，进可攻，退可守，为日后的发展打下坚实基础。

## 重树儒学的独尊地位

元世祖忽必烈建立的元朝,虽然"附会汉法",但为了维护蒙古贵族的特权地位,仍坚持采用"回回法"和"蒙古法",形成蒙汉杂糅、"蒙古本位"的政治文化体制,儒学被边缘化,丧失汉唐以来的独尊地位。

朱元璋创建明朝之后,决心接续汉唐的政治文化传统,重树儒学的独尊地位,以之作为治国的指导思想。登基伊始,他明确宣布:"仲尼之道,广大悠久,与天地相并,故后世有天下者,莫不致敬尽礼,修其祀事。朕今为天下主,期以明教化以行先圣之道。"(《明太祖实录》卷三〇)汉代以来,被定于一尊的儒家思想,再次被朱元璋确定为国家的意识形态,成为维系整个社会的精神支柱。

为确保儒学的指导地位和作用,朱元璋积极提倡尊孔崇儒。洪武元年(1368年)二月,即下诏以太牢(牛、羊、豕三牲全备)祀孔子于国子学,并遣使至曲阜阙里致祭。四月,又召见元代最后一位衍圣公、国子祭酒、孔子第五十五世孙孔克坚，说："尔祖明先王之道，立教经世。万世之下，君君、臣臣、父父、子子，实有赖焉。"（《明太祖实录》卷三一）并赐田二千大顷，又赐宅一区、马一匹、月米二十石。十一月，诏以孔子第五十六世孙孔希学袭封衍圣公，由元朝的三品升为二品，赐银印，置衍圣公官居，以其族人孔希大为曲阜世袭知县，立孔、颜、孟三氏教授司，立尼山、洙泗二院，并免除孔氏子孙及颜、孟大宗子孙的徭役。洪武十五年四月，诏全国通祀孔子。五月，京师国子监落成，又释奠于先师孔子。到第二年二月，据谏官关贤的报告："国家崇尚儒术，春秋祭享先师，内外费至巨万。"（《明太祖实录》卷一五二）尊儒之风盛极一时。

在儒家学说之中，宋代的程朱理学将封建纲常化为主宰万物的精神实体——"天理"，它比先秦的孔孟学说、汉代的经学、唐代的佛学更加精密，更具哲理性，因而更加适应在战乱的废墟上重建封建统治秩序、恢复和发展社会经济的需要。因此，朱元璋对程朱理学的提倡更是不遗余力。登基之后，朱元璋继续任用元末朱学在金华（婺州）的传承人物与学者，进一步树立程朱理学的主导地位。如金华朱学的正宗传人柳贯、黄溍的弟子宋濂，自应召至应天，除江南儒学提举，教太子读经，寻改起居注，恒侍朱元璋左右，备顾问。明开国后历任翰林院学士、赞善大夫、知制诰、《元史》修撰总裁官等，除为朱元璋谋划建国方略外，还参与礼乐制度的制定，"一代礼乐制度，濂所裁定者居多"（《明史》卷一二八，《宋濂传》）。承"儒先理学之统"（《诚意伯文集》卷首序）的刘基，奉召至应天后，备顾问，除不时"敷陈王道"外，还为朱元璋平定天下献计献策。明开国后历任御史中丞、资善大夫、弘文馆学士，封诚意伯，参与制定律令、完善科举制度、编定《戊申大统历》及《大明集礼》的工作。柳贯、黄溍的另一弟子王袆，洪武初年受命参与礼乐制度的制定，并一起与宋濂担任《元史》总裁官，与之一起将金华朱学"文道合一"的主张写进《元史》的《儒学传》。《元史》修成，擢为翰林待制，同知制诰兼国史院编修官，又"奉诏预教大本堂"，教太子和诸王读经。元代金华著名理学家许谦之子许存仁（许元，字存仁），奉命出任国子学第一任祭酒长达十年之久（包括吴元年），对树立程朱理学在教育部门的主导地位发挥了重要作用。

朱元璋还通过各种途径，大力提倡读经。他反复告谕群臣："道之不明，由教之不行也。夫《五经》载圣人之道也，譬之菽粟布帛，家不可无。人非菽粟布帛，则无以为衣食。非《五经》《四书》，则无由知道理。"（《明太祖宝训》卷二，《尊儒术》）他除经常命儒士为太子、诸王和文臣武将讲授儒家经书外，还规定学校生员必修《四书》《五经》。他特命国子学祭酒许存仁教授生徒要"一宗朱子之学"，"令学者非《五经》、孔孟之书不读，非濂洛关闽之学不讲"（陈鼎：《东林列传》卷二，《高攀龙传》）。在国子学和各府州县学均立有一块卧碑，上刻几行大字："国家明经取士，说经者以宋儒传注为宗，行文者以典实纯正为主"，强调"不遵者以违制论"（《松下杂抄》卷下）。全国的科举考试一概从《四书》《五经》中出题，以程朱注疏为准，《四书》主朱熹《集注》,《易》主程颐《传》、朱熹《本义》,《书》主蔡沉《传》及古注疏,《诗》主朱熹《集传》,《春秋》主左氏、公羊、谷梁三《传》及胡安国、张洽《传》,《礼记》主古注疏。这样,举国上下所有思想言论,都被纳入程朱理学的轨道。

儒家思想、程朱理学的内容非常庞杂。从维护君主专制、巩固封建统治的需要出发,朱元璋特别强调其中的"敬天""忠君""孝亲"思想。儒家的"敬天"思想宣扬君主是受命于天的"天子",三纲五常是"天理"的具体体现,"天理自然而常者,三纲五常也"(《明太祖集》卷一二,《大祀文并歌九章》)。因此,敬天就必须听从君主的旨意,按照君主的意志行事。所谓敬天,其实就是为了敬君。儒家的"忠君"思想,要求臣民不仅要忠于君主,而且要忠于他所代表的国家社稷。儒家的"孝亲"思想是与"忠君"思想相辅相成的,"君子之事亲孝,故忠可移于君","家齐而后国治",只有家庭和睦,整个国家的社会秩序才能安定。因此,朱元璋特命东阁大学士吴沉等人从儒家典籍中辑录有关内容,编辑成书,以便观览传播。他交代吴沉等人说:"圣贤立教有三:曰敬天,曰忠君,曰孝亲。散在经卷,未易会其要领,尔等以三事编辑。"(《明史》卷一三七,《吴沉传》)洪武十六年(1683年)二月书编成后,赐名《精诚录》,命吴沉撰序,付梓刊刻,广为散发。

正是从维护君主专制统治的需要出发,朱元璋才会有下令删节《孟子》之举。孟子是儒学的"亚圣",他的著作历来被当作儒家经典之一。朱元璋读《孟子》,见《离娄篇》有"君之视臣如土芥，则臣视君如寇仇"等几句话，"怪其对君不逊"，大怒道："使此老在今日，宁得免耶！"（全祖望：《鲒埼亭集》卷五，《辨钱尚书争孟子事》）下令撤去孟子在国子学孔庙中配享的牌位，规定"有谏者以大不敬论"。刑部尚书钱唐抗疏入谏，说："臣为孟轲死，死有余荣。"（《明史》卷一三九，《钱唐传》）。后来，才又恢复孟子的配享牌位。但是朱元璋对《孟子》中那些有悖君权神圣的语句，还是极为不满。洪武二十七年，他又命老儒刘三吾编辑《孟子节文》。刘三吾按照他的旨意，删去书中有悖君权神圣的言论八十五条，只留下一百七十多条。然后刻版颁到全国学校，规定删除部分"课士不以命题，科举不以取士"（刘三吾：《孟子节文题辞》）。

朱元璋作为明朝的开国君主，重新确立儒家思想的国家意识形态地位，使元代一度中断的文化传统得以延续，并为清代所继承，这对明清两代政治和文化的发展都产生深远影响。

# 君主专制中央集权制度的高度强化

洪武元年（1368年）正月初四，在北伐大军业已平定山东的凯歌声中，朱元璋身穿衮服、头戴冠冕，在应天郊坛登基就位，建立明朝。当年八月，明军攻入大都（今北京），推翻元朝的统治。紧接着，朱元璋就面临如何缓解错综复杂的社会矛盾，稳定社会秩序，恢复和发展经济，实现天下大治的艰巨任务。朱元璋总结元朝灭亡的教训："元氏昏乱，纪纲不立，主荒臣专，威福下移，由是法度不行，人心涣散，遂至天下骚乱。"（《明太祖实录》卷一四）并说："夫元氏之有天下，固由世祖之雄武，而其亡也，由委任权臣，上下蒙蔽故也。……君不能躬览庶政，故大臣得以专权自恣。"（《明太祖实录》卷五九）他认为"主荒臣专"，即君主不能"躬览庶政"，大臣"专权自恣"，是导致天下骚乱、元朝灭亡的一个重要原因。要实行天下大治，君主必须"躬览庶政"。

所谓"躬览庶政"，顾名思义，指君主要临朝预政，亲自过问和处理国家大事。朱元璋认为，君主如不"躬览庶政"，大臣就会专权自恣，破坏纪纲法度，蒙蔽君主，使之无法了解下情。否则，"若使君德下流，民情上达，有不利便即与更张，天下岂有不治？"（《明太祖实录》卷一七二）他认为张士诚之所以失败，原因之一是不理政事，委任权臣；并说："我诸事莫不经心，法不轻恕，尚且着人瞒，张九四（张士诚之小字）终岁不出门，岂不着人瞒！"（《国初事迹》）所以，朱元璋即位后，一直兢兢业业，亲预朝政，不仅日视三朝，而且时常召大臣于便殿裁决庶政，不敢有丝毫懈怠。

不过，朱元璋"躬览庶政"的命题，还有更深一层的含义，即主张进一步扩大皇权，强化君主专制的中央集权。在他看来，君主要"躬览庶政"，除了皇帝本人亲自临朝听断，还必须进一步分散与削减各个政权机构的权力，使"权不专于一司"（《明太祖实录》卷一二九），将权力集中到中央，"事皆朝廷总之"（《皇明祖训·祖训首章》），再集中到皇帝手里，使皇权得到高度扩张，以保证君主能完全按照自己的意志办事。

明初的政权体制袭自小明王，而小明王的宋政权基本上是按照元朝的体制建立起来的。朱元璋认为这种体制弊病很大，起不到君主"躬览庶政"的作用。他批评元朝的中书省制度说："胡元之世，政专中书，事必先关报然后奏闻，其君又多昏蔽，是致民情不通，寻至大乱，深可为戒。"（《明太祖实录》卷一一七）他对既对皇帝起着助手作用，又限制皇权高度集中的丞相之职更为不满，说："自秦始置丞相，不旋踵而亡。汉、唐、宋因之，虽有贤相，然其间所用者多有小人，专权乱政。"（《皇明祖训·祖训首章》）"（设相）之后，臣张君之威福，乱自秦起，宰相权重，指鹿为马。"（《明太祖集》卷一〇，《敕问文学之士》）因此，朱元璋决定对这种体制进行大刀阔斧的改革。

行政机构的改革，首先从地方入手。元朝的行中书省是从中央的中书省分设出来的，号称"外政府"，"凡钱粮、兵甲、屯种、漕运、军国重事，无不领之"（《元史》卷九一，《职官志》），职权极重。元朝后期，四处兵起，中央根本指挥不动，俨然成为一个个独立王国。洪武九年，朱元璋下令废除行中书省，改设承宣布政使司、都指挥使司和提刑按察使司，简称布政司（俗称为省）、都司和按察司，作为中央的派出机构，分管地方行政（包括财政）、军政和司法。三个机构既彼此独立又互相牵制，皆直接听从朝廷指挥，便于中央控制。接着，他又进行中央行政机构的改革。洪武十二年，朱元璋借胡惟庸党案下令撤销中书省，罢废丞相，并相应提高吏、户、礼、兵、刑、工六部的地位，以之作为中央最高的行政机构，分理朝政，直接对皇帝负责。这样，地方的权力集中到中央之后，最终都集中到皇帝手里。后来，朱元璋设立四辅官以协赞政务，寻又改置殿阁大学士以备顾问，并经建文、永乐、洪熙、宣德诸朝逐渐发展成为独具特色的内阁制度。但终明一代，内阁始终不是法定的中央一级的行政机构或决策机构，仅是为皇帝提供顾问的内侍机构而已。

在军事上，原先设大都督府，统领全国所有卫所的军队。在撤销中书省的同时，撤销大都督府，改设左、右、中、前、后五军都督府，分别统领所属卫所的军队；并规定都督府只管军籍和军政，而由兵部掌握军令的颁发和军官的铨选之权，彼此互相牵制。遇到战事，调遣军队和任命将帅均由皇帝做出决定，然后由兵部发出调兵之令，都督府才派出将领，统率所调集的军队出征。一旦战事结束，将领须交还帅印，回原职办事，军队也立即回到原来的卫所。兵部与五军都督府"合之则呼吸相通，分之则犬牙相制"（孙承泽：《春明梦余录》卷三〇，《五军都督府》）。这样，军权便集中到皇帝手里。

中央的监察机构原称御史台，也于洪武十三年撤销。十五年改设都察院，"职专纠劾百司，辩明冤枉，提督各道"，并可与吏部"司贤否黜陟"。下设十三道监察御史，"主察纠内外百司之官邪，或露章面劾，或封章奏劾"（《明史》卷七三，《职官志》），并可与都察院的都御史互相纠劾。为了加强对臣僚的监控，明朝建立前后，朱元璋曾派自己的心腹充当检校，监视侦查大小官吏的活动。但这种特务性质的检校，只能察听、告密，没有拘押、审讯、处刑的权力。洪武十五年，朱元璋又仿照前朝的诏狱，把身边的侍卫机构亲军都尉府（前身为拱卫司）改为锦衣卫，设立专门的法庭和监狱，赋予其侦查、缉捕"盗贼奸宄"之大权，使之成为一个正式的特务机构。锦衣卫直接听命于皇帝，不受任何法律约束。

此外，朱元璋还分封诸子为王，以藩屏王室；屠戮功臣宿将，以防功高震主；强化文化专制，以钳制士人思想。

经过一番改革，各个系统的权力机构彼此独立又互相牵制，便于君主操纵和控制。全国最高的行政、军事、司法监察大权完全集中到皇帝手里，实现了"乾纲独断"的目的。从此，"中外章奏皆上彻御览，每断大事，决大疑，臣下惟面奏取旨"（黄佐、廖道南：《殿阁词林记》）。朱元璋感到非常满意，认为这样一来，即可确保自己及后继者"躬览庶政"、永坐江山，并特在《皇明祖训》规定："凡我子孙，钦承朕命，无作聪明，乱我已成之法，一字不可改易。"（《皇明祖训》序）

君主是封建国家的最高统治者，理所当然是应该亲预朝政的。以往的历代王朝，除少数有作为的君主，大多数皇帝都沉湎于宫廷的腐化生活之中，骄奢淫逸，极少过问政事，致使大权旁落，权臣擅专，弄得朝政日非，积弊丛生，导致王朝覆灭。朱元璋力图矫正积习，强调君主必须"躬览庶政"，这无疑是有积极意义的。他身体力行，亲预朝政，勤于听断，因而能够针对当时的实际情况采取一系列兴利除弊的果断措施。同时，他为确保"躬览庶政"的实现，又对国家机构进行相应的改革，加强了中央对地方的控制、朝廷对文臣武将的监督，强化了中央集权。所有这些，都有助于社会秩序的安定和社会经济的恢复和发展。同时，随着中央集权的强化，明廷也得以集中更多的人力、物力和财力，举办诸如修筑长城、营建南北两京、编纂《永乐大典》、派遣郑和下西洋、治理南北大运河等规模浩大的工程，特别是国家牢牢地掌握着强大的军事力量，因而对外能抵御倭寇的侵扰，对内可迅速平定各地少数民族上层贵族的叛乱，制止元朝残余势力的卷土重来，有利于维护和巩固多民族国家的统一。

但是，朱元璋"躬览庶政"的种种举措，并未能达到使朱家子孙永坐江山的目的。因为"主荒臣专"的现象,是世袭制的封建君主制度必然会产生的一种痼疾。不改变这种制度,它是不可能被彻底根除的。明代的君主,除朱元璋及明成祖孜孜求治、具有开拓精神,明仁宗、宣宗也能临朝预政、尚能守成之外,其他那些从小在深宫长大的后继者大多荒嬉怠政,有的甚至一二十年晏处深宫,不问政事。而朱元璋在"躬览庶政"的旗号下,有权必抓,在宋元专制集权的基础上,把它推向新的高峰,也给社会发展带来了严重负面影响。在极端君主专制之下,全国的军政司法大权集于君主一人之手,臣僚唯有束手听命的份,他们的进取性和积极性便消失殆尽。而君主的权力越大,一旦他荒嬉怠政,就越是便于佞臣施展权术,窃取权柄,滥施暴政,造成更严重的危害。明中期以后,时而宦官干政,时而权臣擅专,这一切,不正是朱元璋打着"躬览庶政"旗号强化君主专制所酿成的恶果吗?

# 对人才的网罗使用与摧残扼杀

## 一

明朝建立之前,朱元璋就非常重视网罗人才。明朝建立之后,他进一步提出:"致治之道,在于任贤。"(《明太祖实录》卷六〇)他认为,"世乱则用武,世治宜用文"(黄溥:《闲中古今录摘抄》),"躬擐甲胄,决胜负于两阵之间,此武夫之事,非儒士所能。至若承流宣化,绥辑一方之众,此儒者之事,非武夫所能也"(《明太祖实录》卷三一)。因此,"世有贤才"是"国之宝也"(《明太祖实录》卷八一)。

登基就位后,朱元璋大力推行荐举制,多方网罗人才。洪武元年(1368年)的《大赦天下诏》宣布:"怀才抱德之士,久因兵乱,潜避岩穴。所在官司,用心询访,具实申达,以凭礼聘,共图治效","各处起到贤良官吏,仰中书省量才录用,老病残疾者听从其便"。旋又下诏求贤,并不时派官往各地访求贤才。洪武六年二月，甚至下令暂停科举，专行荐举人才。十八年八月虽恢复科举，但荐举之法仍并行不废。特别是十三年和十八年相继发生胡惟庸党案和郭桓案，累计诛杀六七万人，官员严重缺额，荐举人才的活动更加频繁，往往前诏刚下，后诏又来，已被荐举者又令转荐，形成一股规模空前的人才荐举的热潮。

在开展大规模的人才荐举的同时，朱元璋还制定出一系列相关的政策措施。

以礼敦遣。洪武元年，徐达下山东，明廷命所在州郡访取贤才及曾经仕元的闲居者，当地官吏严加催逼，只要是读书人，不管本人愿意与否，都强迫他们赴京应聘，弄得人心惶惶，特别是那些曾在元朝做过官的儒士更是疑惧不安。朱元璋闻讯，即令中书省往山东张贴榜文，宣布"所征人材，有不愿行者，有司不得驱迫，听其自便"（《明太祖实录》卷三一）。后来，他吸取这个教训，一再强调征召人才，一定要以礼相待。洪武十三年特命吏部再谕天下："有司尽心询访，必求真材，以礼敦遣。"（《明太祖宝训》卷五，《求贤》）

严于简择。荐举之法大规模推行之后，各类人才通过各种渠道涌入京师，不免鱼龙混杂，泥沙俱下，出现"所荐者多非其人""至者往往名实不副"的现象。为此，洪武十五年明廷特地规定，所有被荐举者到达京城后，一律进行考试。考试由朝廷选拔有才识的文武大臣主持，分为"经明行修""工习文词""通晓四书""人品俊秀""言有条理""晓达治道"六科，"六科备考者为上，三科以上为中，三科以下为下，六科俱无为不堪"，根据成绩量才授职。同时规定，"京官于秀才内各举所知，举中者量加升擢，不当者罚及举主"（《明太祖实录》卷一四七）。

惟才是与。朱元璋主张用人应该"惟才是与"。为此，他首先强调破除唯资格论，"资格为常流设耳，有才能者当不次用之"（《明史》卷一三八，《杨思义传附费震传》）。洪武十一年，朱元璋将李焕文由西安知府、费震由宝钞提举擢升为户部侍郎，另有九十五名低级官吏被提拔做郎中、知府、知州等官，费震随后擢升为户部尚书。其次，朱元璋反对任人唯亲，"国家用人，惟才是与，使苟贤无间于疏远，使不肖何恤于亲昵"（《明太祖实录》卷四八）。他主张用人应不分南北，不问亲疏，只要有真才实学，都应该加以重用。根据这个原则，朱元璋起用大批投降过来的故元官吏和陈友谅、张士诚、方国珍、陈友定等人的部属，元朝教官阮畯归附后，还累升至吏部尚书。

德行第一。朱元璋强调，荐举和任用人才要坚持德行第一的标准，"以德行为本，而文艺次之"（《明史》卷七一，《选举志》）。把忠于朱家王朝并具有优异道德品行，作为用人的首要条件。他将人才分为几种："材德俱优者，上也；材不及德者，其次也；材有余而德不足，又其次也；苟两者俱无，此不足论矣。若逐势变移，好作威福，言是而行非，此小人，不可用也。"（《明太祖实录》卷二五六）主张选拔人才首先要选用那些才德俱优的人，特别是像六部这种"总领天下之务"的重要部门，一定要选用"学问博洽、才德兼美之士"来掌管（《明太祖实录》卷四九）。其次才是那些才德有缺陷的人，先用德优于才的人，再用才有余而德不足的人，才德俱无的人不能任用。至于那种见风转舵、言是行非、飞扬跋扈、作威作福的小人，则坚决不用。

因才授职。朱元璋认为，"人之才智或有长于彼而短于此者，若因其短而并弃其长，则天下之才难矣"（《明太祖实录》卷一〇一），强调用人"因材而授职"（《明太祖宝训》卷三，《任官》）。他多次宣布："今令天下求才，其长于一艺者，皆在选列"，"凡军民怀一才一艺者，得以自效"，"在野贤人君子，果能练达治体、敷陈王道，许其赴京面奏"（《明太祖实录》卷一〇一、卷二五二、卷一四七）。有一年，四明人王桓和两位儒士应召入京。朱元璋问他们在家从事什么职业，一位儒士说在家务农，朱元璋问他禾、麦各有几节，为什么会有不同？他回答说：禾种于春，至秋收获，经历三个季节，因而有三节；麦子要经历四个季节才能收获，故有四节。朱元璋认为此人"能知稼穑之艰难"，即擢任知州。另一位儒士说在家行医，朱元璋问他是否知道苦蜜和甜胆？他回答说：蜜蜂采集黄连花粉，酿出的蜜是苦的；猿猴吃的野果多，胆汁是甜的。朱元璋认为此人"能格物"，擢任太医院使。王桓说在家教儿童读书，朱元璋问他喜好和厌恶什么样的人？他回答说：人之善者好之，不善者恶之。朱元璋认为他"能明理"，擢为国子学助教（朱国桢：《涌幢小品》卷八，《召问命官》）。宁夏人唐肃代父至贵州卫充任戍卒，入京自陈才艺。吏部根据朝廷曾有"凡选举毋录吏卒之徒"（《明太祖实录》卷二〇三）的规定，认为唐肃是个正军，不能擢用。朱元璋说自己下过"凡军民怀一才一艺者，得以自效"的诏令，"令既下而背之，是不信也；人有才而不用，是弃贤也"（《明太祖实录》卷二五二）。于是，下令提拔他做给事中。

宥过而用。朱元璋认为，人无完人，谁都难免会有过失，"苟因一事之失而弃一人，则天下无全人矣"（《明太祖实录》卷二二三）。他一再告诫吏部大臣："为国以任人为本，作奸者不以小才而贷之，果贤者不以小疵而弃之。奸者必惩，庶不废法；宥过而用，则无弃人。"（《明太祖实录》卷一八八）朱元璋屡次下令，起用犯过错误而被罢官的人。仅洪武七年十一月，一次就起用在凤阳屯田的犯罪官吏一百四十九人，"各授职有差"。太常寺卿吕本，因罪罚至功臣庙服役，不久被赦，任为北平按察司佥事，洪武十年又擢为礼部尚书。

由于政策措施比较得当，大量有用之才被荐举上来。被荐举的人数，一次少则数人、数十人，多则达到成百上千人。例如，洪武十五年九月，吏部就征召各地推荐的经明行修之士三千七百余人至京。洪武二十三年，总计全年选天下耆民才智可用者一千九百余人。"以故山林岩穴、草茅穷居，无不获自达于上，由布衣而登大僚者不可胜数。"据《明太祖实录》的记载统计，洪武年间由荐举直接授官的，多达二千八百余人。其中，有尚书三人，侍郎五人，四辅官六人，大学士四人，通政使二人，副都御史二人，佥都御史四人，东宫官九人，谏院官四人，布政使二十人，参政十五人，参议二十八人，佥事五百三十四人，监察御史五十六人。至于被荐举初授较低职位而后渐次升任显职的，数量就更多了。其中，最后官至尚书的就达六十四人之多。（《明史》卷七一,《选举志》)《明史》说:"明始建国,首以人材为务,征辟四方,宿儒群集阙下,随其所长而用之。自议礼定制外,或参列法从,或预直承明,而成均胄子之任尤多称职,彬彬乎得人焉。"(《明史》卷一三七,《刘三吾传》)所有这些,对于明初澄清吏治、稳定社会秩序、巩固封建统治、恢复和发展社会生产,无疑起了重要的作用。

## 二

朱元璋对人才的网罗和使用,虽然取得显著效果,但存在很大的局限性。朱元璋强调用人以德行为第一标准,这似乎与历代历朝的用人标准一样,但他极力强化封建专制统治,一心想让子孙能长坐江山,他的德首先指的是忠于朱家王朝的德,有利于巩固朱家王朝的专制统治,便成为他用人政策的出发点和归宿地。因此,随着封建专制统治的不断强化,一方面是一批有益于此的人受到提拔和重用,另一方面则是一批有碍于此的人受到摧残和扼杀,所谓"惟才是与"的用人政策也因此大打折扣。

第一,随着封建专制的高度发展,全国文武官员的任用大权集中到皇帝一人手里,官员的晋升和黜陟完全取决于朱元璋的好恶,并不真正取决于他们的德才。只有绝对忠于朱元璋,并为巩固朱家王朝的专制统治效力,才能得到提拔和任用,否则便不得进用,甚至会招来杀身之祸。如广信府贵溪县夏伯启叔侄两人,认为朱元璋曾为"红寇"(指红巾军),"知朕代元为君,意有不然"，各"截去左手大指"，拒绝为新朝效力，即被拿赴京师，下令处死（《御制大诰三编·秀才剁指第十》）。儒士高炳以通经被荐，任为工部员外郎，后又擢任太常少卿。不久因罪罢官还乡，过了五年又以通经被荐，被任命为江宁知县。未几又因"非公而事觉，罪犯徒年"，遂"妄心谤言，以唐律作流言以示人，获罪而身亡家破"（《御制大诰三编·作诗诽谤第十一》）。苏州人才姚叔闻、王谔，被人荐举于朝，但"二生以禄为薄，以酷取民财为厚"，交结本府官吏张亨等，拒绝赴京应聘。"事觉枭令，籍没其家"。朱元璋为此特地宣布："'率土之滨，莫非王臣'，成说其来远矣。寰中士大夫不为君用，是外其教者，诛其身而没其家，不为之过。"（《御制大诰三编·苏州人才第十三》）

第二，在强化封建专制统治的过程中，朱元璋迭兴大狱，又使不少有用之才遭到牵连诛杀。如"一变元风、首开大雅"的诗人高启，洪武二年被召与修《元史》，复受命教授诸王。翌年秋，受朱元璋召见，擢为户部右侍郎，他力辞还乡，教书自给。因"尝赋诗，有所讽刺，帝嗛之未发"，后来朱元璋便借他为苏州知府魏观作《郡治上梁文》一事，将其"腰斩于市"（《明史》卷二八五，《文苑传》）。同高启一起修撰《元史》的其他文人，包括王彝、陶凯、高逊志、傅恕、张孟兼、张宣等，后来皆获罪被杀或遭遣谪，就连曾当过朱元璋顾问、担任《元史》总裁官的翰林学士宋濂，退休后也因其长孙宋慎涉胡惟庸党案，洪武十三年十一月举家连坐被刑。长孙宋慎及次子宋璲被处死，宋濂缘皇太子与皇后力救，被贬谪茂州，走到夔州忧愤成疾，不出二十日绝食而死（孙锵：《宋文宪公年谱》）。与高启并称为"吴中四杰"的著名诗人杨基、张羽、徐贲也都命运坎坷，未得令终。此外，"淹贯经史百家言"的文人王行、"工画山水、兼善人物"的画家王蒙，都因被牵连到蓝玉党案、胡惟庸党案而死。"精通六籍及释、老书"的文人赵介，无意仕进，屡次被荐，皆力辞不就，后亦"坐累逮赴京，卒于南京舟次"（《明史》卷二八五，《文苑传》）。供事内府的宫廷画家赵原，奉命画昔贤像，"应对失旨，坐法"；盛著奉命画天界寺影壁，"以水母乘龙背，不称旨，弃市"（徐沁：《明画录》卷二）。类似事例，不胜枚举。洪武十九年，方孝孺在致友人的信中，悲愤地写道："近时海内知名之士，非贫困即死，不死即病。"（《逊志斋集》卷一〇，《与郑叔度》）

第三，朱元璋推行文化专制，士子只能尊孔读经，钻研八股，不得妄议军国重事，思想受到严重的束缚。他们"一旦逢年，名利婴请，入则求田问舍，出则养交持禄，其于经济一途蔑如也"（《明经世文编》许誉卿序）。加之专制统治的严酷，"为士者以混迹无闻为祸，以受玷不录为幸，以屯田工役为必获之罪，以鞭笞捶楚为寻常之辱"（《明经世文编》卷八，叶居升：《万言书》）。因此，为避免罹罪惹祸，士子们便大多闭眼不看现实，闭口不议朝政，结果刚正之气日消，柔媚之风日长，贤明之士日少，庸鄙之士日多。所有这些，无不严重地阻碍着人才的成长。朱元璋不时哀叹："朕自即位以来，虽求贤之诏屡下，而得贤之效未臻！""朕临御三十年矣，求贤之心夙夜孜孜，而鲜有能副朕望。任风宪者无激扬之风，为民牧者无抚字之实。"（《明太祖实录》卷一三一、卷二二九）但这又怪得了谁呢？！

　　一方面努力网罗和重用人才，另一方面又无情地摧残和扼杀人才，这就是洪武年间朱元璋用人政策的两个方面。这两个方面是既互相矛盾又彼此统一的，统一在维护与巩固朱家王朝专制统治这一点上。为强化朱家王朝的专制统治，朱元璋需要网罗大批人才为其所用，同时就必然要毫不留情地摧残和扼杀有碍于此的大批人才。这不是朱元璋个人言而无信、出尔反尔的品质问题，而是封建社会晚期君主专制统治必然产生的社会问题。

# 大打折扣的谏诤

## 一

在一些人的眼里，朱元璋是个凶狠残暴的专制君主，容不得不同意见，臣民对他的所作所为只能噤若寒蝉，根本不存在谏诤之事。其实，朱元璋还是重视并鼓励谏诤的。洪武十二年（1379年）十一月，他在奉天殿视朝完毕，就对身旁的翰林待制吴沉说："人主治天下，进贤、纳谏二者，真切要事也。"（《明太祖实录》卷一二七）他认为进贤与纳谏，是关系治国成败的两个重要因素。

早在龙凤二年（1356年），朱元璋就任命俞中、郭士信、栾秉德为参谋，并问他们："魏征可复见乎？"俞中答道："若有唐太宗，魏征见矣。"朱元璋连连点头称"善"（《明兴野记》卷上）。龙凤十二年，他对左右群臣强调："治国之道，必先通言路。"（《明太祖实录》卷一五）要求群臣如有谏言，务必向他详细陈述。登基就位后，朱元璋进一步总结历代王朝兴亡的教训，看到商汤以改过不吝而为三代盛王，唐太宗屈己从谏而致贞观之治，商纣王饰非拒谏而亡，唐玄宗为奸臣所蔽酿成安史之乱，从中悟出"兴亡之道在从谏咈谏"的道理，一再诏求直言，要求大臣访察民间利病，何事当兴，何事当革，"具为朕言"（《明太祖实录》卷九二），就是专事纠察的台宪官，见到朝廷政事有何缺失，也"皆得言之"（《明太祖实录》卷六三）。

但是，尽管求言之诏屡下，却应者寥寥。洪武九年，朱元璋曾无限感慨地对侍臣说："朕乐闻嘉谟，屡敕廷臣直言无讳，至今少有启沃朕心者！"侍臣搪塞说："陛下聪明天纵，孜孜为治，事无缺失，群臣非不欲言，但无可言者。"（《明太祖实录》卷一〇六）为了打破这种沉闷的局面，朱元璋反复向群臣说明谏诤的意义，指出昏庸之主，吝一己之非，拒天下之善；全躯保禄之臣，或缄默不言，或畏威莫谏，塞其聪明，昧于治理，最后必将导致国家社稷的倾覆。他再三鼓励群臣直言进谏："若君有过而臣不言，是臣负君；臣能直言而君不纳，是君负臣。"（《明太祖实录》卷三〇）"臣不谏君，是不能尽臣职；君不受谏，是不能尽君道。臣有不幸，言不见听而反受其责，是虽得罪于昏君，然有功于社稷人民也。"（《明太祖实录》卷二九）

为了鼓励与推动臣民的谏诤，朱元璋特地采取许多措施。一是规定臣民皆许直言政事得失。朱元璋宣布："凡军民利病、政事得失，条陈以进。下至编民卒伍，苟有所见，皆得尽言无讳。"（《明太祖实录》卷一七一）《皇明祖训》还规定："今后大小官员并百工技艺之人，应有可言之事，许直至御前奏闻。其言当理，即付所司施行，诸衙门毋得阻滞，违者即同奸论。"二是为言事者保密。洪武十年，朱元璋专门发布一道命令："天下臣民，凡言事者，实封直达御前。"（《明太祖实录》卷一一三）并成立一个"掌内外章疏敷奏封驳之事"的机构通政司，负责递送臣民密封的奏章，以防泄密。据载，"洪武、永乐年间，实封皆自御前开拆，故奸臣有事即露，无幸免者"（陆容：《菽园杂记》卷九）。三是言而有实则奖，言而无实不罪。朱元璋宣布："臣民凡有谏诤，有善者则奖而行之，言之非实亦不之罪，惟谗佞而谀者，决不可容也。"（《明太祖实录》卷一六一）洪武年间，特别是洪武早期和晚期，不少臣民响应朱元璋的号召上书言事，可行的即付之施行，有的官吏还因此受到奖赏或提拔。如谏院右司谏石时中、判禄司左司副夏守中"公直敢言"，朱元璋赐给他们每人钞十锭。工部奏差张致中上言三事，朱元璋从之，擢为宛平知县。江西南丰典史冯坚上言九事，朱元璋读了奏章，认为除调易边将一事不妥外，其余八事都可付之施行，命擢为左佥都御史。秦州儒学训导门克新，秩满入觐。朱元璋向入觐的学官询问经史及民间政事得失，其他官员应对皆不称旨，只有门克新敢于指陈时弊，"直言无隐"，被擢为左春坊左赞善，后又升为礼部尚书。

## 二

在朱元璋的倡导和一系列措施的推动下，有不少臣民上书言事，指陈时弊，倡议革新，为朱元璋所采纳。如洪武三年，靖海侯吴祯奉命前往浙东收集方国珍台、温、明三郡旧部，以抵御倭寇。三郡的一些无赖恶少，随意诬指平民、富家为方国珍旧部，搞得人心惶惶。宁海知县王士弘向朝廷上了一个实封奏章反映情况，朱元璋阅后"即日诏罢之"，使三郡的人心迅速稳定下来。洪武十三年，太原、大同二府上奏，反映官府自宋金以来向当地煮碱为盐的民户征收盐课，洪武五年朝廷因二郡地瘠民贫，下令免征。现今户部又打算恢复盐课，恐民力不堪。朱元璋"是其言"，命户部悉蠲免之。洪武十八年，国子祭酒宋讷献守边策，建议效法汉代赵充国屯田戍边之法，择将于北部边疆实行屯田，训练士卒，督令耕作，防敌入犯，朱元璋"嘉纳之"，将前已施行的军屯更大规模地推广于缘边各地。洪武二十四年，嘉兴府通判庞安破获一个贩卖私盐的案件，将私盐贩子解送京师，并根据《大明律》"应捕人给赏"的规定，把缴获的私盐赏给捉到罪犯的人。但户部认为庞安的处理违反根据皇帝敕令所形成的"例"，下令把赏给捉拿罪犯者的私盐没收入官，并责取罪状。庞安不服，给皇帝上书，说律是万世之常法，例为陛下一时之旨意，以一时之例破坏万世之法，是失信于天下。朱元璋"诏论如律"，否定户部意见，维持原判。洪武二十九年，苏州崇明县宝庆观道童孙守常上书，反映当地十年前改建城池，侵用官民田地，却照旧征收被占田地的租税，要求尽行免除，朱元璋下诏悉蠲免之。类似事例，多不胜举。

值得注意的是，当时还有不少耿直之士，记取朱元璋"臣不谏君，是不能尽臣职""言不见听而反受其责，是虽得罪于昏君，然有功于社稷人民"的谕旨，敢于对朱元璋犯颜直谏，甚至不惜为此付出生命。有一次，监察御史欧阳韶侍班，碰上朱元璋大发脾气要杀人，他快步走上殿廷，下跪劝阻，高呼："陛下不可！"朱元璋果然"从之"。还有一次，监察御史周观政监守奉天门，"以防邪僻"。此时，宦官领着一班女乐要进宫，他即予阻拦，宦官说是奉皇上之命而来，他还是不让进。宦官非常恼火，大步冲入宫门，过一会儿又走出宫门，对周观政说："御史且休，女乐已罢不用。"他仍气鼓鼓地说："必奉面诏！"这话传进宫里，朱元璋竟然走出宫门，对周观政说："宫中音乐废缺，欲使内家肄习矣。朕已悔之，御史言是也！"洪武中期，青文胜出任龙阳（今湖南汉寿）典史。龙阳连年遭受洞庭湖水泛滥的灾害，每年却要承担三万七千石的租赋，百姓交纳不起，累计欠赋达数十万石，官府严加催逼，"毙于敲朴者相踵"。青文胜两次诣阙上书，请求朝廷蠲恤，皆未获准。于是，他决计以死相谏，又起草一封谏书，掖在袖子里，诣阙敲响登闻鼓，然后在鼓下自杀。朱元璋闻讯大惊，终于"诏宽龙阳租二万四千余石，定以为额"（查继佐：《罪惟录》列传卷一三上，《青文胜》）。

有的官员因进谏忤旨获罪，但被重新起用后仍直言谏诤。韩宜可在洪武初年被荐举为山阴（今浙江绍兴）教谕，后累官至监察御史。当时，丞相胡惟庸、御史大夫陈宁、中丞涂节深得朱元璋宠信。韩宜可认为这三个人都是佞臣，不宜重用，竟当着三人的面交给朱元璋一份弹劾他们的奏章，结果以"排陷大臣"的罪名被关进大牢。不久获释，出任陕西按察司佥事。他听说有万余名受到笞刑以上处分的官吏，被贬谪凤阳屯田，又上书谏诤，说刑罚是为了"禁淫慝，一民轨"，应该甄别情节轻重、因公还是因私，"以协众心"。这次，朱元璋"可之"，采纳了他的谏言。后来，韩宜可入京朝觐，碰上朝廷把一批籍没入官的罪犯家眷赐给诸司官员，他拒不接受，并上书极论："罪人不孥，古之制也。有事随坐，法之滥也。况男女，人之大伦，婚姻逾时，尚伤和气，合门连坐，岂圣朝所宜！"朱元璋又"是其言"，接受了他的意见。

　　臣民的谏诤，一定程度上减少或缩小了朱元璋一些决策的失误，匡正了某些时弊。更重要的是，一些耿介之士，还把谏诤看作自己应尽的职责，是忠于社稷、忠于君主的义举，即使以言触祸，也视为分内之事。他们这种不怕坐牢、不怕杀头、敢于直言谏诤的精神，还对后人产生深远影响。在朱元璋之后，每当昏庸之君在位，常常有人冒着杀身之祸犯颜直谏，要求革新朝政，改弦易辙，而且往往是这个人刚刚受刑或被杀，另一个人又站出来继续谏诤。近代明清史学家孟森，对此曾发出这样的感慨："明一代虽有极黯之君，忠臣义士极惨之祸，而效忠者无世无之，气节高于清世远甚。"① 清代即使是在"康雍乾盛世"，也是万马齐喑，根本不允许也没有人敢于犯颜直谏，哪有因此而遭受极惨之祸的忠臣义士呢？

---

① 孟森：《明清史讲义》上册，中华书局1981年版，第75页。

## 三

不过，朱元璋尽管重视并提倡谏诤，亟盼魏征的再现，但洪武年间的谏诤之风比起唐代贞观年间却差得甚远。魏征之类的诤臣未能再现，这是朱元璋强化封建专制统治的必然结果。

朱元璋为了使自己能"躬览庶政"，实现专制统治，对国家机构实行一系列改革，集军、政、司法大权于一身。他对监察制度的改革，也是以扩张皇权为旨归的。中国古代的监察制度，原本具有监上与控下两种职能。唐代的监察机构分为三个系统，御史为监察官，主掌风宪，行纠弹官邪之责；谏官为言事官，主掌规谏讽喻，司谏正君失之任；给事中为封驳官，主掌封还皇帝失宜的诏令和驳正百官有违误的奏章。三个系统组成一个严密的监察网，上至最高君主，下至百官臣僚，都在监控范围之内。到宋代，随着君主专制的加强，台谏的职权趋于合一，御史台与谏院合称"台谏"，但其监控的对象仍包括君主在内，给事中也是如此。明朝建立之前，朱元璋在至正二十七年（吴元年，1367年）设立御史台，基本上继承宋代的"台谏"合一体制。洪武十三年罢撤御史台，因臣僚久无谏诤，又置谏院，不久复废。洪武十五年设立都察院，又设谏院，旋又废除，重新恢复"台谏"合一体制，由监察御史一身兼掌言事与察事两权。由于职权混一，没有专职的谏官，实际上导致台权吞并谏权，使都察院变成只控下而不监上的机构。所以在洪武年间，尚有韩宜可、周观政等监察御史直言谏诤，后来便很少有御史谏诤的事了。朱元璋还设置六科给事中，但规定其职权是专门封驳六部的章奏，剥夺其封驳皇帝诏令之权。经过这番改革，明代的监察机构完全变成皇帝钳制、监控臣僚的工具，谏诤之风大大削弱。

不仅如此，朱元璋对臣民谏言是否采纳，以是否有利于强化封建专制统治作为取舍标准。他认为有益于此的就加以采纳，并给予奖赏；不利于此的则拒绝采纳，甚至严厉打击。他说臣民的谏诤，"有善者则奖而行之"，"惟谗佞而谀者，决不可容也"，所谓"善者"与"谗佞者"就是以是否有利于封建专制的强化来区分的。具体事例，多不胜举。

洪武九年，朱元璋因星变诏求群臣言事。山西平遥训导叶伯巨上万言书，批评朱元璋"分封太侈""用刑太繁""求治太速"。分封制度是与封建专制中央集权制度背道而驰的，但朱元璋偏偏认为分封诸子为王可以起到"藩屏王室"的作用。他看到万言书中说分封诸子为王会形成"尾大不掉"之势，导致严重的后果——"臣恐数世之后，尾大不掉，然后削其地而夺之权，则起其怨，如汉之七国、晋之诸王；否则恃险争衡，否则拥众入朝，甚则缘间而起，防之无及也"（《明经世文编》卷八，叶居升：《万言书》），认为叶伯巨挑拨他和子孙的骨肉关系，便大发脾气，厉声喝令左右："速逮来，吾手射之！"叶伯巨被捕后，中书丞相乘朱元璋高兴的时候，奏请将他关进刑部大狱。叶伯巨后来死于狱中。

洪武十五年，朱元璋应僧人金碧峰之请，设置僧、道录司的机构，任命僧侣、道士充任官职。大理寺卿李仕鲁认为这是弃圣学而骛外道，上书劝朱元璋崇儒辟佛。连续上书三十次，朱元璋均未采纳。他痛哭流涕地对朱元璋说："臣言不入，何以臣为？愿还陛下笏，放归田里！"遭到拒绝后，他一气之下，把手中的朝笏扔到地上。朱元璋下不了台，当场令武士把他摔死在台阶之下。礼科给事中陈汶辉也对设置僧、道录司提出谏诤，朱元璋"目以为迂"，也不采纳。后来，陈汶辉改任大理寺丞、大理寺少卿，又多次为几起冤案申辩，并为李善长之狱喊冤。此后，有个内戚犯法，山东布政司副布政使张甲未报请皇帝审批就诛杀之。朱元璋大怒，下旨命陈汶辉处决张甲。陈汶辉认为处分过重，封还御旨，拒不执行。朱元璋一时性起，派御前指挥逮捕陈汶辉，押赴刑部问罪。行至金水桥边，陈汶辉投水自杀。

此外，朱元璋在强化封建专制的过程中滥用严刑酷法，迭兴大狱，也极大挫伤了臣僚谏诤的积极性。在严刑酷法之前，臣僚朝不保夕，人心惶惶。人们为免触犯禁忌，罹罪惹祸，便大都闭眼不看现实，闭口不议朝政。许多官吏更是不求有功，但求无过，不关心民间疾苦和朝政得失。这样，全躯保禄之臣日多，切中时弊的谏诤也就日少。朱元璋召见群臣，征询民事得失，他们往往沉默不语，或支吾了事。有一次，他召见各地儒学训导，询以民间疾苦，一个答说："臣为学正，以教导为业，民事无闻。"另一个答以："臣守职常在学，未尝出外，于民事无所知。"朱元璋气得大骂："诈也！"（《明太祖实录》卷二一九）下令把他们流放到极边之地。朱元璋也因此常常埋怨臣僚的庸鄙，哀叹道："海内贤哲之士"，"虽求之日切，而至者恒寡"，"求贤之意未称"（《明太祖实录》卷一三二）。但这又怪得了谁呢？只能怪朱元璋自己。

总之，朱元璋大力加强封建专制，使他对谏诤的倡导和谏言的采纳大打折扣。他在位期间的一些决策失误，也就因此未能及时得到纠正，为后世留下不少遗患。封建专制主义的危害，在此已暴露无遗。

## 不禁贪暴，则民无以遂其生

在我国封建社会，惩治贪污态度最为坚决、手段最为严厉、效果最为显著的，恐怕要数明太祖朱元璋。

朱元璋登基之后，继承的是元朝腐败的吏治遗产。元朝末年，"仕进者多赂遗权要，邀买名爵。下至州县簿书小吏，非财赂亦莫得进。及至临事，彻蠹政鬻狱，大为民害"（《明太祖实录》卷六九）。当时的官吏，大都不知廉耻为何物，想出各种名目捞钱，下属初次拜见要"拜见钱"，无事白要叫"撒花钱"（礼物），逢年过节要"追节钱"，过生日要"生日钱"，办件事要"常例钱"，往来迎送要"人情钱"，告个状要"公事钱"。就连负责监察、纠劾百官的台宪官，也大都是花钱买的官职，他们上任之后便大肆搜刮，设法捞回本钱，再赚上一大笔。经过元末农民战争的扫荡，这种腐败风气并未完全清除。明朝建立不久，朱元璋就察觉到，"所任之人，不才者众，往往蹈袭胡元之弊"（《御制大诰·胡元制治第三》），"掌钱谷者盗钱谷，掌刑名者出入刑名"（《御制大诰·谕官无作非为第四十三》），"天下诸司，尽皆赃罪"（《御制大诰·朝臣优劣第二十六》）。当时大规模的农民战争刚刚结束，全国呈现一派人口锐减、田畴荒芜、百业凋零、民不聊生的颓败景象。官吏的贪污腐化，不仅加重朝廷的财政负担，而且使百姓的生活更加艰难，激起人民的强烈不满和反抗。不少平民百姓铤而走险，啸聚山林，形成小股的农民起义。司法部门讯问一些被俘的起义者为何造反时，他们都说是"有司贪墨，守御官军扰害，以故逃窜山林，群聚为盗"（《明太祖实录》卷一九〇）。因此，朱元璋痛下决心严惩官吏的贪贿之风。

登基不久，朱元璋就明确指出："不禁贪暴，则民无以遂其生。"（《明太祖实录》卷二九）宣布要"严法禁"："但遇官吏贪污蠹害吾民者，罪之不恕。卿等当体朕言。若守己廉而奉法公，犹人行坦途，从容自适。苟贪贿罹法，犹行荆棘中，寸步不可移；纵得出，体无完肤矣。"（《明太祖实录》卷三〇）他不仅这样说，而且确实是这样做的。整个洪武年间，他先后采取一系列措施，展开大规模惩治贪污的斗争。

第一，建立严格的官员考核和监察制度。考核分考满和考察两种。考满主要考核官员的政绩，"称职者升，平常者复职，不称职者降"（《明史》卷七一，《选举志》）。考察侧重考核官员的素质品行，"贪污者付法司罪之，阘茸者（驽弱者）免为民"（万历《大明会典》卷一三，《朝觐考察》）。凡在考察中受到处分的，不复叙用。

对官吏的监督，主要依靠御史台（后改为都察院）、十三道监察御史及给事中六科等中央监察机构和提刑按察司的地方监察机构。此外，朱元璋有时派官巡视各地，凡官吏贤否，军民利病，皆得廉问纠举。监察官员的品秩一般都不高，但对他们的要求特别严格。《大明律》规定："凡风宪官吏受财，及于所按治去处求索、借贷人财物，若买卖多取价利及受馈送之类，各加其余官吏罪二等。"（《大明律》卷二三，《刑律·受赃》）

朱元璋还注意动员百姓对官吏进行监督，特地规定："凡守令贪酷者，许民赴京陈诉。"（《廿二史札记》卷三三，《重惩贪吏》）还立下一条法令，规定自布政司至府、州、县官吏，若非朝廷号令，私下巧立名目，害民取财者，许境内耆宿老人、遍处市井士君子等，联名赴京奏状。并规定，凡耆民人等赴京面奏官吏品行政绩的，虽无官府发给的路条，所在关津把隘去处问清缘由后，即应放行；阻挡者，予以斩首。

第二，制定律令，健全法制。朱元璋除下令制定《大明律》及《诸司职掌》等，对文武官员的职权、责任以及他们之间的各种关系做出明确规定，还先后颁布《祖训录》、《臣诫录》、《御制大诰》四编、《皇明祖训》等敕令文告和申戒公侯铁榜、府州县条例八事、到任须知三十一条等条规章程，对诸王和各级官吏所应遵守的事项加以详细说明，使之有章可循，有法可依。

朱元璋认为："吏治之弊莫甚于贪墨，而庸鄙者次之。"（《明太祖实录》卷一四八）他颁布的一系列法令条规，对官吏的贪污受贿行为，规定了极重的处罚："凡官吏人等犯枉法赃者，不分南北，俱发北方边卫充军"（《明史》卷九三，《刑法志》）；贪污"赃至六十两以上者,枭首示众,仍剥皮实草"(《廿二史札记》卷三三,《重惩贪吏》);受财枉法者,一贯以下杖七十,每五贯加一等,至八十贯绞,受财不枉法者,一贯以下杖六十,每五贯加一等,至一百二十贯杖一百,流三千里;监守自盗仓库钱粮物,不分首从,并赃论罪,在右小臂上刺"盗官钱(粮、物)"三字,一贯以下杖八十,至四十贯斩首。至于官吏私借官府钱、粮、物,挪移出纳,冒支官粮,多收税粮斛面,隐瞒入官家产,等等,也都规定了很重的刑罚。就连因公乘坐官畜车船附载私物超过重量的,也要处罚。如乘坐官畜者,除随身衣杖外,私载物不得超过十斤,违者五斤笞十,每十斤加一等,罪止杖七十。此外,刑部还规定:"官吏受赃遇赦免,受赃并追纳;其在赦前赃事发惧罪外避及革后发露,依律追究。"(《明太祖实录》卷七六)

第三,随时惩办与集中打击相结合。制定法令、健全法制固然重要,但更重要的在于认真执行。朱元璋是有令必行的,一旦发现官吏有贪污行为,立即严加惩处。罪行较轻的,通常在笞、杖之外,还处以谪戍、屯田、工役之刑。如徐州丰县县丞姜礼,借口替犯人交纳赃款,挨家挨户敛民宝钞,全部装入自己腰包,被发付修城。洪武九年(1376年),"官吏有罪者,笞以上悉谪屯凤阳,至万数"(《明史》卷一三九,《韩宜可传》),其中绝大多数是犯赃官吏。罪行严重的,则处以墨面文身、挑筋、剁指刖足、阉割为奴、枷项游历、免死发广西拿象、全家抄没发配远方为奴、迫令自杀、枭首、凌迟、族诛等各种非刑。户部尚书赵勉夫妻俩贪污,案发后被杀。工部侍郎韩铎上任不到半年,伙同其他官员，先后卖放工匠、克扣工匠伙食钱、盗卖芦柴木炭，私分入己，被杀身处死。凤阳府临淮知县张泰及县丞、主簿、典史与河南府嵩县知县及县丞、主簿、典史等人，接受逃军钱钞，逼令他人代充军役，案发后两县官员全被处死。尚书郎某依仗李善长的权势，"放肆奸贪"，朱元璋下令诛之，籍没其家。

除了平时的随时惩办，朱元璋还对贪官污吏进行了几次集中的打击。如洪武四年的录（甄别）天下官吏、八年的空印案、十八年的郭桓案、十九年的逮官吏积年为民害者，声势都很浩大。空印案被杀的各衙门掌印官多达数百人，佐贰官倍之，受杖戍边者又数千人。郭桓案"自六部左右侍郎下皆死，赃七百万，词连直省诸官吏，系死者数万人。核赃所寄借遍天下，民中人之家大抵皆破"（《明史》卷九四，《刑法志》）。

值得注意的是，朱元璋惩治贪污，能做到不避亲属与勋贵。在封建社会，皇亲国戚和一帮勋臣权贵带头违法犯禁、贪污受贿，往往不受制裁，结果上行下效，法纪荡然。但朱元璋对皇亲国戚和勋臣权贵的违法行为，则不稍宽假，照样处刑。华云龙、朱亮祖都是开国功臣，位列公侯。华云龙私据元丞相脱脱宅第，役使军士大加修缮，奢丽特甚，并"僭用元宫中物"，即被撤职，死于从北平调京之途中。朱亮祖出镇广东，收受贿赂，强行释放被番禺知县道同逮捕的犯法土豪和亲戚，并诬陷道同致死。朱元璋下令召回朱亮祖，连同其子一并鞭死。驸马都尉欧阳伦，洪武末年几次派家奴周保到陕西布政司，令当地衙门派车为之贩运私茶。朱元璋不以至亲曲宥，下令赐欧阳伦死，周保等皆伏诛。

第四，表彰清官循吏，扶正压邪。朱元璋在严惩贪官污吏的同时，大力表彰清官循吏，奖惩结合，不专任法。陶垕仲以国子监生出任监察御史，纠弹不避权贵，劾酷吏刑部尚书开济至死，直声动天下。后擢任福建按察使，诛杀赃吏数十人，兴学劝士，抚恤军民，朱元璋下诏褒异。南雄府同知吉原会同镇抚陈艺审理县民陈、曾二人互讼军役之案，陈艺接受陈的贿赂，欲独坐曾罪，吉原不肯署案，陈艺竟诬陷并绑缚吉原赴京。朱元璋查明原委，认为吉原"执法无私"，提拔他做南雄知府，并赐钞百锭，命礼部赐宴遣还。河南按察司佥事王平与书吏高源按临属县孟津、宜阳，当地官员敛民财以贿，王平械其人并所赂上奏，朱元璋嘉其"得宪臣体"，命赏赐他文绮袭衣及钞百锭，赐书吏钞减半。后来，王平秩满入觐，朱元璋因其"廉介明敏，为政有声"，又擢其为都察院左佥都御史。由于旌表与惩治相辅而行，收到奖廉惩贪的效果，"由是长吏竞劝，一时多循吏之绩焉"（《明史》卷二八一，《循吏传》）。

经过二三十年的斗争，贪风受到抑制，吏治渐趋清明。《明史·循吏传》载："一时守令畏法，洁己爱民，以当上指，吏治涣然丕变矣。下逮仁、宣，抚循休息，民人安乐，吏治澄清者百余年。"随着吏治的澄清，社会渐趋安定，休养生息政策得到贯彻执行，社会经济逐渐复苏和繁荣起来。

# 安民为本和锄强扶弱的治国之策

明朝建立后,社会秩序动荡不安。朱元璋在重建封建政权、强化君主专制中央集权统治的同时,也从地主阶级的长远利益出发,不断思考如何协调阶级关系,缓和地主与农民的矛盾,稳定社会秩序。

亲身经历过元末农民战争的朱元璋,不时反思和总结历代王朝特别是元朝兴亡的历史教训,深刻认识到农民起义的强大力量,惊呼"所畏者天,所惧者民。苟所为一有不当,上违天意,下失民心,驯致其极而天怒人怨,未有不危亡者矣"(《明太祖实录》卷三二)。他一再引述儒家的名言说:"民犹水也,君犹舟也,水能载舟,亦能覆舟。"(《明太祖实录》卷五一)强调民对君既有依存的一面,也有制约的一面,指出君主不仅不能"轻民",而且要"畏民""敬民",说:"朕则上畏天,下畏地,中畏人。"(《明太祖实录》卷八〇)基于这种认识,他继承和发展传统的民本思想,提出"安民为本"的主张,认为"凡为治以安民为本,民安则国安"(《明太祖实录》卷一一三)。

那么,如何才能安民呢?古代中国以农立国,社会上存在"富者""强者"即地主及代表其利益的官吏,与"贫者""弱者"即农民两大对立的阶级。在朱元璋的心目中,理想的社会是"富者自安,贫者自存","富者得以保其富,贫者得以全其生"(《明太祖实录》卷四九)。也就是说,地主阶级能够保有他们的财富,过着富裕的生活,而农民也具备进行简单再生产的条件,能够维持一家人的温饱、可以继续生存下去。要实现这个目标,除了强化封建专制统治、恢复和发展社会生产之外,还必须协调地主与农民这两大对立阶级的关系,使富与贫、强与弱双方都能循分守法,和谐共存,不致激化矛盾,形成对抗,导致社会的分裂与动乱的发生。但是,在农民战争结束之后,"富者""强者"即地主阶级及各级官吏,掌握着主要的生产资料和国家权力,处于强势的地位,是矛盾的主要方面。如不适当加以限制和约束,任其恣意妄为,肆意榨取和欺压农民,农民便无法自存。因此,为明王朝的长治久安和地主阶级的长远利益着想,朱元璋主张"锄强扶弱"。明朝建立前夕,他在接见各郡新任的县官时,即明确对他们宣布:"自古生民之众,必立之君长以统治之。不然,则强者愈强,弱者愈弱,纷纷吞噬,乱无宁日矣。然天下之大,人君不能独治,必设置百官有司以分理之,锄强扶弱,奖善去奸,使民遂其所安,然后可以尽力田亩,足其衣食,输租赋以资国用。"要求他们认真贯彻"锄强扶弱"的政策,"勤于政事,尽心于民,民有词讼,当为辨理曲直"(《明太祖实录》卷二四)。清代官修

《明史》，将朱元璋这个"锄强扶弱"之策称作"右贫抑富"，说："（明太祖）惩元末豪强侮贫弱，立法多右贫抑富"（《明史》卷七七，《食货志》）。

根据"锄强扶弱"之策，朱元璋以法律形式肯定元末农民战争的部分成果，提高了劳动者的身份地位，并大大加重对地主官僚贪暴行为的防范与惩处。在唐律中，奴婢、部曲、杂户、官户的地位均低于良人，明代已不存在与良人不同的部曲，故明律没有与此相关的条文。关于奴婢，《大明律》明确禁止庶民之家存养奴婢，禁止官民之家阉割役使"火者"，禁止将他人迷失子女卖为奴婢，禁止冒认良人为奴。洪武二十四年（1391年），明廷还规定："役使奴婢，公侯家不过二十人，一品不过十二人，二品不过十人，三品不过八人。"（龙文彬纂：《明会要》卷五三，《民政》）唐律中有关部曲的某些规定，《大明律》改为"雇工人"，但其法律地位高于部曲，介于良人与奴婢之间。佃农的地位也比元代大为提高。在元代，佃农与地主是一种主仆关系，地主打死佃农，仅处以"杖一百七，征烧埋银（丧葬费）五十两"便告了事。洪武五年，朱元璋下诏规定，佃户见田主，不论齿序，"行以少长之礼"，若在亲属，则不拘主佃，概从亲属之礼行之（《皇明诏令》卷二，《正风俗礼仪诏》）。明代父辈曰"尊"，兄辈曰"长"。佃户与田主的关系，由仆主升为少长，佃户虽然仍被置于地主的封建宗法统治之下，但比之往昔，身份地位毕竟有了提高。

与此同时，明律降低了贵族官僚的特权地位。唐律规定，皇族、贵戚、达官，如果犯罪均享有"八议"即八种减免刑罚的特权。除了犯"谋反""谋大逆"等"十恶"重罪之外，几乎都可免受审判和刑罚。《大明律》则不然，只规定"凡八议者犯罪，实封奏闻取旨，不许擅自勾问，若奉旨推问者，开具所犯及应议之状，先奏请议，议定奏闻，取自上裁。其犯十恶者，不用此律"（《大明律》卷一，《名例律》）。还规定，文武官员犯公罪（因职务关系而致罪），只有笞刑可以听赎。如犯私罪（因自己私事而犯罪），"笞四十以下，附过还职；五十解见任别叙；杖六十，降一等；七十，降二等；八十，降三等；九十，降四等；俱解见任，流官于杂职内叙用，杂职于边远叙用；杖一百者，罢职不叙。若军官有犯私罪，该笞者，附过收赎；杖罪，解见任，降等叙用；该罢职不叙者，降充总旗；该徒、流者，照依地里远近，发各卫充军"（《大明律》卷一，《名例律》）。其余所有特权，一律取消。明律还严禁公侯之家侵占官民田地财产、接受投献、隐蔽赋役，禁止藩王侵占民田，并严禁官豪势要侵占他人田宅以及欺隐自己田地粮差的行为，禁止官员在现任处所置买田宅。如有违反，处罚都极严厉。

正是基于"锄强扶弱"之策，"太祖好用峻法，于约束勋贵官吏极严"，而"未尝滥及平民，且多惟恐虐民"[1]。

根据"锄强扶弱"之策，朱元璋还改革土地制度，推行垦荒屯田。贫苦农民出身的朱元璋深知，广大农民之所以处于贫弱无

---

[1] 孟森：《明清史讲义》上册，中华书局1981年版，第70页。

靠的困境，就是因为他们很少甚至没有最主要的生产资料——土地。要"扶弱""右贫"，就必须解决他们无地少地的问题。经过元末农民战争，原先为元朝统治者所控制的巨额官田和蒙汉地主贵族霸占的大量土地，部分由农民耕垦，更多的则变成无主荒地。明朝建立后，重新调整土地关系，规定"凡威取田宅者，归业主"（《宋濂全集》卷六六，《故岐宁卫经历熊府君墓铭》），凡是借助战争的暴力耕占的地主土地，一概归还原主。但如果是地主在农民战争期间死去或逃亡而抛荒的土地，被农民耕垦成熟的，则归农民所有，逃亡地主还乡后，"仰有司于附近荒田内，验数拨付耕作"（《皇明诏令》卷一，《大赦天下诏》）。对于大量无主荒地，朱元璋以免除三年的赋役等条件，鼓励农民开垦。洪武三年（1370年），还采纳济南知府陈修及司农官的建议，将北方近城的荒地分给无田的乡民耕种，"户率十五亩，又给地二亩，与之种蔬，有余力者不限顷亩，皆免三年租税"，"王国所在（指藩王的封地），近城存留五里，以备练兵牧马，余处悉令开耕"（《明太祖实录》卷五三）。这个计丁授田的政策，也施行于南方某些地区，如苏州府太仓，"洪武年间见（现）丁授田十六亩"（《明经世文编》卷二二，周忱：《与行在户部诸公书》）。后来还规定，在陕西、河南、山东、北平等省及凤阳、淮安、扬州、庐州等府，允许农民尽力开垦荒地，官府不得征派赋税。洪武二十八年又规定，"凡民间开垦荒田，从其自首，首实三年后官为收科"（万历《大明会典》卷一七，《户部·田土》）。由于这些法令的施行，不仅逃亡地主遗下的田地被农民开垦为熟田的得到官府的承认，而且有大量荒废的官民田被农民开发出来。农民通过向国家纳税服役，取得合法的土地所有权。自耕农的数量因此迅速增加，成为推动农业生产恢复和发展的主要力量。此外，朱元璋还大力推行民屯、军屯和商屯，使大量的荒闲土地得到开发。

朱元璋还根据"锄强扶弱"之策，实行轻徭薄赋，减轻百姓负担。他主张"藏富于民"，认为只有"民富"才能"国安"，"民富则亲，民贫则离，民之贫富，国家休戚系焉"（《明太祖实录》卷一七六）；只有"民富"才能"国富"，"民贫则国不能独富，民富则国不至独贫"（《明太祖实录》卷二五三）。即位之后，朱元璋就实行轻徭薄赋的政策，"不尽人之财使人有余财，不尽人之力使人有余力"（《明太祖实录》卷一六四）。明初的赋役法规定，民田一般亩征三升三合五勺，按当时亩产最低一石而论，为三十税一。徭役明初分为均工夫役、杂役和里甲正役三种。均工夫役只施行于江南地区，每田一顷出夫一人，在每年的农闲，赴京服役三十天。其他地区佥派徭役，也按"验田出夫"原则，每顷出一夫，到规定地点服役。杂役的名目极其广泛，按"验苗额之数"点差，同"验田出夫"差不多。里甲正役负责催办税粮，按户计役，逐年轮当。起初只施行于江南地区，将每百户编为一图，推举丁力田粮最多的一户担任里长，另推十户担任甲首，每年由里长带领一户甲首及其管领的九户人丁，负责催办一里的税粮，挨甲轮值，十年轮流当差一次。洪武十四年推向全国，改为"以一百一十户为一图，选其粮多者十户为里长，余百户为甲首。十年轮役，催办钱粮，追摄公事"（章潢：《图书编》

卷八〇，《江西差役事宜》）。经历长期战乱，元代的户口和土地簿籍大都丧失，保存下来的同实际情况不相符合，豪强地主乘机隐蔽丁口和田产，逃避赋役，把负担转嫁到农民身上，官吏上下其手，贪污舞弊，额外加重农民的负担。朱元璋下令在全国清查户口、丈量土地，于洪武十四年和二十年编制赋役黄册（户口清册，以黄纸做封面）和鱼鳞图册（土地清册，图画每块田地的方圆，重重叠叠，状若鱼鳞），作为征派赋役的依据。黄册编成后，将人户按丁田的多寡划为三等，"除排年里甲依次充当外，其大小杂泛差役，各照所分上、中、下三等人户点差"（万历《大明会典》卷二〇，《户部·赋役》）。这样，除里甲正役外，其他徭役便都合并为杂役，均按丁粮的多寡佥派。这就在一定程度上减少了豪强地主隐瞒丁口田产、逃避赋役的状况，从而减轻农民的负担。

出身贫苦的朱元璋，深知物力之艰难，农民之辛苦，比较体恤民情，注意勤俭节约，惜用民力。凡是不急需的工程都尽量缓建，一般工程尽可能安排在农闲时进行。他还常根据各地的具体情况，下令减免赋役，遇到灾荒，则施放赈济。这些措施，也在一定程度上减轻了农民的负担。

朱元璋"锄强扶弱"之策的种种措施施行二三十年后，收到良好的效果，加上他严惩贪官污吏，打击不法豪强（这也是"锄强扶弱"的重要举措），使社会矛盾得到很大缓和。特别是土地关系的调整，垦荒屯田的推行，使许多无地少地的农民获得土地，自耕农数量大增。加上轻徭薄赋的施行，推进农业生产的恢复和发展，使广大农民的生活得到改善，更是有力缓解了当时主要的社会矛盾即阶级矛盾，使农村的社会秩序渐趋稳定。"山市晴，山鸟鸣，商旅行，农夫耕，老瓦盆中冽酒盈，呼嚣隳突不闻声"（朱彝尊：《明诗综》卷一〇〇，《南丰歌》），呈现一派国泰民安的祥和景象。民间甚至还流传着"道不拾遗"的传说，谓"闻之故老言，洪武纪年之末庚辰（建文二年，1400年）前后，人间道不拾遗。有见遗钞于途，拾起一视，恐污践，更置阶圮高洁地，直不取也"（祝允明：《野记》）。

# 洪武年间的休养生息政策

## 休养生息，振兴农业

朱元璋登基后，就面临着振兴经济的艰巨任务。

明王朝建立之后，到处是战争的废墟，呈现一派人口锐减、田畴荒芜的凋敝景象。往昔的繁华胜地扬州，元末为地主武装青军元帅张明鉴所据，其部众暴悍，专事剽劫，"人皆苦之"。到龙凤三年（1357年）被朱元璋部将缪大亨攻克时，"城中居民仅余十八家"（《明太祖实录》卷五）。素称繁盛的苏州，也是"邑里萧然，生计鲜薄"（王琦：《寓圃杂记》卷五，《吴中近年之盛》）。湖广澧州慈州县，"流亡者众，田多荒芜"（《明太祖实录》卷六一）。常德府武陵等十县"土旷人稀，耕种者少，荒芜者多"（《明太祖实录》卷二五〇）。云南"土地甚广，而荒芜居多"（《明太祖实录》卷一七九）。四川所辖州县"居民鲜少"，成都故田数万亩"皆荒芜不治"（《明太祖实录》卷一八一）。西北不少地方，更是"城邑空虚，人骨山积"（《明太祖实录》卷五六）。中原诸州，"元末战争受祸最惨，积骸成丘，居民鲜少"（《明太祖实录》卷一七六）。洪武元年（1368年）闰七月，徐达从汴梁率师北伐，"徇取河北州县，时兵革连年，道路皆榛塞，人烟断绝"（《明太祖实录》卷三三）。山东也是残破不堪，洪武三年六月，济南知府陈修和司农官上奏："近城之地多荒芜。"（《明太祖实录》卷五三）兖州府定陶县"井田鞠为草莽，兽蹄鸟迹交于其中，人行终日，目无烟火"（乾隆《定陶县志》卷九）。河南、两淮好不了多少，卫辉府获嘉县，洪武三年县太爷上任时，"口，土著不满百，井间萧然"（万历《获嘉县志》卷五，《官师志·宦绩》）。颍州地区，"民多逃亡，城野空虚"（《明太祖实录》卷三六下）。直到洪武十五年九月，致仕晋府长史桂彦良上《太平治要十二条》，还说："中原为天下腹心，号膏腴之地，因人力不至，久致荒芜。"（《明经世文编》卷七，《桂正字集·上太平治要十二条》）人民力竭财尽，百姓生活极端困苦，地主贵族难以榨取到地租，国家的税源近于枯竭，各地的官府和卫所不断传来报告："累年租税不入"，"积年逋赋"（《明太祖实录》卷六一、卷二五五）。许多府州县，因户、粮不及数只得降格。洪武十年，河南、四川布政司由州改为县者十二个，县合并者六十个。洪武十七年，全国因民户不及三千，由州改为县者多达三十七个。明初的经济，已经陷于破产的境地。

元末农民战争之后，民心思治，广大农民都亟盼社会能够安定下来，让他们回到土地上进行生产，使生活得到改善。而作为新王朝的君主,朱元璋清醒地认识到,"民富则亲,民贫则离,国家休戚系焉",并提出"藏富于民"的主张:"保国之道,藏富于民。"(《明太祖实录》卷一七六)他指出:"民贫则国不能独富,民富则国不至独贫","大抵百姓足而后国富,百姓逸而后国安,未有民困穷而国独富安者"(《明太祖实录》卷二五三、卷二五〇)。他决定顺应民心思治的历史潮流,实行"休养生息"的政策,恢复与发展生产。登基前夕,朱元璋向山东派遣一批府州县官员,特地叮嘱他们:"今山东郡县新附之民,望治犹负疾者之望良医。医之为术者,有攻治,有保养。攻治者,伐外邪,保养者,扶元气。今民出丧乱,是外邪去矣,所望休养生息耳。休养生息,即扶元气之谓也。汝等今有守令之寄,当体予意,以抚字为心,毋重困之。"(《明太祖实录》卷二八下)登基即位的当月,他又郑重告谕入京朝觐的各府州县官员:"天下初定,百姓财力俱困,譬犹初飞之鸟不可拔其羽,新植之木不可摇其根,要在安养生息之!"(《明太祖实录》卷二九)

农业是我国封建社会最主要的生产部门,朱元璋的休养生息政策重点就放在农业上面。他反复告谕群臣"农为国本,百需皆其所出"(《明太祖实录》卷四二),要求各级官员把"田野辟,户口增"作为治国之急务。洪武五年底,特敕谕中书省,令今后有司考课官吏,必书农桑、学校治绩,否则,"论拟违制,杖降罚,历三年后,注以吏事出身"(《明太祖集》卷一,《农桑学校诏》)。地方官对农业发展做出成绩的,加以擢升。例如,太平知府范常,大力募民垦耕,贷民谷种数千石,秋天获得大丰收,

"私廥既实，官廪亦充"，加上办学成绩突出，被召为侍仪。朱元璋在《农桑学校诏》中规定："民有不奉天时而负地利者，如律究焉。"他还命令所有的村庄皆置大鼓一面，到耕种季节，清晨鸣鼓集众。鼓声一响，全村人丁都要会集田野，及时耕作。"其怠惰者，里老人督责之。里老纵其怠惰不劝督者有罚。"（《明太祖实录》卷二五五）洪武二十八年，他采纳应天府上元县典史隋吉的建议，"命乡里小民或二十家，或四五十家，团为一社。每遇农急之时，有疾病则一社协力助其耕耘，庶田不荒芜，民无饥馑"（《明太祖实录》卷二三六）。朱元璋还颁诏，规定农具等物免税。

为推动农业生产的恢复和发展，朱元璋除提高劳动者地位，调整土地关系，实行轻徭薄赋，清查户口和土地，编制赋役黄册和鱼鳞图册之外，还采取限制僧道数量、慎重使用民力、注意恤贫救灾、移民屯垦、奖励农桑、兴修水利等许多重大举措。

元朝的残暴统治、元末的天灾和战乱，使全国人口大量减少，造成农村劳动力极端缺乏。为解决劳动力严重不足的问题，朱元璋在提倡佛教、道教的同时，严格限制僧道数量。洪武六年八月，礼部报告全国共有僧尼道士九万六千三百二十八人，朱元璋认为数量太多，安坐而食，蠹财害民，于十二月下令："府州县止存大寺观一所，并其徒而处之，择有戒行者领其事；若请给度牒，必考试，精通经典者方许。"（《明太祖实录》卷八四、卷八六）洪武十七年闰七月，他采纳礼部官员赵瑁的建议，规定每三年发放度牒一次，只有考试合格者才能领取。洪武二十年八月，他又做出更加严格的规定："民年二十以上者不许落发为僧，年二十以下未请度牒，俱令于在京诸寺试事三年，考其廉洁无过者，始度为僧。"（《明太祖实录》卷一八四）从洪武二十四年六月起，他还多次下令清理全国的佛、道，并规定："僧道有妻妾者，诸人许捶逐，相容许者罪之，愿还俗者听。亦不许收民儿童为僧，违者并儿童父母皆坐以罪。年二十以上愿为僧者，亦须父母具告有司奏闻方许，三年后赴京考试，通经典者始给度牒，不通者杖为民。"（《明太祖实录》卷二三一）洪武二十八年，因全国僧道数量还是太多，又令六十岁以下僧道一律赴京考试，不通经典者一律开除。这些规定，一步比一步严格，使不事生产的僧道人数比元代大为减少，也相应地增加了农业生产的劳动力。

元末农民战争结束后，一些起义农民继续屯聚山林，不登户籍，打官劫舍，既威胁到明王朝的统治，又减少了农村劳动力。洪武元年十月，朱元璋颁发《克复北平诏》，宣布他们只要回乡参加生产，一律不予追究。诏书规定："避兵人民，团结山寨，诏旨到日，并听各还本业。若有负固执迷者，罪在不原。"（《皇明诏令》卷一）。这实际上是一次大赦。它的实行，使许多逃户回村投入生产，对安定社会、发展生产很有好处。到洪武后期，朱元璋甚至允许不愿回乡的逸户流民就地落籍耕种。洪武二十四年三月，太原代州繁峙县上奏，说该县有逃户三百户，连年招抚不还，请求派卫所军队追捕。朱元璋谕户部臣曰："今逃移之民，不出吾疆域之外，但使有田可耕，足以自赡，是亦国家之民也。即听其随地占籍，令有司善抚之。若有不务耕种，专事末作者，则

逮捕之。"(《明太祖实录》卷二〇八)

要发展农业生产，光有劳动力是不行的，还得让耕者有其田。为此，朱元璋称帝后，就大力调整土地配置，实行计民授田，并鼓励有余力者尽力耕垦。但是，由于荒地太多，仍有许多土地闲置荒废，无人耕垦。朱元璋于是继承历代王朝一些成功经验，在全国范围内开展大规模的移民屯垦和军队屯田。此外，在边疆地区，还实行商屯。全国土地得到大规模的开发，垦田面积超过宋元两代。

朱元璋积极提倡桑麻、棉花等经济作物的种植。早在洪武建国前，他就于龙凤十一年（1365年）在江南根据地下令："农民田五亩至十亩者，栽桑、麻、木棉（棉花）各半亩，十亩以上者倍之，其田多者，率以是差。"(《明太祖实录》卷一七)明朝建立后，朱元璋把这个命令推向全国，后来还命五军都督府令屯田军士"人树桑、枣百株，柿、栗、胡桃之类随地所宜植之"(《明太祖实录》卷二一五)。他还命工部令民间"但有隙地，皆令种植桑、枣"，工部于是规定每户初年种二百株，次年四百株，三年六百株，"栽种过数目，造册回报，违者全家发遣充军"（何孟春：《余冬序录》外篇；谈迁：《枣林杂俎》，《课栽桑枣》）。到洪武二十八年，湖广布政司奏报所属郡县，栽种的桑、枣、胡桃等果树多达八千四百三十九万株，全国估计达十亿株以上。经济作物的大量种植，使荒田隙地得到充分利用，既增加了农民收入，又为手工业的发展提供了更多原料。尤其是棉花种植业取得的成就更为突出，意义更加重大。在宋元时代，棉花的种植主要集中在南方局部地区。经过朱元璋推广，植棉从此成为全国性事业，特别是北方，地广人稀，气候又适宜棉花生长，河南、河北、山东、山西逐渐发展成为棉花主要产地，成为日后江南棉纺织业的原料供应基地。

水利是农业的命脉，朱元璋对此非常重视。明朝建立后，他即下令："所在有司，民以水利条上者，即陈奏。"后谕工部："陂塘湖堰可蓄泄以备旱潦者，皆因其地势修治之。"（《明史》卷八八，《河渠志》）洪武年间，明朝官府曾组织大批人力物力，修建许多大规模的水利工程。例如，洪武三年，宁正（韦正）授河州卫指挥使，兼领宁夏卫事，组织人力"修筑汉、唐旧渠，引河水灌田，开屯数万顷，兵食饶足"（《明史》卷一三四，《宁正传》）。八年，长兴侯耿炳文疏浚陕西泾阳洪渠堰，"由是泾阳、高陵等五县之田大获其利"；三十一年，他再修洪渠堰，又疏浚堰渠十万零三千六百六十八丈，"民皆利焉"（《明太祖实录》卷一〇六、卷二五六）；二十九年，修广西兴安县灵渠三十六陡，"可溉田万顷，亦可通小舟"（《明太祖实录》卷二四七）。除了大型水利工程，朱元璋还督促各地官员组织劳力，利用农闲，大力修建中小型水利设施。例如，洪武二十七年派遣国子监生分赴各地，督促吏民兴修水利。到第二年底，全国修治塘堰四万零九百多处，河流四千一百多处，陂塘堤岸五千多处。朱元璋在位不过三十一年，就修建了如此多水利工程，这在中国历史上并不多见。此外，朱元璋注意水利设施保护，《大明律》规定："凡盗决河防者杖一百，徒三年；盗决圩岸、陂塘者，杖八十。"提调官吏不修河防、圩岸或修而失时者，也要处刑。

随着农业生产的发展，"四民各有定业，百姓安于农亩，无有他志，官府亦驱之就农，不加烦扰，故家给人足，乐于为农"（《古今图书集成·职方典》卷六九六，《松江府志》）。在洪武年间奠定的坚实基础上，社会生产在此后的永乐、洪熙、宣德三朝继续向前发展，"宇内富庶，赋入盈羡"（《明史》卷七七，《食货志》序），出现明前期的盛世局面，为明中期商品货币经济的发展繁荣准备了物质条件。

## 手工业的复苏

除了农业以外，朱元璋对手工业也十分重视。

为促进手工业发展，他对匠户制度做了某些改革。洪武初年，明廷沿用元朝匠户制度，将有技艺的工匠编为匠户，另立户籍，专为官府服工役。匠户的人身依附关系很强，社会地位很低，而且世代不得脱籍，自然难有劳动积极性和技术创造。洪武十九年四月，根据工部侍郎秦逵的建议，经朱元璋批准，规定各地匠户每三年只需到京服役三个月，还可免除家中其他徭役，"工匠便之"（《明太祖实录》卷一七七）。但是这个办法过于死板，往往与京师工役的需求脱节，以致有些工匠按时到京，却又无工可役。二十六年十月，又改为根据各部门工役的需要和行业的不同，确定五年、四年、三年、二年或一年一班五种轮班制。匠户也由"免其家他役"改为"与免二丁，余丁一体当差"(万历《大明会典》卷一八九,《工部·工匠》)。除了轮班匠,还有固定在京师服工役的匠户和在各地都司卫所制造军装、武器的军匠即住坐匠(住坐匠的名称是在永乐年间正式出现的)。洪武十一年规定,住坐匠在休工期间"听其营生勿拘"(《明太祖实录》卷一一八)。二十六年更明确规定,住坐匠"例应一月上工一十日,歇二十日"(万历《大明会典》卷一八九,《工部·工匠》)。

匠户制度的改革调动了手工业者的积极性,再加上人口增长提供了更多的劳动力,桑、麻、棉花等经济作物的普遍种植提供了更多原料,整个社会经济发展又提供了广阔市场,明初的手工业,如纺织、矿冶、陶瓷、造船、漆器、制茶、制盐等,便逐步复苏和发展起来。

其中,尤以丝棉纺织业的发展最为突出。在江南的某些地区兴起了丝绸织染业。明清两代蜚声中外的苏州丝织印染中心,就是在洪武年间创办起来的。棉纺织业在元代的基础上获得显著发展。江苏、浙江、福建、广东、江西、安徽等地的农村妇女,都普遍参加纺织,就连一些地主家庭的妇女,也以纺纱织布为副业,"诸妇每岁公堂于九月俵散木棉,使成布匹,限以次年八月交收,通卖钱物,以给一岁衣资之用"(《旌义编》)。崛起于元代的松江,仍是全国的棉纺织业中心,"其布之密丽,他方莫并"(《群芳谱》),其产品畅销全国,有"衣被天下"之称。北方的河北、河南、山东、山西等地,由于棉花的普遍种植,棉纺织业也同南方地区一样,逐渐成为广大农村妇女的家庭副业。洪武九年正月，明廷曾令山东运棉布二十万匹给辽东军士；二十二年正月，命山东、北平、山西、陕西四布政司运棉布一百三十四万匹赴辽东赐给军士；二十九年二月，令山东布政司以所征收的棉布六十万匹给北平都司、五十五万匹给辽东都司，山西布政司以所征棉布五十万匹给山西都司，河南布政司以所征棉布五十万匹给陕西都司（《明太祖实录》卷一〇三、卷一九五、卷二四四）。这说明，北方地区的棉布产量已经相当可观了。

由于棉纺织业的迅速发展，棉布产量急剧增加，国家赋税收入也大为增加。以赋税形式缴给国库的大量棉布，成为供给军队的一宗重要物资。如洪武四年八月赐在京将士十九万零四十余人棉布，每人各二匹；又赐长淮卫军士棉布，每人各二匹；并诏中书省："自今凡赏赐军士，无妻子者给战袄一袭（套），有妻子者给绵（棉）布二匹。"（《明太祖实录》卷六七）此后，明廷每年都赐给军士大量棉布或战袄，特别是洪武的最后几年，赐给军士的棉布、战袄数量更多。如洪武二十九年，除二月令山东、山西、河南运布二百一十五万匹给北平、辽东、山西、陕西都司军士外，七月又赐给旗手等卫军士棉布三十九万八千余匹，八月复赐六十四万一千余匹；十二月，再赐定辽左卫并广宁三护卫等军士凡三十四万一千余匹（《明太祖实录》卷二四六、卷二四八）。由于国库贮存的棉布很多，明廷有时还用棉布交换粮食或马匹。

随着棉纺织业的发展，纺织技术不断提高。到明中叶以后，棉布成为人们的普遍衣料，人不分贵贱，地无分南北，人人都可以用棉花、棉布来制作御寒的衣服。在明代以前，棉花的种植还不普遍，棉布被视为一种珍贵的物品，只有富贵人家才穿得起。直至元代，元世祖以缣素木棉缝制的衣服，穿破了还"重加补缀"，不忍舍弃（《元史》卷二八，《英宗纪》）。至于老百姓穿的所谓布衣，则是用麻布做成的。到了明代，所谓布衣，才指的是用棉布缝制的衣服。

矿冶业有官营和民营两种。官营的矿冶由朝廷派官直接经营管理，劳动力主要是由民间征调来的坑冶户，还有匠户、军户和犯罪判刑的囚犯。朱元璋对官营矿冶采取慎重的态度，注意不专擅利，不重劳民力，一般以足够供应朝廷营建和军器制造之用为限，不许多开多采。洪武十五年五月，广平府吏王允道说磁州临水镇产铁，元朝曾设八冶，役使炉丁一万五千户，每年收铁一百余万斤，建议重新开采。朱元璋说："朕闻治世天下无遗贤，不闻天下无遗利。且利不在官则在民，民得其利，则利源通而有益于官，官专其利，则利源塞而必损于民。今各冶铁数尚多，军需不乏，而民生业已定，若复设此，必重扰之，是又欲驱万五千家于铁冶之中也。"（《明太祖实录》卷一四五）于是，王允道受仗刑，并被流放。整个洪武年间，官营的金银铜铅等矿产量并不多。银矿以洪武十九年设置的福建龙溪银屏山银场规模为最大，"置炉冶四十有二座，置炉首二人，岁办银二千一百两。洪武二十年增其额，并闰月银一百八十五两，二十一年、二十二年又增额银一十两"，到二十三年所收银课凡二千二百九十五两（《明太祖实录》卷二〇六）。此外，在陕西商县有凤凰山银坑八所，在浙江温州、处州、丽水、平阳等七县也设有场局。全国的金、银矿课，据洪武二十三年统计，有"黄金二百两，白金（银）二万九千八百三十余两"（《明太祖实录》卷二〇六）。铜矿有池州府的铜场，洪武五年收铜课十八万斤（《明太祖实录》卷七七）。铅矿有济南、青州、莱州三府的铅场，每年采铅三十二万三千四百余斤，洪武十五年十二月以后罢采（《明太祖实录》卷一五〇）。

洪武年间的官营矿业中，铁矿的规模最大。洪武五年已有湖广、广西、江西、山东、陕西、山西、河南七省铁冶，当年收入铁课八百零五万六千四百零五斤（《明太祖实录》卷七七）。翌年九月，工部又奏："今年各省铁冶之数凡八百五十万三千八百二十斤有奇。"（《明太祖实录》卷八五）七年四月，设立管理铁矿、铁场、铁厂及负责征收铁课的铁冶所，计有江西南昌府的进贤冶、临江府的新喻（今江西新余）冶、袁州府的分宜冶，湖广的兴国冶、蕲州府的黄梅冶，山东济南府的莱芜冶，广东广州府的阳山冶，陕西的巩昌冶，山西平阳府的富国冶和丰国冶、太原府的大通冶（在今山西交城县）、潞州府的润国冶、泽州的益国冶等十三所，岁炼铁八百零五万二千九百八十七斤（《明太祖实录》卷八八）。后来，河南、四川也设立铁冶所。十二年又增置湖广茶陵铁冶所。十八年二月，朱元璋以采铁劳民，诏罢各处铁冶所，听民自采。二十年三月，工部上奏："山西交城产云子铁，旧贡十万斤，缮治兵器，他处无有。"（《明史》卷八一，《食货志》）乃复开大通冶。二十七年正月，因营建益广，用铁颇多，又陆续恢复各处的铁冶所。到二十八年闰九月，内库贮铁三千七百四十三万余斤,朱元璋认为已足够军需、营建之用,又令罢各处铁冶,令民得自采炼而岁输铁课,"每三十分取其二"(《明太祖实录》卷二四二)。三十一年正月,因工部担心库存贮铁不敷营建之用,又暂开一年铁冶而复罢。据万历《大明会典》记载,"国初定各处炉冶该铁一千八百四十七万五千二十六斤"。从二十七年正月复开铁冶至次年九月内库贮铁三千七百四十三万余斤的情况来看,这个数字当系洪武末年的铁课数字。它比洪武五年到七年每年输铁数字,翻了一番还多。也就是说,洪武末年官营铁矿的产量比前期增长了一倍多。

洪武年间民营的矿业,只限于开采金银等贵金属以外的矿藏,而且必须取得官府的批准,缴纳一定的矿税。不过,朱元璋对民间经营的矿冶采取鼓励的态度,对官矿适当加以限制,对某些矿藏如铁矿允许"民得自采炼",税率也较低,为三十分取其二,课税为产量的十五分之一,所以民营矿冶也得到逐步发展。但由于资料的缺乏,洪武年间民营矿冶的开采情况,目前尚不清楚。

瓷器制造业在元代的基础上又有新的发展。江西浮梁县景德镇是全国制瓷业的中心,那里既设官窑,又设民窑。洪武二年在珠山之麓开始设置官窑,有大龙缸窑、青窑、色窑、风火窑、匣窑、爁熿窑等共二十座(《景德镇陶录》卷五,《景德镇历代窑考》)。这些官窑有最熟练的工匠,并独占景德镇的优质瓷土和制作青花瓷所必需的青料,产品也最为精美。青花瓷是当时官窑生产的主流。1964年在南京明故宫遗址出土了一批洪武时期生产的瓷器，其中就有青花云龙纹盘和青花缠枝莲碗各一件。青花云龙纹盘的装饰纹样继承元代青花瓷的装饰手段，外壁青花绘画，里壁阳模印花。两面虽同是云龙纹饰，但画法已有变化，云彩的云脚比元瓷画得短，龙的形象也不像元瓷画得那么凶猛。国内外传世的一批元末明初青花瓷器，据有关专家研究，认为有部分似应属于洪武时期的官窑产品，其共同特征是青花色泽一般偏于暗黑（可能是由于战争环境中断青料进口而改用国产青料的缘故），绘画装饰开始改变元瓷绘画层次多、花纹满的风格，而趋向于多留空白地。除了青花瓷，景德镇官窑还烧制釉里红、釉上彩、单色釉等多种瓷器。现存的一件洪武釉里红云龙环耳瓶，胎、釉洁白细腻，纹饰精致，造型优美，色彩绚丽，极为难得。南京明故宫遗址还出土了一件洪武白釉红彩云龙纹盘，盘壁表里各绘有两条五爪红龙和两朵云彩，灯光透映，两面花纹叠合为一，反映了当时釉上彩制作的高超水平[①]。成书于洪武二十年的《格古要论》，曾提到洪武时的官窑厂产有"青花及五色花"瓷器，而这件白釉红彩云龙纹盘的发现，正表明了洪武时期景德镇官窑的釉上彩绘技术已经较为成熟，《格古要论》的记载是可信的。

　　景德镇官窑制作的瓷器，不仅质量高，而且产量大，一部分供宫廷生活之用，另一部分作为祭器用于祭祀，还有一部分用于宫廷的对外赏赐和交换。洪武七年十二月，朱元璋遣刑部侍郎李浩等携大批文绮、陶器、铁器等物品出使琉球，赏赐中山王察

---

① 南京博物院：《南京明故宫出土洪武时期瓷器》，《文物》1976 年第 8 期。

度,并就其国市马。洪武九年夏,李浩归国后,反映琉球"不贵纨绮,惟贵磁(瓷)器、铁釜",此后明廷对琉球的赏赐便多用瓷器、铁釜(《明史》卷三二三,《琉球传》)。

　　景德镇民窑通常生产民间日常使用的器皿。洪武二十六年,明廷曾对日用器皿做出严格规定,除了为数不多的公、侯和一、二品官员允许使用金银器,三品以下官员和庶民之家,酒注及酒盏以外的所有器皿,一律只许使用瓷器和漆器。因此,民用瓷器的需求量很大。景德镇民窑就是在这种历史背景下得到恢复和发展的。1964年南京明故宫遗址出土的洪武时期的瓷器中,就有大量景德镇民窑的产品,包括青花瓷、青白釉等多个品种,其中青花瓷器的数量最多。这些青花瓷器的选料、制坯虽不及官窑产品细致,装饰艺术也不及官窑产品精美,但绘画技法独特新颖,用笔简练纯熟,表现力很强,首开明代早期青花瓷"一笔点画"的风气。除了景德镇,民窑还广泛分布于山西、河南、江西、浙江、广东、广西、福建等地,其中浙江的龙泉、福建的德化,都是著名的瓷器产地。

　　造船业也是明初最发达的官营手工业之一。洪武元年,明朝一建立即"命(汤)和造舟明州,运粮输直沽"(乾隆敕撰:《续文献通考》卷三一,《国用考》)。此后,明廷出于漕运和防倭的需要,在江苏、浙江、福建、广东、山东等地设立船厂造船,官营造船业迅速发展。洪武初年设置的福州造船厂,主要生产防倭船只。洪武五年设于江苏太仓小北门外的苏州府船厂,所造大船"可载重几万斛,载人上千"(弘治《太仓州志》卷二)。洪武年间设于南京城西北隅龙江关的龙江船厂,是当时规模最大、设备最齐全的造船厂。它上隶工部,洪武至永乐年间拥有从浙江、江西、湖广、福建、直隶滨江府县征调来的熟练造船匠户四百户,按专业编为四厢,"一厢出船木梭橹、索匠;二厢出船木、铁、缆匠;三厢出艌匠;四厢出棕蓬匠。厢分十甲,甲有长,择其丁力之优者充之。长统十户,每厢轮长一人,在厂给役,季一更之"(李昭祥:《龙江船厂志》卷三,《官司志·提举·杂役》)。厂内设有细木作坊、油漆作坊、艌作坊、铁作坊、蓬作坊、索作坊、缆作坊等七个作坊,不仅能够制造或修理各种用途的船只,而且产量很大。当时从山东到近东海上运粮的船只,即由龙江船厂建造。其间,从直隶太仓运粮至辽东牛家庄,使用的船只动计数千艘(嘉靖《全辽志》卷一,《海道》;卷六,《外志》)。后来永乐年间郑和下西洋所用的大型宝船,有很大部分也是由这个船厂建造的。

明代的制盐业也同历代王朝一样,由官府直接控制和垄断。早在龙凤十二年(1366年)二月,朱元璋就在两淮设置都转运盐使司,次年二月在两浙也设都转运盐使司。明朝建立后,在全国各盐产地遍设都转运盐使司(简称转运司、运盐司或盐司)和盐课提举司,直辖户部,负责掌管各地的盐务。其中,两淮、两浙、长芦、山东、福建五个转运司和广东、海北两个盐课提举司,共管辖沿海一百四十四个盐场;河东转运司和四川、云南黑盐井、白盐井、安宁盐井、五井盐课提举司及陕西灵州盐课司则管辖内地的一大批盐井和盐池(《明史》卷八〇,《食货志》)。制盐的劳动力主要是灶户,还有罪犯。灶户有的地方亦称"盐户",或沿袭宋元之旧称为"亭户"。他们被登记为灶籍,世代以煮盐为业,不得脱籍。灶户中的成丁男子(十六岁到六十岁)称为壮丁,都应承担定额的盐课。官府把岁办盐课的定额落实到每个盐灶,拨给一块草场,供其樵采煮盐之燃料,并免除灶户的杂泛差役。灶丁每煮盐一大引,付给工本米一石。洪武十七年改发工本钞,规定两淮、两浙每引盐给钞二贯五百文,其他各处一律每引盐给钞二贯(《明史》卷八〇,《食货志》)。灶丁缴足规定的盐课之后,多余的盐必须全部由官府给价征购,"二百斤为一引,给米一石"(乾隆敕撰:《续文献通考》卷二〇,《征榷考》)。全国每年的盐课共约一百一十四万八千七百一十八大引,即二百二十九万七千四百三十六小引(据万历《大明会典》卷三二、卷三三所载数字统计),这成为明王朝一项重要的财政收入。

此外,洪武年间的火器制造业也有很大的发展,不仅使我国的火器生产保持世界领先的地位,而且也为此后永乐年间建立专门的火器部队——神机营奠定了基础。

## 商业的复苏与繁荣

对于商业的复苏与繁荣,朱元璋采取了许多措施。首先,实行较低的税率,并将定额制改为实征制。明朝建立后,继续维持建国前实行的"三十税一"的商业税率。洪武初年,各地税课司局征收的数额,皆以第一年所征的税额为准,固定不变。洪武二十年九月采纳解缙的建议,"令各处税课随时多少,从实征收"(《明经世文编》卷一一,《解学士文集·献太平十策》)。其次,裁减税课司局,减少征税品种。洪武十三年,朱元璋下令裁撤税收额米不足五百石的税课司局三百六十四个。同年,他又下令除过去规定的书籍农具免税之外,"自今如军民嫁娶丧祭之物,舟车丝布之类,皆勿税"(《明太祖实录》卷一三二)。再次,加强市场管理,净化交易环境。洪武元年,朱元璋诏令中书省,由负责治安的京师五城兵马司和各府州县的兵马司兼管城镇的商业活动,包括校勘度量衡、稽考牙侩和平抑物价等。市场使用的度量衡,由工部统一标准,"悬式于市,而罪其不中度者"(《明史》卷七二,《职官志》)。如有私造斛、斗、秤、尺,把持行市、哄抬物价者,都要治罪。由于这些措施的推行,在农业和手工业恢复发展的基础上,商业逐步得到复苏,并日趋繁荣。

休养生息政策的实行,使社会经济迅速得到复苏和发展。农业发展尤为突出,全国耕地面积大量增加,洪武二十六年达到八百五十万余顷(《明史》卷七七,《食货志》),比北宋最高的耕地数字、天禧五年(1021年)的五百二十四万顷(马端临:《文献通考》卷四,《田赋考》)多了三百多万顷(元代无耕地面积的统计数字可做比较)。全国户口也迅速增长,洪武二十年《诸司职掌》所公布的数字为一千零六十五万二千八百七十户,六千零五十四万五千八百二十一口。这两个数字仅是户部综合各州县管辖的户、口数,不包括卫所辖区内的户、口数,显然低于实际的户、口数。中外学者曾对洪武高峰时期的人口数字做过大量研究，由于研究方法和掌握资料的差异，所得数字大不相同，最大的估算数字在一亿以上，最小的数字也超过六千五百万。即使以《诸司职掌》所公布的人口数字为准，也比《元史·世祖纪》所载元代最高的人口数字、至元八年（1271年）的五千九百八十四万八千九百六十四口（未包括四十二万九千一百一十八口游食者），增加了近七十万口，而与《宋史·地理志》所载北宋人口高峰期的宋徽宗大观四年（1110年）的四千六百七十三万四千七百八十四口相比，增加了一千三百八十一万余口。国家的税粮收入也随之增加，洪武二十六年达到三千二百七十八万九千八百多石，比元代岁入一千二百一十一万四千多石（《元史》卷九二，《食货志》）增加近两倍。随着农业生产发展，"四民各有定业，百姓安于农亩，无有他志，官府亦驱之就农，不加烦扰，故家给人足，乐于为农"（《古今图书集成·职方典》卷六九六，《松江府志》）。在洪武年间奠定的基础上，社会生产在此后的永乐、洪熙、宣德三朝继续向前发展，"宇内富庶，赋入盈羡"（《明史》卷七七，《食货志》），形成明前期的盛世局面。这就为明中后期商品货币经济的发展繁荣准备了物质条件。中国封建社会后期的经济，自两宋至明代呈现明显的马鞍形状态，而洪武年间正是扼制下滑趋势向上回升的重要转折年代。

在中国古代史上，在农民战争摧毁旧王朝的废墟上重建新的统一王朝，一共有西汉、东汉、唐朝、明朝和清朝五个朝代，但不论是此前的西汉、东汉和唐朝，还是此后的清朝，没有一位开国君主，能在生前使凋敝残破的社会经济迅速得到恢复，达到甚至超过前代的水平，唯有朱元璋做到了这一点，这就是他突出的历史功绩。有人把明朝说得漆黑一团，没有丝毫的亮点，评价远不如元朝和清朝。试问，朱元璋为明初经济的恢复发展所做出的这些贡献，难道不是明朝历史的一大亮点吗？

# 大槐树的传说

> 问我祖先何处来？山西洪洞大槐树。
> 祖先故居叫什么？大槐树上老鹳窝。

这是一首在中原地区流传很广的民谣，它倾诉了明初从山西洪洞迁往各地的移民后裔对故乡的怀念之情。

洪洞县位于山西南部临汾盆地的北端，是一座古老的县城。旧城北的贾村汾河岸边，有一座规模宏大的广济寺。寺址原在城里的永安里，为唐贞观二年（628年）所建，金代承安年间迁建于此。寺旁有一株"树身数围，荫遮数亩"的汉植大槐树，附近汾河上的老鹳鸟每到黄昏，就千百成群地飞到这株大槐树上歇息，次日凌晨再飞往各处觅食。它们在树杈间构筑窝巢，星罗棋布，蔚为壮观。明初实行移民时，官府在广济寺设立驿站，将附近各县外迁的人口，先集中到这里，登记造册，然后在官兵的鞭挞和呵斥下，押解到遥远的他乡进行屯垦。俗话说："穷家难舍，故土难离。"这些即将远走他乡的移民，家是看不见了，只能一步三回首，三步一驻足，最后看一眼他们即将离开的这个集散地。渐渐地，贾村隐没了，广济寺不见了，只能看到那高高的大槐树和树上的老鹳窝。这些移民在他乡落地生根之后，他们的后裔由于年代久远，早已忘记祖籍的所在地，只记得先祖最后离开广济寺的情景，于是就把大槐树和老鹳窝作为故乡的代名词，于是就唱起了前面提到的那首充满惆怅的歌谣。

明初的大移民究竟是怎么回事呢？原来，由于元末蒙古贵族的腐朽统治，水旱灾害频繁，加上连年不断的战争，社会经济遭到严重破坏。明朝建立之后，面临人口锐减、田畴荒芜、"租税无所从出"、国家税源几近枯竭的窘境。于是，朱元璋实行休养生息政策，采取各种措施来恢复和发展经济，他除给农民分配土地，实行轻徭薄赋之外，还大规模移民屯田，推行民屯。

明代的民屯，按移民的不同来源分为三种形式："移民就宽乡，或招募，或罪徙者。"（《明史》卷七七，《食货志》）其中最主要的一种形式是"移民就宽乡"，即把无田或少田的农民从窄乡（人多田少）移至宽乡（人少田多）屯田。移民的对象有两种，一种是丁多田少的人户，按一定比例分丁迁徙。例如，洪武二十八年（1395年）二月，山东布政使司奏请将青、兖、登、莱、济南五府五丁以上田不及一顷、十丁以上田不及二顷、十五丁以上田不及三顷并小民无田可耕者，分丁迁往东昌开垦荒地，到七月共移徙至东昌落籍屯种者一千零五十一户、四千六百多口。另一种是"无田者""无恒产者"，不论多少人丁，全家迁移。例如，洪武三年六月，就迁徙苏州、松江、嘉兴、湖州、杭州五郡无田产者四千多户到凤阳屯种。洪武二十五年二月，迁徙苏州府崇明县遭受水灾无田可种者二千七百户到江北屯种，迁徙登、莱二府无恒产的贫民五千六百多户到东昌屯种。

民屯的另一种形式是招募民人屯田，招募的主要对象是流民。例如，洪武二十二年九月，就有山西沁州流民一百一十六户，自愿应募到北平、山西等地屯种。不过，洪武年间招募的次数不是很多，规模也不大。直到宣德以后，由于土地兼并日益严重，流民大量涌现，招募民人屯种的次数才逐渐增多，规模也不断扩大。

民屯的又一种形式是所谓迁徙"罪徒"，即迁徙敌对势力实行屯种。迁徙的对象，包括故元官吏和将士、塞外边民、周边少数民族的降民和降卒、江南豪强势族、群雄的残余势力、罪犯。这种民屯，带有明显的政治意图，但拓垦荒地仍是重要目的。故元官吏和将士、塞外边民以及周边少数民族的降民降卒，大多迁入内地屯田，其中有部分迁至凤阳屯种。例如，洪武四年六月，徐达徙北平山后民一十九万七千多口散处北平所辖的卫、府，又徙沙漠遗民三万二千八百多户于北平府管内之地屯种。洪武五年九月，指挥江文迁徙山西弘州、蔚州、安定、武、朔、天城、白登、东胜、丰州、云内等州县北边沙漠居民八千二百多户、近四万口到凤阳屯种。群雄残余势力及江南豪强势力，主要是迁往凤阳屯田。对罪犯，洪武四年以前多谪往两广充军，第二年改为发至凤阳屯田，洪武二十六年起又有部分改发至"荒芜不治"的成都屯田。

移民到达屯垦地区后，都编成里甲，即所谓"迁民分屯之地，以屯分里甲"(《明史》卷七七，《食货志》)。一屯就是一里，下分十甲，共一百一十户，由主管屯田的官员监督进行生产。二十世纪五十年代曾在河南汲县（今河南卫辉）郭全屯发现一块明初迁民碑，碑上记载了洪武二十四年从山西泽州建兴乡迁到河南汲县双兰屯的一百一十户民屯户主的名单，有当年轮值担任里长、甲首的户主和其他户主的姓名，排列得十分规范整齐。

屯田的移民，由官府授予土地屯种，"永为己业"。具体的授田数额没有统一的规定，大概是"验其丁力，计亩给之"(《明史》卷七七，《食货志》)。北方地区大抵是"户率十五亩，又给地二亩，与之种蔬"(《明太祖实录》卷五三)，南方地区大抵是"见丁授田十六亩"(《明经世文编》卷二二，周忱：《与行在户部诸公书》)，荒地多的，则任其开垦，不限顷亩。除在迁徙时发给移民一些路费、衣粮，官府一般还在屯区发给他们耕牛、农具和种子。移民屯垦之后，可免除三年赋役。满三年后，就须向国家交纳赋税，税率各地参差不齐，有的是交纳收获物的一半，有的是交纳收获物的十分之一。洪武二十六年改为按照一般民田的税率起科，亩税三升三合五勺。授予移民的屯地原属官田的性质，至明中期逐渐转化为民田。

民屯的移民，除了招募的那一小部分是出于自愿的外，大部分是由官府强制迁徙的。即使是家无恒产的农民，尽管官府对移民实行优惠政策，但他们安土重迁的观念极重，也不怎么愿意远离家园到僻远的荒地去屯田。因此，官府往往采用法律或军事手段强迫他们迁徙。胡翰撰写的《吴季可墓志铭》提到洪武九年"有旨遣（江南）贫民无田者至中都凤阳养之，遣之者不以道，械系相疾视，皆有难色"（《胡仲子集》卷九），就是一个真实的写照。

据民间传说，山西在移民之初，官府先是在三晋遍处贴出告示："不愿迁徙者，到洪洞大槐树下集合，限三天赶到。愿迁徙者，可在家等候。"那些不愿迁徙的乡民，拉家带口，携儿挈女，纷纷从晋北、晋中、晋南向洪洞涌来。三天之内，就在大槐树下集结了十万之众。大批官兵忽然蜂拥而至，把这些乡民包围起来，高声宣布："大明皇帝敕命，凡来大槐树下者，一律迁走！"然后给青壮年乡民戴铐上枷，强行登记，发给凭照，用绳索逐一将每户的老小拴在一起，强行迁走。为了防止他们半道逃跑，官兵在每个人的小脚指甲上都划了一刀，使之呈现两瓣甲的形状。山东就有民谣云："谁的小脚指甲两瓣瓣，谁就是大槐树底下的孩。"在迁徙中，每个移民都是双手反剪到背后，用绳索拴结起来，这些移民也就形成了背着双手走路的习惯。移民在路上想大小便，要向押送的解差报告："老爷，请解开手，我要小便（大便）。"经历的次数多了，后来就简化成"老爷，解手"。于是，"解手"便成为大小便的代名词。说小脚指甲呈复瓣状是大槐树移民的后裔，显然缺乏科学依据，因为后天造成的肢体伤害并不带有遗传性，大槐树移民的小脚指甲即使被官兵划了一刀，它也不会遗传后代。但关于背着手走路和解手一词由来的说法，听来却也能自圆其说。这些民间传说，反映了当时官府的残暴和移民的无奈与辛酸。

当时的移民，除了政治性的移民外，主要是来自人口比较稠密的山西和江西，其次是江南苏、松诸府和徽州，真定，湖广的黄州府以及山东东部。他们往往是先集中到附近某个地点的驿站，然后成群结队地往外迁移，从而形成若干个较大的移民集散地。其中，尤以山西平阳府洪洞县大槐树、江西饶州府鄱阳县瓦屑坝（今江西波阳瓦燮坽）、直隶苏州府城的西门阊门、湖广黄州府麻城县孝感乡、山东兖州府滋阳县枣林庄（今山东兖州安邱府村）最为有名。这些移民的后裔，年代久远之后，忘记了他们的祖籍所在地，往往也像平阳府的移民自称大槐树人一样，把当年祖辈外迁的集散地作为家乡的代名词，自称为鄱阳瓦屑坝人、苏州阊门人、麻城孝感人、兖州枣林庄人。

移民的流向十分广泛，"东自辽左，北抵宣大，西至甘肃，南尽滇蜀，极于交趾。中原则大河南北，在在兴屯"（《明史》卷七七，《食货志》）。尤以迁至山东西部、河南及北平的移民数量最多，其次为南京、凤阳和泗州。移民的数量也相当庞大。据统计，洪武一朝有数字可考的移民数量为一百六十多万人，实际数量可能是这个数字的两倍甚至更多。

明初的移民浪潮，从洪武年间延续到永乐年间。如此大规模的移民屯殖，在一定程度上调整了全国不同地区劳动力和土地配置的疏密程度，使许多荒无人烟的草莽之地得到开发。长江流域的相当一部分地区和华北平原的大部分地区，就是在明初由移民开垦出来的。这两个地区，在明代便构成两个最基本的经济区域。

明初的大规模移民，以山西洪洞广济寺为集散地外迁的数量为最。据统计，从洪武三年（1370年）到永乐十五年（1417年）的四十七年间，先后有四个民族八百八十一个姓氏在内的一百多万人，迁移到今河南、山东、安徽、湖北、湖南、重庆、陕西、甘肃等十八个省市的五百个州县，一部分移民的后裔后来辗转迁徙到海外。广济寺和寺旁的大槐树，虽已在清代顺治八年（1651年）被汾河洪水冲毁，但后来在大槐树东边又同根生出第二代、第三代大槐树，广济寺也留下一座金代的石经幢。民国初年，洪洞人景大启、刘子林倡议筹款，对大槐树古遗址进行修缮，建成了碑亭、茶室和牌坊。新中国成立后，洪洞县人民政府又多次拨款，修建了大槐树祭祖园。从1991年起，山西省人民政府和临汾市人民政府每年清明节在这里举办"大槐树寻根祭祖节"，大批来自海外和全国各地的移民后裔，前来寻根祭祖，共话亲情，充分展现了中华民族的强大凝聚力。

## 军屯开展与边疆开发

如果你有机会到边疆地区走一趟，可以发现许多有趣的现象。比如，在青海河湟地区，那些汉族农户的家里，都摆着一组粮柜，最前面一个柜子，柜门上贴着斗大的"米"字，但打开柜门，里面空空如也，而打开后面的柜子，里面却装满麦子、面粉之类的粮食。主人会告诉你，这里生产麦子，不产稻子，但他们的祖上是明代从南京派到这里屯田戍守的军士，江南盛产稻米，所以就按家乡的习俗，把米柜摆在最前面。又如，在贵州，可以发现许多带"屯"字、"堡"字的地名，如马家屯、蔡家屯、双堡等，那是明代军屯留下的遗迹。再如，在云南，许多人都说祖先是明代自南京迁来的，一些族谱上写着他们的家族原籍南京。所有这些，都显示出明代军屯的深远影响。

明代的军屯，最早可追溯到明朝建立之前朱元璋队伍的屯田。当时为解决军粮不足的问题，朱元璋曾令将士在龙江等处分军屯田。龙凤九年（1363年），重申屯田之令，命"将士屯田，且耕且战"。击灭张士诚后，又令邓愈在襄阳领兵屯种。不过，这种由将士"且耕且战"的屯田，实际上是营田，不是严格意义上的屯田。明朝建立后，继续推行军屯，但改变了以前那种"且耕且战"的做法，令部分将士专事守御，部分将士专事屯种，实行名副其实的屯田。洪武元年（1368年），朱元璋令诸将分军屯种滁州、和州、庐州和凤阳，开立屯所。又置北平都司于北平，复置大宁都司于兀良哈地，分军屯种。三年，郑州知府苏琦上书，建议在与蒙古接邻之地"屯田积粟，以示长久之规"，朱元璋命中书省参酌行之。二十一年，又"令天下卫所督兵屯种"。二十六年，更下达圣旨："那北边卫分都一般叫他屯种，守城军的月粮，就屯种子粒内支。"（《明经世文编》卷一九八，《潘简肃公文集·请复军屯疏》），要求北边卫所完全实现屯田自给。

当时的军屯，以"屯"为单位。洪武二十八年规定，以一百户为一屯，设立一个"屯田百户所"即屯所。军士屯守的比例，开始没有统一的规定，后来定为边地卫所以十之七屯种，十之三守城。不过，各个卫所具体的执行情况千差万别。万历《大明会典》这样概括洪武年间的军屯比例："军士三分守城，七分屯种，又有二八、四六、一九、中半等例"，辽东则是全部屯田自给。

屯田的军士，由官府拨给一定数量的屯地，称为"分"。一分的亩数，视各地情况而别。一般来说江南较少，江北较多，而边疆地区更多，大体上是"每军种田五十亩为一分。又或百亩，或七十亩，或三十亩、二十亩不等"（万历《大明会典》卷一八，《户部·屯田》）。由于战乱之后荒地较多，朝廷鼓励军士多开多种，个别地方也有多到五百亩的。按照明朝的制度，每一军户出正军一名，每一正军则携带户下余丁一名，随营生产，以佐正军。正军和余丁都携带家口，正军下屯，余丁和家属一般就协助他进行屯种。有些地区，余丁和正军一样，自己领种一分屯地。除拨给屯地，官府还发给屯军农具、耕牛和种子。官府拨给的屯地属于官田，发给的农具、耕牛等属于国家财产，军士只有使用权，没有所有权，不准转移、买卖，屯军改调、老疾、事故不能耕种者，须交还官府。拨屯之初，免征屯粮，但适当减少月粮供应，"其城守兵月给米一石，屯田者减半，在边地者月减三斗"（《明太祖实录》卷五六）。从洪武七年起，开始征收屯粮，称为"屯田子粒"。具体的征收数额因地而宜，一般比民田亩税三升三合五勺要高，这是由于官田的税是租税合一，既包含赋税又包含地租。后来在建文四年（1402年）重定科则，规定每军田一分，纳"正粮"十二石，收贮屯所仓库，听本军支用，"余粮"十二石，供作本卫官军的俸粮。亩征税额提高到二斗四升。永乐二十二年（1424年）又改为"除自用十二石外，余粮免其一半，止纳六石"（万历《大明会典》卷一八，《户部·屯田》），即减为亩征一斗二升，比民田税额还是要高出许多。

军屯制度是一种残暴的农奴制度，屯军是强制佥配的，必须世代应役，没有人身自由。宣德以后，军屯制度便逐步遭到破坏，不能长久维持。但在明初经济残破、人民流离的状况下，军屯的施行，对经济恢复、土地垦殖、军粮供应起到一定的积极作用。洪武末年，全国军屯具体的屯垦土地数字史无明载，有学者估计达到七十多万顷,有学者认为少于五十万顷,但数额很大,是没有疑问的。所以,朱元璋曾夸口说:"吾京师养兵百万,要令不费百姓一粒米。"(陆深:《俨山外集》卷三四,《同异录》)

值得注意的是明代军屯对边疆的开发、边防的巩固所产生的积极作用。历史学家顾诚指出,明代的疆土由行政机构和军事机构两个平行的系统进行管辖,省、府、州、县是一种地理单位,都司、卫、千户所也是一种地理单位。明代特别是明初,从东北到西北以至西南边疆地区一般不设行政机构,而是由都司、行都司及其下属卫所管理(《明帝国的疆土管理体制》,《历史研究》1989年第3期)。有学者统计,洪武年间从辽东到西北至西南的边境线上,共驻守着七十多万的卫所将士,连同家属共计二百二十万左右的人口。在边境卫所的管辖范围内,还居住着近五十万的民籍人口。而在边境卫所的将士中,非土著的外来将士,则占到当地总人口的百分之五十四,构成当地居民的主体。[①]如此巨大数量的军队,驻守在地广人稀、缺少劳动力的边疆地区,而以七分进行屯田,使边疆的大量荒地得到垦辟,为当地的卫所军队提供粮饷,从而促进了边防的巩固。

不仅如此,军队的驻守和军屯的发展,还为边疆地区带来内地先进的生产工具、生产技术和优良的农作物品种,对推动当地社会经济的发展产生积极作用。弘治《贵州图经新志》记载,贵州清平卫由于"卫人与夷民杂处",少数民族人民受到汉族军民的

---

① 曹树基:《中国移民史》第5卷,福建人民出版社1997年版,第319页。

影响，到明中叶时已是"男以耕读为业，女以纺织为务"，威远卫更出现"居田野者以耕织为业，处城市者以商贩为生"的景象。嘉靖《思南府志》记载，当地少数民族原先实行刀耕火种，后来"渐被德化，俗效中华"，到嘉靖年间已掌握内地的耕作技术，"务本力稼"了。云南除部分白族外，其他少数民族原先都是刀耕火种，后来由于受到军、民屯使用牛耕的影响，"即夷人也渐习牛耕"，有的少数民族如彝族逐渐掌握了牛耕技术。

军队的驻守和军屯的发展，有力推动了边疆地区文化的发展。明代的边疆地区，除了在设置府、州、县的地方设有学校外，还在各个卫所设立卫学，使屯军子弟接受教育。辽东都司在洪武十七年就开始设立卫学。二十七年，贵州普定卫也开办卫学。二十八年，陕西行都司及贵州都司的平越、龙里、新添、都匀等卫，都开设卫学。此后，沿边卫所都相继开设卫学。有些未设州县的地区，如辽东、贵州都司和陕西、四川行都司，汉文化的传播几乎全赖卫学。在明代的科举考试中，边疆地区出自卫学的儒生占有很大比例。如贵州明代中进士、武进士及举人者，有一多半出自卫学。随着汉文化的传播，许多边疆地区少数民族的风俗习惯也发生了巨大变化。清初文人称，云南之地"明初以卫入实其地，由是冠婚丧祭颇同中土。近则朴鲁渐化，而文明习尚日益丕变"（康熙《云南通志》卷七，《风俗志》）。

军队的驻守和军屯的发展，还加速了边疆地区的民族融合。明代在边疆地区设置卫所，施行屯田，外来的将士在此安家，其中虽有一些少数民族，但大多数是汉族。明中叶以后，卫所与军屯制度废弛，军籍逐渐转为民籍，至清初裁撤卫所，军户尽为民户。他们与当地少数民族长期杂居相处，风俗习惯渐趋一致，而且彼此通婚，从而加速了民族融合。一般在汉族人口居多的地方，是汉族融合其他民族，而在少数民族人口居多的地方，汉族则为其他民族所融合。笔者有个学生是来自昆明的白族人，她见过自家的族谱，说祖上是明代来自南京的汉族人。还有个研究生是内蒙古腾格里的蒙古族，2006年她父亲寄来一份族谱复印件，上面写着其先祖是洪武年间奉命戍边的一名汉族小旗。这都是民族融合的具体例证。

可以说，明代的军屯，不论是对推动我国统一多民族国家的巩固和发展，还是对促进边疆社会经济文化的进步，都起着积极作用。因而，其深远影响至今犹存。

# 胡惟庸党案的真与假

胡惟庸是以"谋危社稷"即谋反的罪名被杀的。此案前后延续十几年,共计诛杀三万多人,对明初的政治产生了重大影响。有人认为,胡惟庸党案是彻头彻尾的冤假错案,事实果真如此吗?

## 胡惟庸其人

要了解胡案的真相,还得从胡惟庸其人说起。

胡惟庸(?—1380年),定远人,是朱元璋打天下时依靠的淮西勋贵集团的重要人物。他"为人雄爽有大略,而阴刻险鸷,众多畏之"(《献征录》卷一一,《胡惟庸》)。早年在元朝做过小官,龙凤元年(1355年)在和州投奔朱元璋,任元帅府奏差,寻转宣使,除宁国主簿,进知县,迁吉安通判,擢湖广佥事。他给大同乡、左相国李善长送了三百两(有说为二百两)黄金,于吴元年(1367年)被召任太常少卿,不久升为太常卿,成为一名中央机构的官员。洪武三年（1370年）正月，升任中书省参知政事，跨进了权力中枢的门槛。

当时的中书省左丞相李善长，是朱元璋的大同乡，他投奔朱元璋较早，一直充当大管家的角色，朱元璋称吴王后，任右相国（后改为左相国），"涉历艰险，勤劳簿书"。但他为人"外宽和，内多忮刻"（《明史》卷一二七，《李善长传》），"有心计而无远识"（《皇明开国臣传》卷二，《韩国李公》），朱元璋不是很满意。登基称帝时，朱元璋对是否让他出任新朝的丞相一时拿不定主意。恰在此时，李善长因事惹恼朱元璋，受到朱元璋的指责，杨宪联合凌说等四个检校，攻击李善长"无宰相才"。朱元璋征求谋士刘基意见，刘基认为"李公勋旧，且能辑和诸将"，朱元璋最后表示："我既为家主，善长当相我，盖用勋旧也。"（《国初事迹》）洪武三年（1370年）上半年，李善长病倒，右丞相徐达又长期在外征战，中书省无人主持政务，朱元璋又动起换相的念头，并提出杨宪、汪广洋、胡惟庸三个人选，找刘基商量。刘基说杨宪"有相才无相器"，汪广洋"此褊浅，观其人可知"，胡惟庸"此小犊，将偾辕而破犁矣"（《诚意伯文集》卷一，《诚意伯刘公行状》），朱元璋只好作罢。洪武四年正月，李善长因病退休，右丞相徐达正以大将军身份备边北平，不与省事，朱元璋遂以汪广洋为右丞相，胡惟庸为右丞。洪武六年，汪广洋因整天喝酒，"浮沉守位"，"无所建白"，被贬为广东行省参政，朱元璋一时找不到合适的丞相人选，胡惟庸以右丞身份独专中书省事。他使尽浑身解数，极力逢迎巴结朱元璋，"晨朝举止便辟，即上所问,能强记专对,少所遗,上遂大幸爱之"(《献征录》卷一一,王世贞:《胡惟庸》),于当年七月被擢任为右丞相,洪武十年九月又升为左丞相。

随着权势的扩张,胡惟庸结党营私,排斥异己。胡惟庸的乡土观念极重,他本来就是利用乡土关系给李善长行贿而由外放调任京官的。洪武初年,当他风闻朱元璋准备换相,以山西阳曲人、御史中丞杨宪代之时,即对李善长说:"杨宪为相,我等淮人不得为大官矣。"(《国初事迹》)独专省事乃至任相之后,更利用乡土关系巴结拉拢淮西将臣。他不仅将自己的侄女嫁给李善长的侄子李佑,同李善长结成亲戚,还力图与另一大同乡徐达结好。徐达鄙薄他的为人,未予理睬,他又贿赂徐达的看门人,"使为间以图达"。这个看门人向徐达告发,"达亦不问,惟时时为上言惟庸不可过委,过委必败"(《献征录》卷五,黄金:《魏国公徐公达》)。有些淮西武将违法乱纪,受到朱元璋的惩处,胡惟庸更乘机拉拢,结为死党。如濠人、吉安侯陆仲亨自陕西返回京城,擅用驿马,被罚到山西代县捕盗;五河人、平凉侯费聚奉命抚治苏州军民,沉溺酒色,被罚到西北招降蒙古,又无功劳,受到朱元璋的严厉切责。胡惟庸遂"阴以权利胁诱二人。二人素戆勇,见惟庸用事,密相往来"(《明史》卷三〇八,《胡惟庸传》)。对于非淮西人,胡惟庸则极力加以排斥、打击。任中书参政后,他和其他淮西勋贵都一致站在李善长一边,合力排挤杨宪。杨宪在洪武二年九月调任中书省右丞,七月升为左丞,至洪武三年七月最终被李善长扳倒而被杀。李善长退休后,胡惟庸又把矛头指向刘基。刘基对朱元璋说过杨宪、汪广洋和胡惟庸都不堪任相,自然引起胡惟庸的仇恨。刘基又反对营建中都,更激起一心希望衣锦还乡的淮西勋贵的不满。此前,刘基得罪过李善长,被李善长进谗而回老家闲住一段时间。刘基自知在淮西勋贵当权的朝廷难以立足,所以当朱元璋说可让他任相时,坚决推辞,并自请告老还乡。即使这样,胡惟庸仍不放过,"挟前憾,使吏讦基",诬告他想将有王气的谈洋作为墓地,"请立巡检逐民"(《明史》卷一二八,《刘基传》),使之被革掉岁禄,入京请罪,不敢再回老家。后来,胡惟庸为相,刘基忧愤成疾,朱元璋命胡惟庸派医生去看,胡惟庸竟指使医生毒死刘基。江西金溪人吴伯宗廷试第一,授吏部员外郎。胡惟庸派人拉拢,吴伯宗不肯俯就,他就找个罪名把吴伯宗贬到凤阳。后来吴伯宗上书论时政,"因言惟庸专恣不法,不宜独任,久之必为国患"(《明史》卷一三七,《吴伯宗传》),才被朱元璋召回。

　　胡惟庸还大肆贪污受贿。当年他拿出黄金给李善长行贿,说明他外放做地方官时并不清廉。独专中书省事后,各地想升官发财的官吏和失职的功臣武夫纷纷投奔胡惟庸,争相给他送金帛、名马、玩好,多至"不可胜数"。后来胡惟庸案发后,有人告发他"赃贪淫乱,甚非寡欲",说"前犯罪人某被迁,将起,其左相扰取本人山水图一轴,名曰夏珪《长江万里图》",朱元璋命人查验,果然在胡惟庸的赃物中找到了这幅《长江万里图》(《明太祖集》卷一六,《跋夏珪长江万里图》)。

　　胡惟庸独相数年,利用乡土关系拉拢淮西勋旧,和他的门下故旧僚佐，结成一个小帮派，仗恃李善长的支持，骄横跋扈，专恣擅权，"生杀黜陟，或不奏径行。内外诸司上封事，必先取阅，害己者则匿不以闻"（《明史》卷三〇八，《胡惟庸传》），甚至"僭用黄罗帐幔，饰以金龙凤文"（《明太祖实录》卷二四三），政治野心已膨胀到了极点。

胡惟庸的所作所为，显然已突破当时礼法制度所许可的底线，这是任何一个封建君主都不能容忍的。他的末日，很快也就到来了。

## 胡惟庸党案的爆发和延续

朱元璋原先有极为浓厚的乡土观念，不仅主要依靠淮西将臣打天下，而且想依靠淮西将臣治天下，故而有中都的营建。但是洪武八年中都营建工匠"厌镇"事件发生后，他决定抛弃乡土观念，从倚重淮西乡党逐步转向任用五湖四海的人才。与此同时，随着自己逐渐坐稳龙椅，朱元璋开始谋划改革国家机构，以便扩张皇权，强化专制集权，"躬览庶政"。

洪武九年六月，朱元璋下令撤销行中书省，改置布政司、都司和按察司，将地方的行政、军政和司法大权集中到中央，中书省的权限因而扩大，相权与君权的矛盾更加突出。接着，朱元璋便采取一系列措施来限制和削弱中书省的权力。当年闰九月，他下令取消中书省的平章政事和参知政事，"惟李伯昇、王溥等以平章政事奉朝请者仍其旧"（《明太祖实录》卷一〇九）。这样，中书省只留下右丞相胡惟庸和右丞丁玉，而丁玉已在当年正月率师至延安防边，到七月才返回京师，中书省实际上只留胡惟庸一人在唱"独角戏"。第二年五月，又令李善长与亲甥李文忠共议军国重事，"凡中书省、都督府、御史台悉总之，议事允当，然后奏闻行之"（《明太祖实录》卷一一二）。六月，"诏军民言事者，实封达御前"，又"命政事启皇太子裁决奏闻"（《明史》卷二，《太祖纪》）。九月，擢升胡惟庸为左丞相，命汪广洋为右丞相，又将丁玉调任御史大夫，将中书省的佐理官员全部调空。洪武十一年三月，更"命奏事毋关白中书省"（《明史》卷二，《太祖纪》），彻底切断中书省与中央六部及地方诸司的联系，使中书省变成一个空架子。下一步，便是选择适当的时机撤销中书省，以便独揽大权，"躬览庶政"了。为防止突然事件的发生，洪武十二年七月，朱元璋还将李文忠从陕西调回京师，将其提拔为大都督府事，以加强对军队的控制。

　　胡惟庸眼看自己的权势受到抑制和削弱，深感焦虑和不安。他知道，如果中书省被撤销，丞相的官职也将被废除，他苦心经营的一切都将尽付东流，于是便与御史大夫陈宁、中丞涂节策划谋反。陈宁是湖广茶陵人，元末做过镇江小吏，后投奔朱元璋，累官至中书参政，洪武三年坐事出知苏州。此人有才气，但性特严酷，"尝烧铁烙人肌肤"，人称"陈烙铁"。经胡惟庸的保荐，调任御史中丞，寻升右御史大夫、左御史大夫。"及居宪台，益务威严"，曾受到朱元璋的切责。其子陈孟麟几次劝谏，陈宁竟将他活活捶死。朱元璋说："宁于其子如此，奚有于君父耶！"陈宁闻听此言，惶恐不安，"遂与惟庸通谋"（《明史》卷三〇八，《陈宁传》），并拉了同在御史台共事的涂节入伙。胡惟庸与陈宁曾在中书省偷阅"天下军马籍"。他还在家中宴请陆仲亨和费聚，至酒酣时屏退左右，"告以己意，且令其在外辑军马以俟"。他又拉拢同乡毛麒之子、都督佥事毛骧，令其取卫士刘遇宝及亡命之徒魏文进等为心膂，说："吾有用尔也！"接着，又叫兄婿李佑之父、李善长之弟、太仆寺丞李存义，去拉拢李善长。不久，胡惟庸的儿子在市街上策马狂奔，撞上一辆大车，身受重伤，不治而亡。胡惟庸不分青红皂白，一怒之下杀了马车夫。朱元璋大怒，要他偿命，但并未将他逮捕。胡惟庸即刻派人"阴告四方及武臣从己者"（《明太祖实录》卷一二九），准备起事谋反。

胡惟庸的阴谋正在紧锣密鼓地进行。不料，洪武十二年九月，占城使臣入明朝贡，中书省未及时报告朱元璋，被宦官告了一状。朱元璋怒责中书省臣，胡惟庸与汪广洋诿过于礼部，礼部又诿过于中书省，双方互相推卸责任。朱元璋于是"尽囚诸臣、穷诘主者"。十二月，涂节揭发胡惟庸毒死刘基之事，并说"广洋宜知状"。朱元璋审问汪广洋，汪广洋矢口否认，被贬往海南。途中舟次太平，朱元璋又追究其早年当江西参政时曲庇朱文正、在中书省时又不揭发杨宪的罪责，赐敕诛之。汪广洋被杀后，他的小妾跟着自杀。朱元璋查明此妾是被籍没入官的陈姓知县的女儿，按规定只能给功臣（武将）之家而不能给文臣，又下令严加追查。胡惟庸及六部堂官属官全被捉进大牢，严刑拷打，逼取口供。第二年正月，涂节窥伺朱元璋的旨意，料想胡惟庸必死无疑，便告发胡惟庸与陈宁阴谋造反之事。差不多与此同时，被贬为中书省吏的御史中丞商暠，也做了类似的揭发。经过一番审讯，朱元璋下令将胡惟庸和陈宁处死。廷臣认为"节本预谋，见事不成，始上变告，不可不诛"（《明史》卷三〇八，《胡惟庸传》），乃下令"并诛节，余党皆连坐"，并宣布胡惟庸的罪状是："窃持国柄，枉法诬贤，操不轨之心，肆奸欺之蔽，嘉言结于众舌，朋比逞于群邪，蠹害政治，谋危社稷。"（《明太祖实录》卷一二九）接着，朱元璋下令撤销中书省，废除丞相，由自己直接管理国家大事。从此，"勋臣不与政事"（《明史》卷一三〇，《郭英传》），淮西勋贵除继续领兵作战外，一般不再担任行政职务。

此后，朱元璋就以胡案为武器，抓住一些大臣的违法事件，搞扩大化，对淮西勋贵及其子弟展开大规模的诛杀。他采取捕风捉影的手段，不断扩大胡惟庸的罪状。当时，由于倭寇问题与日本交涉未果，明廷断绝与日本的外交关系。洪武十九年十月，朱元璋将胡惟庸的罪名升级为私通日本，说胡惟庸曾与明州卫指挥林贤密谋，授意林贤犯法，将其贬往日本。三年后，再将其取回，乘机借日本精兵四百名，藏在日本贡使如瑶的贡舶之内，借朝贡之名，入明助胡惟庸作乱。于是又先后将一批心怀怨望，骄横跋扈，可能对皇权构成威胁的文武官员，都牵连进胡案，处以死刑。对江南地区的许多豪强势族，也乘机加以株连，杀了不少人。洪武年间，蒙古为明朝劲敌。洪武二十三年五月，朱元璋又将胡惟庸的罪名升级为私通蒙古，说胡惟庸当初准备谋反时，曾私派封绩前往漠北，带信给北元，"着发兵扰边"（《昭示奸党录》，转引自钱谦益《牧斋初学集》卷一〇四，《太祖实录辨证》四）。后来，胡惟庸案发，封绩不敢回来。洪武二十一年，蓝玉北征，在捕鱼儿海（今贝尔湖）将其俘获，押解回国。但李善长又加以包庇，"匿不以闻"，直到此时才被揭发出来。而在此前一个月，朱元璋曾审讯因犯罪应徙边的李善长私亲丁斌，丁斌供出李善长之兄李存义往时交结胡惟庸之事。朱元璋下令逮捕李存义父子，他们又招供说胡惟庸几次派人或亲自劝说李善长助其谋反，李善长虽"惊不许，然颇心动"，最后表示："吾老矣。吾死，汝等自为之。"李善长的家奴卢仲谦等，也告发李善长与胡惟庸"通赂遗，交私语"。于是，朱元璋又将胡惟庸的罪名升级为串通李善长谋反，并给李善长扣上"知谋逆不举发，狐疑观望怀两端，大逆不道"的罪名，将李善长赐死，杀其妻女弟侄七十余口（《明史》卷一二七，《李善长传》）。陆仲亨、唐胜宗及费聚等人，同时坐胡案被杀。

胡惟庸党案前后延续十几年，先后诛杀了三万多人，其中公侯一级的就有二十二人。一案株连如此之广，自然会引起臣民的怀疑和议论。为了让人知道胡惟庸等人的"罪状"，朱元璋特地将刑讯逼供所得的口供集为《昭示奸党录》，予以公布。

## 胡案并不全是冤假错案

由于朱元璋严酷的封建专制统治，胡案事发后，时人大多不敢加以记载。而辑录案犯供状的《昭示奸党录》后来又佚失不存，仅在个别史著如钱谦益的《太祖实录辨证》中抄录了个别段落，难以窥其全貌。时过境迁之后，史实的真相已被淹没，许多史家只能根据某些史书一鳞半爪的记载，加上自己的揣测，来加以叙述。于是便出现了歧疑迭出、真假混淆的诸多记述，令人莫衷一是。例如，雷礼在《国朝列卿纪》卷一《胡惟庸传》中引《国琛集》的记载云："太监云奇，南粤人。守西华门，迩胡惟庸第，刺知其逆谋。胡诳言所居井涌醴泉，请太祖往视。銮舆西出，云虑必与祸，急走冲跸，勒马衔言状。气方勃崒，舌駃不能达。太祖怒其犯跸，左右挝搥乱下，云垂毙，右臂将折，犹奋指贼臣第。太祖乃悟，登城眺顾，见其壮士披甲伏屏帷间数匝，亟返棕殿，罪人就擒。"将胡惟庸罪行的揭发归功于所谓云奇告变，与《明史》所记涂节、商暠告变迥异。

那么，究竟如何评判胡惟庸党案呢？胡惟庸党案是明初皇权与相权矛盾冲突的产物。胡惟庸独专省事继而任相之后，不仅在经济上贪污受贿，而且在政治上拉帮结派，打击异己，飞扬跋扈，擅专黜陟，藏匿于己不利的奏章，侵犯了皇权，最后发展到策划谋反，他的被杀是罪有应得，咎由自取。而朱元璋大兴党狱，是为了加强君主专制的中央集权。胡案一发生，他就借机搞扩大化，"余党皆连坐"，这些被株连的"余党"有的是冤死鬼。此后，他将罪名步步升级，用以打击一部分恃功骄横、飞扬跋扈的功臣，这些则纯粹是冤假错案了。因此，就整个案件来说，是真真假假，有真有假，真假混淆，混沌不清。对此，我们必须进行细致的辨析，分清其中的真假，看看哪部分属于真案，哪部分属于假案。只有这样，我们才能对整个案件的作用和影响做出正确的评价，既看到朱元璋通过此案清除了部分骄横跋扈的功臣，有促进社会安定、恢复和发展经济的积极作用，又看到朱元璋所制造的大量冤假错案，诛杀了大批无辜的将臣，造成政治恐怖、人人自危、"多不乐仕进"（《廿二史札记》卷三二，《明初文人多不仕》）的消极影响。

# 真假混淆的蓝玉党案

## 蓝玉的功与过

蓝玉（？—1393年）是淮西勋贵集团的重要人物，为洪武年间拜为大将军的三员骁将之一（另两位是徐达、冯胜），为明王朝的建立和巩固立下过赫赫战功。

蓝玉，定远人，是开平王常遇春的小舅子。他生得高大威武，面颊红紫。投奔朱元璋队伍后，初隶常遇春帐下，临敌勇敢，所向克捷。常遇春多次对朱元璋夸奖其战功，他因此由管军镇抚累升至大都督府佥事。洪武四年（1371年）从傅友德入川，讨伐明昇夏政权，攻克阶州（今甘肃武都西）。第二年从徐达北征，先出雁门，败元兵于土剌河。洪武七年，率师攻拔兴和（今河北张北），俘获北元国公帖里密赤等五十九人。十一年，同西平侯沐英一起平定西番洮州（今甘肃临潭东南）等处少数民族的叛乱，擒其首领三副使。翌年，班师还朝，被封为永昌侯，岁禄二千五百石,子孙世袭。十四年,以征南左副将军从颍川侯傅友德出征云南。在曲靖,擒获北元平章达里麻,进而包围昆明,元梁王把匝剌瓦尔密投滇池自尽。旋又西进,迭克大理、鹤庆、丽江、金齿、车里、平缅等地。"滇地悉平,玉功为多"(《明史》卷一三二,《蓝玉传》),朱元璋下令增其岁禄五百石,并册封其女为蜀王妃。蓝玉从此跨入皇亲国戚的行列,备受朱元璋的器重。

洪武二十年,蓝玉以征虏右副将军从大将军冯胜出征纳哈出,驻师通州(今北京通州)。闻知有支元军驻屯庆州(今内蒙古巴林左旗西北),蓝玉在大雪的掩护下,亲率轻骑袭破之,杀死北元平章果来,擒其子不兰溪以还。寻会大军进至金山(在辽河北岸),在金山西侧扎营驻屯。由于此前朱元璋派遣归降的纳哈出旧属乃剌吾前往招抚,纳哈出见大军压境,亲率数百骑至蓝玉军营约降。蓝玉设盛宴款待,亲自为他敬酒。纳哈出一饮而尽,又斟酒回敬蓝玉,蓝玉却脱下自己身上的汉族服装,对他说:"请服此而后饮!"纳哈出认为这是对他的侮辱,拒不接受,蓝玉也不肯喝他敬的酒。双方争执不下,纳哈出把酒泼到地上,用蒙古语指示随行部下,准备脱身离去。在座的郑国公常茂,抽刀砍伤了纳哈出的臂膀。都督耿忠一看大事不妙,忙招呼身边的士卒,簇拥着纳哈出去见冯胜。纳哈出的部众,纷纷溃散。冯胜"以礼遇纳哈出,复加慰谕,令耿忠与同寝食"(《明太祖实录》卷一八二),并派人招抚其溃散的部众,然后下令班师。此役冯胜虽收降有功,但有人告发他"窃取虏骑","娶虏有丧之女"

(《明太祖实录》卷一八四），加上指挥失当，班师途中丢失了殿后的都督濮英三千人马，被收夺大将军印。尽管蓝玉违反朱元璋"因俗而治"的民族政策，朱元璋还是"命玉行总兵官事，寻即军中拜玉为大将军，移屯蓟州"（《明史》卷一三二，《蓝玉传》）。

纳哈出的归降，使北元失去东部屏障，汗廷直接暴露在明朝大宁诸卫的兵锋之下，"虏心惶惑"，统治更加不稳。经过一段时间的准备，洪武二十一年三月，朱元璋命蓝玉为征虏大将军，统率十五万大军北征，"以清沙漠"。蓝玉率师至捕鱼儿海（今贝尔湖）东南哈刺哈河岸边，侦知北元嗣君脱古思帖木儿驻帐捕鱼儿海东北方向八十多里处，令王弼率前锋部队出击，自己率大军继后。当时正值水草匮乏，加上大风猛刮，黄沙蔽天，北元军队毫无防备。明军发动突然袭击，杀北元太尉蛮子等，余众悉降。脱古思帖木儿与太子天保奴等数十人上马逃窜，蓝玉率精骑追奔数十里，不及而还。这次战役，俘获脱古思帖木儿次子地保奴、爱猷识理达腊妃及公主以下百余人，又追获吴王朵儿只、代王达里麻及平章以下官属三千人、男女七千七百人，并宝玺、符敕、金牌、金银印诸物，马驼牛羊十五万余，焚其甲仗蓄积无数。不久，又袭破北元丞相哈刺章的营盘，获其人畜六万。朱元璋得到蓝玉的捷报大喜，赐敕褒劳，"比之卫青、李靖"（《明史》卷一三二，《蓝玉传》）。班师还朝后，又晋封为凉国公。蓝玉一生的事业，至此达到辉煌的顶峰。

洪武二十二年，蓝玉奉命至四川督修城池。翌年，率师赴湖广、贵州平定几个少数民族土司的叛乱，朱元璋增其岁禄五百石，诏令还乡。洪武二十五年三月，又令其赴西北督理兰州、凉州、庄浪、西宁、甘州、肃州诸卫军务，加强边防。四月，蓝玉为追捕逃寇祁者孙，未经朝廷准许，擅自率兵征讨罕东（一说在今甘肃敦煌，一说在今酒泉西南，一说在今青海西宁西北）的西番（藏族）诸部。就在这一个月，建昌卫指挥使、故元降将月鲁帖木儿发动叛乱，朱元璋命蓝玉移师往讨，但考虑到他远在甘肃，路途遥远，又命都督佥事聂纬权代总兵官，义子、中军佥都督徐司马和四川都指挥使瞿能为左、右副手，率所部及陕西步骑兵先行征讨，待蓝玉到达后，聂纬、徐司马与瞿能皆为之副。五月初，蓝玉抵达罕东，部将建议："莫若缓以绥之，遣将招谕，宣上威德，令彼以马来献，因抚其部落，全师而归。"蓝玉不听，派都督宋晟等率兵攻占阿真川，番酋哈昝等逃遁。追袭祁者孙，也不及而还。不久，接到朱元璋命其移师讨伐月鲁帖木儿的诏令，他还想深入西番之地，取道松叠前往建昌（今四川西昌）。"会霖雨积旬，河水汛急，玉悉驱将士渡河，麾下知非上意，多相率道亡"（《明太祖实录》卷二一七）。蓝玉不得已，才由陇右前往建昌。六月，待他抵达建昌，月鲁帖木儿已被瞿能击败，逃往柏兴州。十一月，蓝玉进攻柏兴州，遣百户毛海以计诱擒月鲁帖木儿及其子，尽降其众。蓝玉派人将月鲁帖木儿解送京师伏诛，因奏"四川之境，地旷山险，控扼西番。连岁蛮夷梗化，盖由军卫少而备御寡也"，建议增置屯卫，籍民为军守之，并请求移兵讨伐长河西、朵甘、百夷。朱元璋没有同意，他认为"其民连年供输烦扰，又以壮者为兵，其何以堪"，不可再籍兵以困边民；蓝玉所率军队"兵久在外，不可重劳"，况且往征长河西、朵甘、百夷，"此非四十万众不行"。他命令蓝玉："今尔所统之兵，选留守御，余令回卫。尔即还京。"(《明太祖实录》卷二二二）蓝玉只得下令班师。

蓝玉为明王朝的建立和巩固立下赫赫战功，但这个武夫也因此逐渐滋长居功自傲的思想。史载："中山（王徐达）、开平（王常遇春）既没，数总大军，多立功。太祖遇之厚，寝骄蹇自恣。"(《明史》卷一三二，《蓝玉传》）为了满足自己不断膨胀的贪欲，他违法乱纪，"畜庄奴、假子数千人，出入乘势渔猎。尝占东昌民田，民讼之，御史为置狱按问，玉捶楚御史。及征北还，私其驼马珍宝无算"(《明太祖实录》卷二二五）。还令家人"中云南盐万余引，倚玉势先支"（孙宜：《洞庭集·大明初略四》）。又"于本家墙垣内起盖房舍，招集百工技艺之人，在内居住，与民交易"（朱国桢：《皇明大训记》卷一）。据说洪武十三年胡惟庸案发时，曾发现"玉尝与其谋"，朱元璋考虑到他是常遇春的妻弟，"以开平之功及亲亲之故，宥而不问"。但是，蓝玉"素不学，性复狠愎，见上待之厚，又自恃功伐，专恣横暴"(《明太祖实录》卷二二五），更是越礼犯分，"床帐、护膝皆饰金龙，又铸金爵以为饮器。……马坊、廊房采用九五间数"(《明太祖实录》卷二四三）。北征归来，夜至喜峰口，关吏没有及时打开关门迎纳，便纵兵毁关而入。"又人言其私元主妃，妃惭自经死，帝切责玉。"朱元璋原拟封他为梁国公，"以过改为凉，仍镌其过于券"。蓝玉却不知悔改收敛，"恃宴语傲慢，在军擅黜陟将校，进止自专"(《明史》卷一三二,《蓝玉传》),并"遣人入朝,觇伺动静"(《明太祖实录》卷一九三)。奉命理兰州、凉州诸卫军务时,又违背朱元璋在西番藏族聚居地区借茶马贸易"以系番人归向之心"的羁縻政策,为追捕逃寇祁者孙,擅自带兵进入罕东的藏族聚居之地。

蓝玉正是由于骄蹇自恣,违法乱纪,越礼非分,最终走上谋反的道路,而招来杀身之祸的。

## 蓝玉党案的爆发

蓝玉的所作所为,不能不引起朱元璋深切的关注和忧虑。

洪武二十五年四月底,年仅三十八岁的皇太子朱标在久病之后去世。朱标的长子朱雄英前已夭折,次子朱允炆是朱元璋的第三个孙子。九月,按照嫡长制的继承原则,朱元璋诏立朱允炆为皇太孙,作为将来的皇位继承人。此时的朱元璋已届六十五岁高龄,而朱允炆只有十六虚岁,性格又酷似其父,仁柔宽厚。朱元璋担心自己百年之后,这个年轻的继承人心慈手软,控制不住局面,如果那些久经战阵、老谋深算的军中大将,倚仗开国元勋的身份不服调遣,后果不堪设想。而朱标去世时,燕王朱棣自北平来朝所说的一番话,更加深了朱元璋的忧虑。朱标的元妃常氏是常遇春的女儿,蓝玉则是常遇春的妻弟。由于这层亲戚关系,蓝玉对皇太子朱标自然非常关心。洪武二十一年蓝玉出征纳哈出归来,曾问皇太子:"主上诸子中,殿下度谁最爱者?"皇太子答曰："莫若燕王。"蓝玉说："臣亦知之。臣闻望气者言，燕地有天子气，殿下审之。"皇太子却说："燕王事我甚恭。"（何乔远：《名山藏》卷六，《典谟记》）并没有将这话放在心上。后来，蓝玉的话传到燕王耳朵里，燕王恨死蓝玉。皇太子一去世，燕王入京朝见，便到处散布说："诸公侯纵恣不法，将有尾大不掉忧。"（夏燮：《明通鉴》卷一〇）因此，朱元璋对那些手握重兵的开国功臣就更加疑忌了。他不禁想起，自己曾急召蓝玉进京面授征讨方略。蓝玉和十几个部将陛辞时，他让诸将先走一步，想留蓝玉单独面授机宜。他连呼三声，竟没有一个将领离开，只见蓝玉举起衣袖一挥，这些将领便都赶忙退出。朱元璋想不到蓝玉在诸将中竟有如此威势，对他更是深怀疑忌。这也是朱元璋命义子徐司马为副总兵，以监视蓝玉的原因之一。此后，朱元璋对蓝玉的一举一动更加关注。

没有多少城府的蓝玉对此却浑然不察。洪武二十五年十一月，他由建昌进至柏兴州，最后平定月鲁帖木儿之叛，奏请朝廷允其率兵前往长河西、朵甘、百夷，想以更多的战功谋求太子太师职衔。但朱元璋没有批准，而是令其班师。蓝玉闷闷不乐地回到成都，想起其亲家靖宁侯叶昇于八月因交通胡惟庸被杀，怀疑是叶昇的口供指认他为胡党，故而引起朱元璋的猜忌，说："前日靖宁侯为事，必是他招内有我名字。我这几时见上位好生疑忌，我奏几件事，都不从。只怕早晚也容我不过，不如趁早下手做一场。"（《逆臣录》卷一）遂下决心谋反。十二月二十八日，朱元璋下诏命宋国公冯胜、颖国公傅友德兼太子太师，曹国公李景隆、凉国公蓝玉兼太子太傅，开国公常昇、全宁侯孙恪兼太子太保，詹徽为太子少保兼吏部尚书，茹常为太子少保兼兵部尚书。蓝玉的太子太师梦破灭，随即加紧了谋反的策划活动。闰十二月初一，他备酒席宴请前来成都接他回京的中军都督佥事谢熊、随同征讨月鲁帖木儿的副手徐司马和中军都督聂纬及四川徐都督、陕西王都指挥、随征西安右卫蒋指挥、西安前卫赵指挥、西安后卫向指挥、华山卫张指挥、秦山卫朱指挥等将领，进一步商议谋反之事。同时，派部将联络陕西卫所的将领，让他们召集人马，准备接应他的谋反（《逆臣录》卷一）。闰十二月底，蓝玉与谢熊离开成都，顺长江东下，沿途又在武昌、九江、安庆联络当地的一些卫所将领，布置接应其谋反之事（《逆臣录》卷五）。

　　洪武二十六年正月初十前后，蓝玉回到南京。此时，朱元璋因受不住皇太子病死的打击，患了"热症"病倒。蓝玉认为"天下兵马都是我总着"，正是下手的好机会，于是密遣亲信，暗中联络景川侯曹震、鹤庆侯张翼、舳舻侯朱寿、东莞伯何荣、后军都督府同知祝哲、中军都督府同知汪信等和自己过去的老部下，把他们召至私宅密谋策划。在夜阑酒酣之际，蓝玉煽动说："如今天下太平，不用老功臣。以前我每（们）一般老公侯都做了反的，也都无了。只剩得我每几个，没由来，只管做甚的，几时是了？"（《逆臣录》卷一）诸将分头搜罗士卒和马匹、武器，最后定在当年二月十五日朱元璋外出耕籍田时起事。正月二十八，蓝玉派人去找准备担任谋反主力的府军前卫步军百户李成。二月初一，李成匆匆赶到蓝玉邸宅，蓝玉对他下达了起事命令："我想二月十五日上位出正阳门外劝农时,是一个好机会。我计算你一卫里有五千在上人马,我和景川侯两家收拾伴当家人,有二三百贴身好汉,早晚又有几个头目来,将带些伴当,都是能厮杀的人,也有二三百都通些,这些人马尽够用了。你众官人好生在意,休要走透了消息。定在这一日下手。"(《逆臣录》卷二)

蓝玉的密谋,早被锦衣卫的特务察觉。未等蓝玉等人动手,锦衣卫指挥蒋献已向朱元璋告发。此时,经过明军的屡次打击,明朝的劲敌北元已被击溃,陷于分裂状态,北部边防比较稳固,朱元璋决定再次大开杀戒,彻底铲除那些可能对朱家天下构成严重威胁的开国老将,确保年轻仁柔的皇太孙将来能坐稳江山。当年二月初二,他将冯胜、傅友德、常昇、王弼、孙恪等从山西、河南召回京师。二月初八,蓝玉入朝,即下令将其逮捕,第二天投入锦衣卫大牢,第三天以"谋反"罪将其处死,夷灭三族。朱元璋随即借机搞扩大化,以蓝党的罪名,把一大批淮西老将及其子弟加以牵连诛杀,并将刑讯逼供得出的口供辑为《逆臣录》,公布于众。至九月,为了安定人心,宣布赦免胡惟庸、蓝玉余党。事实上,赦免令颁布后,诛杀仍在进行。整个蓝玉党案大约杀了一万五千人,包括一公、十三侯、二伯。航海侯张赫已死,也追坐蓝党,革除爵位。过了一年,颍国公傅友德、定远侯王弼也追坐蓝党赐死。又过一年,宋国公冯胜也以蓝党罪名被杀。"及洪武末年,诸公、侯且尽,存者惟(耿)炳文及武定侯郭英。"(《明史》卷一三〇,《耿炳文传》)活跃于明初政治舞台的淮西勋贵势力已被完全铲除。洪武二十九年九月,为了安抚那些对他不构成威胁的尚存武臣，朱元璋将已退休的武臣二千五百余人召至京师，赏给每人一大堆银子钞币，让他们"还乡抚教子孙，以终天年"（《明太祖实录》卷二四七）。十月，又给他们各进秩一级。

蓝玉党案是明初皇权与军权矛盾冲突的产物。朱元璋为了使自己及其子孙能"躬览庶政"，拼命扩张皇权，不仅把军权集中到君主手中，而且要求所有的武臣都"事君以忠"，绝对服从君主的调遣与指挥。但是，一批开国功臣特别是淮西勋贵"追身处富贵，志骄气溢，近之则以骄恣启危机，远之则以怨望扞文网"（《明史》卷一三二，《蓝玉传》），终于导致蓝玉党案的爆发。朱元璋通过此案打击了一部分骄横跋扈的功臣，自然有其积极的意义，但大规模的诛杀，又必然造成大量的冤狱，以至"勇力武健之士芟夷略尽，罕有存者"（《明史》卷一三二，《蓝玉传》），其消极的影响不容忽视。朱元璋死后，燕王朱棣起兵"靖难"，建文帝朱允炆无将可用，先后起用年迈的老将耿炳文和没有作战经验的膏粱子弟李景隆为大将军，带兵北上讨伐，结果均遭败绩，就是一个突出的例证。朱允炆的皇位被篡夺，也就势所必然了。

# 从赐徐达食蒸鹅的传闻说起

赵翼《廿二史札记》卷三一《明史立传多存大体》，有这样一段话：

《明史》立传多存大体，不参校他书，不知修史者斟酌之苦心也。如《龙兴慈记》，徐达病疽，帝赐以蒸鹅，疽最忌鹅，达流涕食之，遂卒。是达几不得其死，此固传闻无稽之谈。然解缙疏有刘基、徐达见忌之语（《缙传》），李仕鲁亦谓，徐达、刘基之见猜，几等于萧何、韩信（《仕鲁传》）。此二疏系奏帝御览，必系当日实情，则帝于达、基二人疑忌可知也。今《明史》达、基二传则帝始终恩礼，毫无纤芥，盖就大段言之，而平时偶有嫌猜之处，固可略而不论。且其时功臣多不保全，如达、基之令终已属仅事，故不复著微词也。

这段文字有几个明显的错误。刘基、徐达之见忌，不见于

《解缙传》所录之疏文，徐达、刘基之见猜，非出自李仕鲁之疏，实出自陈汶辉之疏，而载于《李仕鲁传》中。说朱元璋赐徐达食蒸鹅，也不见于王文禄的《龙兴慈记》，徐祯卿《翦胜野闻》却说徐达病疽稍愈后，朱元璋"忽赐膳"，梁亿《皇明传信录》又说是朱元璋赐食，"有马肉焉"，徐达食后背疽复发而死。不过，赵翼认为刘基、徐达虽然受到朱元璋的猜忌，但朱元璋并未对他们下过毒手，说所谓赐食蒸鹅实属"传闻无稽之谈"，"达、基之令终已属仅事"，徐达是获终天年，而不是被朱元璋毒死的。不料，《廿二史札记》所谓朱元璋赐徐达食蒸鹅之说，竟被后世的明史著作和朱元璋传记争相引用，几成不刊之论，这大概是赵翼始料不及的。

《廿二史札记》卷三二《明初文字之祸》，还辑录《朝野异闻录》及黄溥《闲中古今录》所载因表笺文字讹误而被杀的传闻，陈述洪武年间的文字狱案。《朝野异闻录》今已不存，《闲中古今录》今存摘录抄本，未见有赵翼所引之资料。不过，赵翼引用的这些传闻故事，在徐祯卿《翦胜野闻》、梁亿《皇明传信录》、郎瑛《七修类稿》、田汝成《西湖游览志余》、邓球《皇明咏化类编》、王世贞《弇州史料》、黄景防《国史唯疑》与佚名编辑的《九朝谈纂》诸书中都可找到，可见其流传甚广，是有所依据的。对赐徐达食蒸鹅之传闻，赵翼斥之为"无稽之谈"，但对这些文字狱案的传闻未作此种指斥。后来的许多明史著作和朱元璋传记，无不作为信史加以征引，借以批判朱元璋的文化专制主义。

那么，赵翼征引的这些文字狱案的传闻是否可信呢？二十世纪五十年代初，已有港台及海外学者著文进行辨析、质疑。七十年代，美籍华裔学者陈学霖又先后发表《徐一夔刑死辩诬兼论洪武文字狱案》《明太祖文字狱案考疑》两篇长文，进行细致的考辨。他指出，这些传闻皆出自弘治至万历间的野史稗乘，而不见于官修史书的记载，其间抵牾百出，而且荒诞可笑，不可视为史实。例如，赵翼述及文字狱案的起源，本于《闲中古今录》，今存《闲中古今录摘抄》，载：

> 蒋景（清）高，象山人，元末遗儒也。内附后仕本县教谕，罹表笺祸。赴京师，斩于市。斯祸也，起于左右一言。初洪武甲子（十七年）开科取士，向意右文，诸勋臣不平。上语以故，曰："世乱则用武，世治宜用文，非偏也。"诸勋进曰："是，固然。但此辈善讥讪，初不自觉。且如张九四（张士诚），厚礼文儒。及请其名，则曰'士诚'。"上曰："此名甚美。"答曰："孟子有'士诚小人也'之句，彼安知之。"上由此览天下所进表笺，而祸起矣。

根据这段文字的记载，所谓表笺之祸始于洪武十七年，但从洪武六年起，朱元璋即数次颁布表笺格式及字讳回避事例，起草表笺的学官是不可能罔无所知或故意触犯禁忌的，而查《明太祖实录》，洪武二十八年到三十年，朝鲜贡使郑道传等人违反表笺成式，都只受到责罚，并未被处极刑。而蒋清高本人，据民国《象山县志》卷二三《蒋清高传》所录的蒋氏谱牒，系于洪武九年卒于本县儒学教谕的任所，亦非于洪武十七年被斩于京师，可知其死与所谓表笺违误实不相涉。至于说朱元璋因武臣引孟子"士诚小人也"之句而兴表笺之狱，更不可信。孟子原句应读作"士，诚小人也。"武臣读作"士诚小人也"，显然是割裂原文，断章取义。而洪武十七年，朱元璋已年逾五十，不仅熟习经史，而且擅长文字，亲自批答奏章，撰写诗文，绝不可能为武臣故作曲说的小伎俩所蒙骗而大兴表笺之狱。

又如，赵翼引《闲中古今录》之记载称，洪武年间徐一夔任杭州府学教授，尝作贺表，有"光天之下""天生圣人，为世作则"等语，朱元璋览之大怒，曰："生者僧也，以我尝为僧也。光则剃发也，则字音近贼也。"遂斩之。但据光绪年间丁丙编校《始丰稿》跋中的考证，徐一夔实际死于建文初年，并非为朱元璋所杀。徐一夔晚年撰写的《故文林郎湖广房县知县齐公墓志铭》，称齐庄卿"生元至元丁卯，卒洪武戊寅，以明年祔葬"。至元丁卯为四年，洪武戊寅为三十一年，明年即建文元年。此墓志铭的撰写，也可作为徐一夔至建文初年始卒的有力旁证。赵翼又引《闲中古今录》的记载称，高僧来复作谢恩诗，有"殊域"及"自惭无德颂陶唐"之句，朱元璋阅后大为恼火，曰："汝用'殊'字，是谓我歹朱也。又言'无德颂陶唐'，是谓我无德，虽欲以陶唐颂我而不能也。"遂斩之。但据释明河《补续高僧传》及释元贤《继灯录》的记载，来复是在洪武二十四年涉胡惟庸党案被杀，而非触犯文字禁忌被杀。

王春瑜撰有《明初二高僧史迹考析》一文，考订明中后期野史稗乘所载明初二高僧史迹之谬误。郎瑛《七修类稿》卷三四载，四明高僧守仁、德祥分别以《题翡翠》《夏日西园》的诗作而遭朱元璋的忌恨，"皆罪之而不善终"。王文指出，钱谦益在《列朝诗集小传》中明确记载，这两位高僧都和朱元璋有着良好的关系。守仁在洪武十五年应召出任僧录司右讲经，三考升为右善世。其母逝世时，奉旨奔丧，特赐镪装殓。洪武二十年又受命住持天禧寺，最后示寂于寺，善终天年。德祥也曾"应召浮屠"，十年之间三上京华，与缙绅往来频繁。他一直活到永乐中，最后"谈笑而逝"，亦得善终。《七修类稿》说两位高僧皆"不善终"，是无稽之谈。

陈学霖、王春瑜还指出，明朝开国以后，朱元璋虽极垂意史事，设有记注官并开局修史，纂成《元史》、日历及其他政书，但独缺起居注一类记录。朱元璋为加强专制主义中央集权，又大兴狱案，厉行文化专制，私家著述不仅数量很少，而且讳言国初史事。《明太祖实录》经建文、永乐两朝三次修纂，又多回避、窜改之处。这一切，便导致明初史事的诸多缺略与模糊不清。到明中后期，随着商品货币经济的发展，封建统治的松弛，逐渐兴起反君权的思潮。此时的朱元璋，按"新鬼大，旧鬼小"的世俗原则，已成为无害的圣象，人们把抨击的矛头聚集到他身上，借他这个靶子来发泄对当朝君主和封建专制的不满。于是，便出现许多记载朱元璋暴政秽行的野史稗乘。而明中期以后，科举考试制度的推广、地方教育的普及、书籍印刷行业的发展，士绅与庶民文化水平的提高以及江南市镇的勃兴，又使这些野史稗乘得以广泛流传。但是，这些采录自间巷传闻的野史稗乘，其上所记载的明初史迹，自然不可能是全部真实可靠的，而是有真有假，真真假假，混沌不清。如果要研究明中后期民间对明初史事包括对朱元璋的认识与评骘，这些野史稗乘无疑是很好的第一手资料。然而，如果要用来研究明初史事包括朱元璋的生平事迹，则必须先对其中的记载做一番去伪存真的考订工作，否则就会谬之千里，不可能得出客观、正确的结论。

值得注意的是，当前的一些朱元璋传记、影视作品和通俗历史读物，为了增加形象性和生动性，往往不加甄别地使用这些野史稗乘记载的传闻故事，就连前人已考订属于谬误失实的传闻，也照样引用。依据这些传闻塑造出来的朱元璋自然是个专横残暴、心狠手辣的暴君形象，没有什么历史功绩；依据这些传闻描绘的明代历史自然也是漆黑一团，没有丝毫的亮点。这样的描述虽然带有强烈的冲击力和震撼力，能吸引某些人的眼球，但远离真实的历史，是不可能使人得到正确历史知识，受到有益启迪的。广大读者和观众，对此不可不察。

## 威德兼施的民族政策

我国自古便是多民族国家，除了汉族之外，还存在众多的少数民族。这些少数民族，大多聚居在边疆地区。中原王朝采取何种政策来对待少数民族，对边疆地区怎样进行管辖和治理，不仅关系到统一多民族国家的发展和巩固，而且关系到王朝命运。

历代王朝的民族政策，都是在民族观的指导下制定出来的。朱元璋的民族观比较庞杂，举其大要有如下数端。第一，"定天下于一"。朱元璋继承儒家治国的大一统思想，极力维护我国多民族国家的统一。早在元末与群雄逐鹿中原之时，他就与群臣讨论如何"定天下于一"的问题。朱元璋曾问国子博士许存仁等人："孟子言，五百年必有王者兴……天下纷纷，未定于一者，何也？"许存仁对曰："稽之于历，自宋太祖至今，当五百年之数，定天下于一，斯其时矣！"（《明太祖实录》卷一九），此后，他即以"誓清四海，以同吾一家之安"（《明太祖实录》卷九六）作为自己的奋斗目标。登基称帝后，朱元璋仍念念不忘实现"天下一统"的大业。洪武十五年（1382年）明军消灭云南故元梁王后，傅友德遣使诏谕大理总管段世，段世三下战书，声称云南为"遐荒"之地，"历代所不能臣"，朱元璋严加驳斥，指出"云南自汉以来服属中国，惟宋不然，胡元则未有中国已下云南"，必须坚决进兵统一之。

第二，"内中国而外夷狄"。朱元璋沿袭历代汉族王朝"内中国而外夷狄"的观念，把少数民族视为"禽兽""犬羊""豺狼"（《明太祖集》卷一五，《解夷狄有君章说》），认为"非我族类，其心必异"（《明太祖实录》卷四一）。因此，"自古帝王临御天下，中国居内以御夷狄，夷狄居外以奉中国"（《皇明诏令》卷一，《谕中原檄》），否则就会酿成"祸乱"。

第三，"华夷无间""一视同仁"。在元末农民战争后期，为了争取北方汉族地主阶级的支持，朱元璋曾提出"驱逐胡虏，恢复中华"的口号，但登基称帝后又遵循孔子"远人不服，则修文德以来之"的思想，反复申明："朕既为天下主，华夷无间，姓氏虽异，抚字如一。"（《明太祖实录》卷五三）"圣人之治天下，四海之内，皆为赤子，所以广一视同仁之心。朕君主华夷，抚御之道，远迩无间。"（《明太祖实录》卷一三四）

在上述民族观的指导下，朱元璋制定"威德兼施"的民族政策，强调"治蛮夷之道，必威德兼施，使其畏感，不如此不可也"（《明太祖实录》卷一四九）。"威"是指军事上的征服、镇压，即所谓以威服之。"德"是指政治上的德怀、恩抚，即所谓以德怀之。在威与德的两手之中，朱元璋更强调德的作用，并说：

"自古人君之得天下，不在地之大小，而在德之修否。"(《明太祖实录》卷七六）因此，朱元璋在进行统一战争和治理边疆民族地区的过程中，侧重于政治上的德怀和恩抚，力求以德怀之，不滥用武力或尽可能避免使用武力，只是当某些少数民族的上层分子拒绝归附或者发动叛乱时，他才临之以兵，以威服之；一旦他们放下武器，表示归服，他又施以德怀和恩抚。所以，从总的倾向来看，朱元璋处理民族问题的政策，基本上是一种威德兼施、德怀为主的政策。

朱元璋的"威德兼施"政策包含着极其丰富的内涵，主要有"克诸戎兵""怀之以恩""因俗而治"等内容。

"克诸戎兵"，强调武力在震慑少数民族方面所起的作用。朱元璋认为："上世帝王创业之际，用武以安天下，守成之时，讲武以威天下。"(《洪武圣政记·新旧俗第七》）他反复强调："当平康之时，克诸戎兵，内以安国家，外以控四夷。"(《明太祖实录》卷六七）为此，明王朝在立国之初，就大力加强军队和国防建设。

元朝的统治被推翻之后，不甘心丧失统治阶级和统治民族地位的蒙古上层贵族，拒不归附于明，时刻妄想卷土重来，恢复其对中原的统治。因此，朱元璋对他们侧重于军事打击，多次出动大军深入蒙古草原与之作战，并在长城内外遍置卫所，部署重兵，屯田戍守，构筑起一道坚固的防线。一旦遇到蒙古的袭扰，立即调动兵力，随时给予反击。对其他少数民族，朱元璋则侧重于政治上的招抚，只有云南的故元梁王把匝剌瓦尔密和大理段氏拒不接受招抚，明廷才出动大军加以讨伐。而后，明朝便在这些少数民族聚居的边境地区广设卫所，驻兵屯田，以防叛乱的发生，维护国家的统一。

"怀之以恩"，在威德兼施的两手中，朱元璋特别重视"德怀"一手的作用，强调："自古帝王之得天下，不在地之大小，而在德之修否。"（《明太祖实录》卷七六）"蛮夷之人……若抚之以安静，待之以诚意，谕之以道理，彼岂有不从化哉？此所谓以不治治之，何事于兵也！"（《明太祖宝训》卷六，《怀远人》）因此，在大力加强武备、"以威服之"的同时，朱元璋特别重视政治上的恩抚、德怀，力争"以德怀之"。

对北方的蒙古，朱元璋虽侧重于军事打击，但从未放弃政治上的恩抚。他多次对北元发动招抚攻势，反复申明："如蒙古、色目，虽非华夏族类，然同生天地之间，有能知礼义，愿为臣民者，与中夏之人抚养无异"（《皇明诏令》卷一，《谕中原檄》），"朕既为天下主，华夷无间，姓氏虽异，抚字如一"（《明太祖实录》卷五三）。宣布元顺帝父子如能归附，"当效古帝王之礼，俾作宾我朝"；北元官吏如能倾心来归，"不分等类，验才委任"；其宗王驸马、部落臣民等，如率众来归，"当换给印信，还其旧职，仍居所部之地，民复旧业，羊马孳畜，从便牧养"（《明太祖实录》卷五三）。后来，许多北元宗戚和官吏率部归降或战败被俘，明廷都赐给大量财物，并量才擢用，委任官职，甚至赐以姓名。不少故元官吏，归降后在地方出任知府、知县，在中央做到侍郎、尚书。如世家宝在元末任集贤院学士，守胶东、登莱等郡，洪武元年投降明朝，被授为大理寺少卿，寻改礼部侍郎，翌年升任刑部尚书。至于在军队任职的，数量更多。起初有的是由明朝换给印信，仍领旧部，原地屯戍，有的是另授新职，迁入内地驻防。到洪武二十一年，朱元璋命中军、左军两都督府移文所属都司："凡归附鞑靼官军，皆令入居内地，仍隶各卫编伍。"（《明太祖实录》卷一八八）此外，在亲军中甚至还有蒙古军队和军官。如洪武五年，"置蒙古卫亲军指挥使司，以答失里为佥事"（《明太祖实录》卷七一）。

对其他地区的少数民族，明廷的德怀主要表现为施行贡赐、互市，以及发展当地社会经济和文化教育的政策。凡是边疆地区少数民族的僧俗诸王、羁縻卫所长官和土司头目朝觐入贡，明廷都根据"厚往薄来"的原则，给予高出贡物价值数倍的赏赐。朱元璋特地叮嘱礼部大臣，少数民族首领入京朝觐者，"赍予之物宜厚，以示朝廷怀柔之意"（《明太祖实录》卷一五四）。鉴于边疆地区经济比较落后，"民未熟化"，朱元璋还提出一条安抚原则，叫作"严明以驭吏，宽裕以待民"（《明太祖实录》卷五四）。所谓"严明以驭吏"，就是慎重选择守边将领或官吏，对他们严加约束，令其善待蛮夷，不许滋扰百姓。"宽裕以待民"，就是要体恤民情，减轻边地少数民族的负担。当时少数民族地区的赋役一般都定得较轻，而且多是缴纳当地的土产，遇到灾荒逋赋，也多下令蠲免。

"因俗而治"，是指因袭、保留少数民族原有的政治制度、生产和生活方式、风俗习惯、宗教信仰不变。在政治上，当边疆少数民族归附之后，明廷便册封其首领为官，或赐予封号，令其治理本地或本部，以听从朝廷号令，但保留当地的政治结构和经济结构不变。例如，在南方和西南地区建立土司，在东北蒙古族兀良哈部聚居地建立朵颜等三个羁縻卫所，在西北撒里畏兀儿等族聚居地建立安定、阿端、曲先、罕东四个羁縻卫所，在藏族聚居的藏区则羁縻卫所与土司并设，僧俗并封，均以当地的少数民族首领担任官职，治理本部，明廷对其内政不加干预。

明廷还尽量照顾边疆少数民族的生产生活方式和风俗习惯。朱元璋主张："凡治胡虏，当顺其性。"（《明太祖实录》卷五九）明廷最初对归附的蒙古族，一般都是就近安置在水草肥美之地，从事游牧生产。他还强调尊重蒙古人、色目人的风俗习惯，不主张其用汉姓汉名。对其他地区的少数民族，在归附之后让他们留居原地，保留其原来的生产和生活方式。有些地方的少数民族因发动大规模的反明起义，明廷在出兵镇压之后，便将他们悉数迁出，易地安置。不过，这种情况并不太多。

藏族地区盛行藏传佛教，教派众多。明廷充分尊重藏族人民的宗教信仰，"因其俗尚，用僧徒化导为善"（《明史》卷三三一，《西域传》）。朱元璋沿用元朝赐给藏族高僧封号的办法，册封众多教派的首领为大国师、国师等。同时，在西宁、河州等地设立僧纲司、汉僧纲司和番僧纲司，以检束僧人。他还亲自为西宁番僧三剌和西宁卫镇抚李喃哥等所建的佛刹分别赐名，前者称瞿昙寺，后者称宁番寺。此后，僧徒争建佛寺，明廷"辄赐以嘉名，且赐敕护持"（《明史》卷三三〇，《西域传》）。

所谓"威德兼施"，乃是历代封建帝王惯用的一种古老的治世法则。但是，过去的封建帝王，除唐太宗等少数人之外，在运用这个法则时，往往只注意政治上的威服，很少注意政治上的德怀、恩抚，从而导致民族矛盾激化，难以收到积极的效果。朱元璋则不然，不仅提出"华夷无间""抚字如一"的主张，而且非常重视怀柔手段的运用，能够根据不同民族的具体情况，因时制宜，因俗而治，并辅之其他羁縻和恩抚措施，从而使尖锐的民族矛盾得到缓和，把众多的民族基本统一起来，置于一个强有力的中央政权管辖之下。这不仅有利于明朝统治的巩固，而且有助于加强各民族之间的政治、经济、文化联系，从而起到加强和巩固国家统一的积极作用。但不知何故，人们对朱元璋民族政策的评价却不高。

其实，同前后两个王朝即元、清开国君主的民族政策相比，朱元璋的民族政策无疑是较为开明的。元朝统一中国后，把辖境内的各民族，按照被征服的先后划分为蒙古、色目、汉人和南人四个等级，公开实行民族歧视与压迫的政策。清朝入关后，也实行与之相类似的政策，划分满洲、蒙古、汉军和汉人四个等级，不但不以平等待汉人，而且也不以平等待蒙古、汉军和其他族人。不仅如此，清朝还以暴力强迫广大汉人剃发易服，改从满族的生活习俗。但朱元璋完全没有这种划分民族等级的做法，而是实行因俗而治，让各少数民族保留自己的生产生活方式、风俗习惯和宗教信仰。孰优孰劣，是不言自明的。

# 以"不征"为特征的和平外交

许多人一提起明初的外交活动,就想到"海禁",把它等同于闭关锁国,进而否定朱元璋的外交政策。其实,明初的海禁,是明代君主专制中央集权的强化,把海外贸易控制在官方手里,禁止私人从事海外贸易,不等于闭关锁国。而朱元璋外交政策是以"不征"为特征的和平外交政策,其总目标是"与远迩相安于无事,以共享太平之福"(《明太祖实录》卷三七),期盼与周边各国和平相处。这种外交政策,还是应该肯定的。

元朝一度实行穷兵黩武的对外扩张政策。忽必烈建立元朝后,曾多次发兵攻打日本、安南(今越南北部)、缅甸、占城(今越南南部)、爪哇(今印度尼西亚爪哇岛)等国家。元朝发动的这些战争,不仅遭到顽强抵抗,而且极大地消耗自己的人力、物力和财力,加重人民的负担,激起人民的强烈不满,福建等地便因此爆发过起义。朱元璋总结并吸收历史上的这些教训,强调外国如不自量力,兴兵侵犯,一定要给予迎头痛击,但如果外国不来侵犯，则不可无故兴兵去侵犯他国。当时，明王朝刚刚建立，国内的统治还不稳固，统一大业尚未完成，百业凋零的经济有待复兴，需要有一个和平安定的国际环境。因此，朱元璋决定对外采取以"不征"为特征的和平外交政策。洪武四年（1371年），他郑重告谕各部大臣："海外蛮夷之国，有为患于中国者，不可不讨；不为中国患者，不可辄自兴兵。……朕以诸蛮夷小国，阻山越海，僻在一隅，彼不为中国患者，朕决不伐之；惟西北胡戎（指蒙古），世为中国患，不可不谨备之耳。卿等当记朕言，知朕此意。"（《明太祖实录》卷六八）洪武六年，他编纂《祖训录》，特地将这个政策录载其中，要求后代子孙世代遵行。

　　明王朝建立后，朱元璋在洪武元年十二月，分别遣使出访高丽、安南，并致书于周边各国，通报他已即位改元，取代元朝的统治，希望与各国重新建立外交关系，开展贡赐贸易。朱元璋的外交政策为："朕……已承正统，方与远迩相安于无事，以共享太平之福。"（《明太祖实录》卷三七）后来，他又陆续遣使出访日本、占城、爪哇、琐里（今印度科罗曼德尔海岸）、暹罗（今泰国）、真腊（今柬埔寨）、三佛齐（今印度尼西亚苏门答腊岛巨港一带）、渤泥（今文莱）、琉球（今日本冲绳岛）、缅国（今缅甸）和西洋诸国，重申明朝的外交政策和建交愿望，并赐赠诸国王金绮缎纱罗。洪武三年，在给爪哇国王的国书中，他进一步申明："朕仿前代帝王，治理天下，惟欲中外人民，各安其所。"（《明史》卷三二四，《爪哇传》）洪武五年，接见来访的高丽民部尚书张子温，他再次表达愿与各国和平相处的态度，并说："昔日好谎的君王如隋炀帝者，欲广土地，枉兴兵革，教后世笑坏他，我心里最嫌。"（郑麟趾:《高丽史》卷四三，《恭愍王世家》）朱元璋还设法同中亚地区的帖木儿汗国、远在地中海东部的拂菻（东罗马帝国）建立联系。洪武二十一年，明军在捕鱼儿海（今贝尔湖）战役中俘获一批撒马儿罕（今乌兹别克斯坦）商人，朱元璋立即派鞑靼王子剌剌等护送他们回帖木儿汗国，后又"累遣使诏谕"。元朝末年，有个拂菻国人捏古伦前来中国经商，元亡之后滞留未返。朱元璋得到消息，在洪武四年召见捏古伦，请他携带一封书信回国，交给拂菻国王，希望双方能互通往来。后来，他又正式遣使出访拂菻，再次表达同拂菻建交往来的愿望。洪武年间，明朝使臣的足迹，遍及周边邻国，"足履其境者三十六，声闻于耳者三十一。风殊俗异，大国十有八，小国百四十九"（张燮:《东西洋考》卷一一，《艺文考》）。

朱元璋的外交活动，得到周围邻国的热烈响应。洪武二年六月，安南国王首先遣使前来朝贡，因请封爵；八月，高丽国王派遣礼部尚书等奉表入明，祝贺朱元璋即帝位，贡方物，请封爵；九月，占城国王派遣大臣入明朝贡。日本、暹罗、真腊、琉球、吕宋（今菲律宾吕宋岛）、爪哇、琐里、三佛齐、苏门答腊、览邦（今苏门答腊岛南部南榜一带）、淡巴（一说在今马来半岛的丹帕湖一带，一说在苏门答腊岛的甘巴河流域）、百花（今爪哇岛西部）、湓亨（今马来西亚彭亨州）、缅国、柯枝（今印度西南海岸柯钦）、大葛兰（一说在今印度南部西海岸的奎隆，一说在今奎隆南的阿廷加尔）纷纷遣使来访，同明朝建立外交关系。相距遥远的拂菻也遣使入贡。帖木儿汗国当时正图谋攻灭西方的伊儿汗国和北边的钦察汗国，对明朝采取"称臣纳贡"的做法，在洪武二十年首次遣使入明，贡马十五匹、骆驼两只，"自是频岁贡马驼"。

在十五、十六世纪以前，人类对世界的认识具有很大的局限性，已知的世界是世界的某个地区，因而往往把自己国家或所在地区当作世界的中心。钱钟书曾指出："古希腊、罗马、阿拉伯人著书各以本土为世界中心。"[①] 中华文明源远流长，在华夏民族形成的过程中，便产生一种华夏民族优于夷狄的思想和夷夏之分的文化心态。自秦汉实现大一统之后，历代王朝的对外关系便是建立在"夷夏之辨"基础上的以中国为中心的宗藩关系，即朝贡关系。中国的君主作为"天下共主"，居内以制夷狄。与中国建交的周边各国，仍然保留自己的君主和完整的国家机构，但作为藩属国，必须接受宗主国的册封，向宗主国"称臣""纳贡"。中国的君主，不干预藩属国的内政，而是按照儒家礼治思想，以德柔远，并根据"厚往薄来"的原则，对贡纳给予丰厚的回赐，以图建立一种和谐稳定的国际秩序。

朱元璋的外交活动，延续着这种传统的宗藩模式。他仿照历代王朝封建君主的做法，以"天下共主"的姿态履行其职责。一是颁诏封王。朱元璋先后于洪武二年册封安南、高丽、占城国王，十六年颁诏册封琉球中山王，十八年又册封琉球山南王和山

---

① 钱钟书：《管锥编》第 4 册，中华书局 1979 年版，第 1556 页。

北王。二是用儒家的礼治思想规范藩属国国王的行为。藩属国的内政完全自主，朱元璋一概不加干预，但要求藩属国行事必须遵守儒家的德治思想，推行仁义礼乐，与民兴利除害，使民各得其所。洪武二年十月，朱元璋接见来访的高丽总部尚书成准得，询问其国内情况，成准得说："俗无城郭，虽有甲兵而侍卫不严，有居室而无听政之所，王专好释氏，去海滨五十里或三十里，民始有宁居者。"朱元璋便写了一道玺书，让他带给高丽国王。玺书除劝告高丽国王筑城郭、建厅事、修武备之外，特别强调："历代之君，不问夷夏，惟备仁义礼乐，以化民成俗。今王弃而不务，日以持斋守戒为事，欲以求福，失其要矣。……先王之道，与民兴利除害，使其生齿繁广，父母妻子饱食暖衣，各得其所，则国祚永长。修德求福，莫大于此，王何不为此而为彼哉？"（《明太祖实录》卷二六）同样，基于儒家的德治思想，朱元璋对藩属国的纳贡，也要求按照古制三年或比年一贡，贡品也不必过多，能够表达诚敬之心即可，以免劳民伤财。鉴于高丽贡物往来过于频繁，洪武五年即令中书省告谕高丽："令遵三年一聘之礼，或比年一来，所贡方物止以所产之布十匹足矣"，并令中书省以此意"谕之占城、安南、西洋琐里、爪哇、渤泥、三佛齐、暹罗斛、真腊等国"（《明太祖实录》卷七六）。洪武七年三月，更诏中书省及礼部，重申"古者中国诸侯于天子，比年一小聘，三年一大聘。九州之外，番邦远国则每世一朝。其所贡方物不过表诚敬而已。……今遵古典而行，不必频繁。其移文使诸国知之"（《明太祖实录》卷八八）。三是调解国际纠纷。朱元璋认为："朕为天下主,治乱持危,理所当行。"(王祎:《王忠文集》卷二,《谕安南占城二国诏》)因此,周边国家发生纠纷,他便遣使进行调解。洪武初年安南与占城发生战争,洪武十六年琉球中山王、山南王与山北王为争雄关而互攻,他都遣使前往调解。

但是,同周边国家建交不久,朱元璋就发现,这个"天下共主"的诏敕实际并不能产生多大效用。不论是已册封还是未曾册封的藩属国,对明朝这个宗主国并不那么诚敬。关于三年或比年一贡的规定,尽管他三令五申,但有些国家为图丰厚的回赐,照样年年入贡,甚至一年数贡。更有甚者,有的已经册封过、同明朝关系最为密切的国家,还接连发生令朱元璋深感气愤的事件。这迫使他不能不采取务实的态度,来处理国与国之间的关系。

最早臣服明朝的,是与中国接壤的安南。洪武二年六月,朱元璋即册封陈日煃为安南国王。翌年,陈日煃故去,其侄陈日熞嗣立,朱元璋又封他为安南国王。但仅过一年有余,陈叔明杀陈日熞自立,并于洪武五年二月遣使进贡,试探明朝的态度。礼部主事发现发文的国王名字不对,"前王仍陈日熞,今表曰陈叔明"。礼部诘问安南使臣,使臣招供:"盖叔明逼死日熞而夺其位。"朱元璋大怒,"却其贡不受"(《明太祖实录》卷七二)。随即颁诏以春秋大义谴责陈叔明的"篡夺"行为,要求他"更弦易辙","择日熞亲贤命而立之","不然,十万大军水陆俱进,正名致讨以昭示四夷,而其毋悔"(《宋濂全集》卷二,《谕安南国王诏》)。翌年,陈叔明遣使入明谢罪,请册封,并说明陈日熞系病卒。朱元璋明知有诈,但基于自己宣布的"彼不为中国患者,朕绝不伐之"的外交政策，还是表示让陈叔明"且以前王印视事"的态度，说"俟能保安疆境，抚辑人民，然后定议"（《明太祖实录》卷七八）。

洪武十二年九月，占城国王遣使入明朝贡，中书省未及时奏报，从而引发胡惟庸党案及废除丞相、罢撤中书省等一连串重大事件。为了集中力量解决内部问题，稳定国内局势，朱元璋对国际关系采取更为宽松的政策。第二年正月，在《谕安南来使敕》中，他首次表示要与安南划疆而治："且安南，中国虽称僻居遐荒，实是密迩；虽曰密迩，地不足以广疆，人非我用。在昔中国之君虽统，朕思限山阻川，实为疆制，若我中国有道内安，四夷守分，何欲事大之来者？……尔等归告陈叔明，安分高枕，虽不来朝，亦也无虞。"（《明太祖集》卷八）朱元璋的言外之意十分明确，只要安南保证边境的安定，对陈叔明的篡逆行为，甚至是不来朝贡，他都可以置之不问。

洪武十四年六月，安南国王陈炜（陈叔明之弟）遣使入贡，分别给靖江王、广西布政司和中书省贡献礼品。中书省已于去年撤销，安南国王此举显然是有意给朱元璋难堪。恰在此时，广西"思明府来言，安南脱、峒二县攻其永平等寨"，而安南却反咬"思明府攻其脱、峒、陆、峙诸处"。朱元璋以其诈，命还其贡，以书诘责陈炜，言其作奸肆侮，生隙构患，欺诳中国之罪。复敕广西布政司，"自今安南入贡并毋纳"（《明太祖实录》卷一三七）。明朝与安南几乎走到断交的地步。此后，安南仍持续入贡，直到洪武二十七年明朝得知陈炜早已为国相黎一元所杀，才却其贡,以示对其弑君行为的惩戒。三十年二月,朱元璋派行人陈诚、吕让出使安南,谕其以所侵之地归还思明府,但黎一元坚执不从。朱元璋召群臣集议对策,"或以其抗命当讨",但他仍决定"姑待之"(《明太祖实录》卷二五〇),坚持"不征"的既定国策。

与中国接壤的高丽,也是较早臣附明朝的国家。高丽在元代为蒙古的武力所征服,与蒙古王室实行联姻,元廷还一度在高丽设立征东行省加以控制,使之成为一个半独立的附属国。至正末年,高丽乘元朝势衰之机,曾停用至正年号,恢复旧有官制,并与张士诚、方国珍通使往来,力图摆脱元朝的控制。明朝建立后,高丽国王王颛于洪武二年八月遣使入明朝贡,朱元璋遣使册封王颛为高丽国王,允其"仪从本俗,法守旧章"(《明太祖实录》卷四四),正式建立宗藩关系。尽管当时高丽还同北元保持往来,但朱元璋还是采取比较宽容的态度,不仅遣返滞留明境的高丽流民,允许高丽士子参加明朝的科举考试,免征高丽贡使私带入境货物及高丽入境海舶的税金,而且对高丽内部事务从不插手。因此,这个时期与高丽的关系还是比较融洽的。

到洪武五年,明朝与高丽的关系却开始发生变化。当年,高丽出身的明朝孙姓内侍,在出使高丽期间不知何故突然死亡,且高丽国王曾派人入明打探山东、北平的军事情报。十二月,朱元璋召见高丽使者,警告说:"我如今征不征(高丽)不敢说。"(《高丽史》卷四三,《恭愍王世家》)所以,双方关系渐趋冷淡。当时,退居漠北草原的北元,一直在拉拢、争取高丽。洪武七年，王颛"为其下所弑"而"暴毙"，左侍中李仁任立王颛年仅十岁的私生子辛禑为王，执行依附北元的政策，杀害明朝使臣，并遣使出访北元及其辽东守将纳哈出，改行北元宣光年号。洪武十一年，爱猷识理达腊死去，北元声势更加衰微，高丽才又改用洪武年号，要求明朝准其继续入贡。朱元璋便索取高额岁贡，想迫使高丽断交。辛禑于洪武十七年分四次交贡马九千匹，朱元璋才于次年遣使册封他为高丽国王，但双方关系仍未得到彻底改善。洪武二十年，明军迫降北元将领纳哈出，将元朝统辖的辽东地区归入版图。当年年底，朱元璋开始考虑与高丽划定边界，命户部咨高丽国王："以铁岭以北、东、西之地旧属开元，其土著军民女直、鞑靼、高丽人等，辽东统之；铁岭之南旧属高丽，人民悉听本国管辖。疆境既定，各安其守，不得复有所侵越。"（《明太祖实录》卷一八七）翌年三月，明朝便在铁岭设置卫所。辛禑却硬说"文、高、和、定等州本为高丽旧壤"，要求将铁岭划入高丽。朱元璋断然拒绝，指出"高丽地壤旧以鸭绿江为界，从古自为声教"，"今复以铁岭为辞，是欲生衅矣"（《明太祖实录》卷一九〇）。辛禑停用洪武年号，于洪武二十一年发兵侵入辽东，双方关系再度恶化。

辛禑发兵侵犯辽东的举措遭到高丽右军都统使李成桂等人的反对。李成桂劝阻无效，遂发动兵变，废黜辛禑，复用洪武年号，后又废黜左军都统使所立的辛禑之子辛昌，另立王瑶，自拜左侍中，主持朝政。洪武二十五年，李成桂再废王瑶，自立为王，寻求与明朝改善关系。朱元璋对这一系列政变不加干预，嘱咐礼部侍郎说:"高丽限山隔海,僻处东夷,非我中国所治,且其间事有隐曲,岂可遽信。尔礼部移文谕之,从其自为声教。果他顺天道,合人心,以安东夷之民,不启边衅,使命往来,实彼国之福也。"(《明太祖实录》卷二二一)并对来访的高丽使臣表示:"尔恭愍王(王颛)死,称其有子,请立之。后来又说不是,又以王瑶为王孙正派,请立之,今又去了。(李成桂)再三派人来,大概要自做王。我不问,教他自做。自要抚绥百姓,相通往来。"(《李朝太祖实录》卷二)不过,朱元璋对李成桂仍心存疑虑。当李成桂请求明朝给予册封,要求更改国号,并提出朝鲜与和宁两个名称请朱元璋代为选择时,朱元璋迟迟不予册封,只是用代择朝鲜的国号,以表示对李成桂即位的承认。此后,因朝鲜招诱辽东的一些女真部落,元代移居辽东的一些朝鲜人迁回朝鲜,朝鲜使臣私交明朝藩王,以及表笺文书用词不当等问题,双方仍不时发生摩擦和冲突。洪武三十一年四月,五军都督府及兵部上奏,由于朝鲜"叠生衅隙",请命出兵讨伐。朱元璋还是表示:"朕欲止朝鲜生衅者,将以安民也。兴师伐之,固不为难,得无殃其民乎?但命礼部移文咨之,彼若不悛,讨之未晚。"(《明太祖实录》卷二五七)仍然坚持"不征"之策。

不仅对互相接壤的邻邦坚持"不征"的和平外交政策,即使有的海外国家侵犯了中国的利益,朱元璋也是设法通过外交途径,采取和平方式加以解决。洪武三十年八月,礼部报告三佛齐派间谍把明朝的使臣裹胁到该国,并阻遏过往商旅,致使"诸国之意,遂尔不通"。朱元璋并没有兴师动众,出兵问罪。他听说三佛齐归爪哇统属，便叫礼部写信给暹罗国王，请他转达爪哇，要求爪哇从中斡旋，"以大义告于三佛齐"，表示三佛齐"如能改过从善"，明朝"则与诸国咸礼遇之如初，勿自疑也"（《明太祖实录》卷二五四）。

日本是中国一衣带水的近邻，同中国的关系原先一直非常友好，但在元代出现波折。蒙古统治者在十三世纪三十年代征服高丽后，南下灭金图宋，开始策划远征日本。元世祖忽必烈在位期间，两次发兵攻打日本，均遭败绩，从此与日本断绝往来。一些日本武士和商人来华贸易，往往暗藏武器，顺利时同中国做生意，不顺利就动用武力，进行掳掠。中国古代称日本为倭奴国，日本海盗也就被称为倭寇。不过，从元世祖到元英宗统治时期，由于海防比较稳固，倭寇的骚扰尚未形成巨患。元泰定帝即位后，海防日渐废弛，日本各地的封建主为扩大自己的势力和满足自己的奢侈欲望，积极组织境内的浪人（在战争中丢掉军职而破产沦落的武士）、商人，到中国沿海从事走私和抢劫活动，中国一些失去生计的流民则导倭入寇，与之坐地分赃，倭患问题因而日趋严重。为此，元朝曾多次实行短暂的海禁。直到至正二十三年（1363年）八月老将刘暹在蓬州（今山东蓬莱）给入犯的倭寇以有力打击，倭寇的嚣张气焰才有所收敛。明朝建立之初，"乘中国未定，日本率以零服寇掠沿海"（金安清：《东倭考》）。被朱元璋消灭的张士诚、方国珍，其余众多亡命海上，导倭入寇，倭患又日益严重起来。

面对这一形势，朱元璋决定从军事和外交两个方面入手，来解决倭患问题。洪武元年，他一面令朱亮祖镇守广东，在沿海要害之地设置卫所，加强防守，一面致国书于日本，表示他"方与远迩相安于无事，以共享太平之福"的愿望，希望能与日本建立睦邻友好的外交关系。接着，他三次遣使赴日交涉，要求日本当局制止倭寇的寇掠活动，但都没有结果。于是下令与日本断交，"专以海防为务"（《明史》卷三二二，《日本传》）。

第一，在沿海地区遍设卫所，广修城池。据不完全统计，从辽东到广东一万四千多里的海防前线，洪武年间先后共建立五十八个卫、八十九个守御千户所，以及二百个左右的巡检司和一千多个城池、寨堡、烽堠、墩台等。同时，籍张、方旧部及沿海之民为兵，增强沿海卫所兵力。估计整个沿海前线的卫所，共驻守着四十多万部队。

第二，大造战船，加强水军建设。早在洪武初年于都城建立水军各卫时，朱元璋就命人着手建造战船。洪武三年七月建立水军等二十四卫，规定每卫配备战船五十艘，共计配备一千二百艘战船。到洪武二十三年四月，又"诏滨海卫所每百户（所）置船两艘，巡逻海上盗贼，巡检司亦如之"（《明太祖实录》卷二〇一）。按照这个规定，每个百户所和巡检司各配备战船两艘，每个千户所有战船二十艘，每个卫有一百艘，沿海五十八个卫、八十九个守御千户所当拥有七千五百八十艘战船，加上二百个巡检司拥有四百艘战船，合共拥有战船近八千艘。

第三，建立赏罚制度，鼓励将士奋勇杀敌。在加强海防的同时，朱元璋还施行海禁，禁止沿海居民私自下海，并在浙江、福建、广东等地实行迁界,将沿海附近海岛上的居民迁入大陆,以防内部奸民私通倭寇。通过这些措施,明廷建立起陆上坚守与近海巡逻相结合的一整套防御体系。入犯的倭寇往往未及登岸,就遭到明朝水军的追剿围击,葬身于汪洋大海之中,没有酿成大患。

晚年的朱元璋,于洪武二十八年将由《祖训录》进一步修订而成的《皇明祖训》刊布于世。在《皇明祖训》的《祖训首章》中,他重申以"不征"为特征的和平外交政策为子孙必须世代遵守的基本国策,并具体开列朝鲜、日本、大琉球、小琉球(一说指台湾,具体地理位置待考)、安南、真腊、暹罗、占城、苏门答腊、西洋(今印度南部)等15个"不征"之国的名单。

朱元璋登基之初,一面继承传统的理念与制度,构建与周边国家的关系,一面又吸收元朝穷兵黩武、四处征伐惨遭失败的教训,制定以"不征"为特征的和平外交政策。其实,这两个方面是互相矛盾的。作为宗主国的最高君主,以"天下共主"的身份,居内以制夷狄,必须握有征伐之权,才能有效地控驭藩属国。而实行"不征"之策,就意味着放弃对外的征伐之权,难以惩治藩属国违礼越制的不轨行为。当发现虚幻的宗藩理念与现实存在巨大的差距之后,朱元璋继续坚持"不征"之策,只能从实际情况出发,以务实的态度来处理明朝与周边国家的关系。这样一来,他的身份就由"天下共主"回归到大国之君,藩属国随之由"臣"提升为"宾",使双方的关系由垂直的君臣关系,变为横向的国与国的并行关系。所谓"朝贡",不再是宗主国控驭藩属国的一种手段,而变成一种藩属国对宗主国表示诚敬的礼仪形式。事实正是如此，朱元璋在与周边国家的交往中，实际上已承认并接受各国的独立地位，"从其自为声教"，不加干预，即使出现违背儒家信条的弑君行为，最多也就是谴责一番，最后默认既成事实，令其"安分高枕"。有的国家侵犯中国的利益，也是通过外交手段进行解决，从未出兵加以讨伐。朱元璋还致力于边界的划定，并要求其他国家"保守封疆"，"固封疆勿外求"（《明太祖集》卷八，《谕占城国王阿答阿者》；卷二，《谕安南国王陈炜伯陈叔明诏》），这更是与历代王朝不同的举措。

古代国家的疆土是不确定的，其范围往往取决于军事实力和武力扩张，因而没有边界，只有边陲。国界的划定与确定化，是近代国家出现的重要标志。因此可以说，朱元璋的外交活动，是中国古代对外关系史上的重大转折，是中国外交从传统向近代转型的开端。

## 把办学与农桑视为"王政之本"

朱元璋出身贫苦,早年失学,后投奔起义,在戎马倥偬之际,勤于问学,文化水平不断提高。创建大明王朝后,朱元璋极其重视教育,认为"治国之要,教化为先,教化之道,学校为本"(《明太祖实录》卷四六),"治天下以人才为本,人才以教导为先"(黄佐:《南雍志》卷一,《事纪》)。他把办学与农桑视为同等重要的"王政之本",下令从中央到地方都设学校,以教育子民。

明初的学校,主要有国学、郡学和社学三大类。国学是由中央政府设立的高等学府。洪武年间除设在南京的京师国子学,洪武八年(1375年)还在凤阳设中都国子学,后改国子学为国子监。洪武二十六年中都国子监撤销,并入京师国子监。"靖难"之役后,明成祖改北平府学为北京国子监,迁都北京后又改称京师国子监,而将南京的国子监改称为南京国子监,国子监遂有南北之分。监生分为官生和民生,官生包括品官子弟、土司子弟和海外留学生,由皇帝指派分发;民生是由地方官岁贡的郡学生员。最初官生人数占多数，达到监生总数的三分之二。但由于公侯子弟成年后可直接袭爵做官，大官子弟也可由荫官的门径踏入仕途，加上洪武十三年胡惟庸案发后许多功臣宿将的子弟受到株连，官生的数量逐渐下降。到洪武后期，国子监就逐渐由教育贵族子弟变为教育民间子弟的场所。国子监的规模宏大，洪武二十六年中都国子监并入京师国子监后，监生人数达到八千一百二十四名，是当时世界上规模最大的高等学府。监生学习的内容有"四书五经"，兼学刘向辑录的《说苑》，还有《大明律令》、《御制大诰》、书（书法）、数（数学）。洪武三年，朱元璋还要求国学和郡学"皆令习射"。国子监为此还辟有射圃，教习骑射。

郡学又称儒学，是由府、州、县官府设立的中等学校。最早的一所郡学于龙凤五年（1359 年）开设于婺州，洪武二年冬又"令天下郡县并建学校，以作养士类"（《明太祖实录》卷四六）。于是，各地也相继开设郡学。最初规定每所府学生员四十人，州学三十人，县学二十人。不久命增广，不拘数额。至宣德中期定增广之额，在京府学六十人，在外府学四十人，州、县依次减十人。后来生员增广益多，有廪膳生员、增广生员、附学生员等诸种名目。生员"专治一经，以礼、乐、射、御、书、数设科分教"（《明太祖实录》卷四六），并学习《御制大诰》和《大明律令》。生员或经考核，成绩优异者可岁贡为国子监生，或参加乡试成为举人。如果入学十年，学无所成，或有大过，则送吏部充吏，追夺廪粮。正统以后，又区分不同情况，稍作变更。

同郡学性质相近的，还有都司、卫所及少数民族土司设立的儒学。都司、卫所的儒学，通称为卫学。从东北到西北再到西南的边疆地区，明代一般不设行政机构，划归当地的都司卫所管辖。洪武年间，在这些地区先后建立辽东都司、陕西行都司儒学，定辽等七卫和金、复、海、盖等四州卫学、大宁卫学、岷州卫学，普定、平越、龙里、新添、都匀等卫学。此后，边疆的都司、卫所也陆续开设卫学。内地的都司卫所，治所与府、州、县治共处一城者，一般不另设卫学，军人子弟到当地郡学读书；独治一城者，从宣德十年（1435年）起陆续开办卫学。少数民族土司设置的儒学，则集中在西南的云、贵、川一带。洪武十五年平定云南后，个别土司开始兴办儒学。二十八年，朱元璋又命"云南、四川边夷土官皆设儒学，选其子孙弟侄俊秀者以教之"（《明太祖实录》卷二三九），土司儒学的兴办渐多。后来，明孝宗在弘治十六年（1503年）规定："以后土官应袭子弟，悉令入学，渐染风化，用格顽冥。如不入学者，不准承袭。"（《明孝宗实录》卷二〇〇）进一步推动土司儒学的发展。

社学是设于基层的初级学校。洪武初年，有些地方官开始创办社学。洪武八年，朱元璋"令有司更置社学，延师儒以教民间子弟"（《明太祖实录》卷九六），社学迅速发展起来。后来，有些地方官借此敲诈勒索，社学一度停办。十六年，朱元璋又"令民间自立社学"（《明太祖实录》卷一五七），在官办社学之外，出现了民办社学。社学以教化百姓为首务，主要是学习一些宣扬封建伦理道德的启蒙读物，兼读《御制大诰》及本朝律令。明中期以后，民办的义学、乡学大量兴起，基本取代了官办的社学。

　　明初还设有专门教育宗室子弟的宗学，教武官子弟武艺的武学，以及医学、阴阳学等。明中期以后，各地出现许多自建的书院。这些书院属于私学的性质，不在官办的学校体系之列。

　　朱元璋对教育的重视不是仅仅停留在口头上，而是采取许多措施加以落实。一是严格考核地方官的办学成绩。他规定，有司考核下属官员的政绩，"必书农桑、学校之绩，违者降罚"，官员管辖地区的学校，如发现"师不教导、生徒惰学者，皆论如律"（《明太祖集》卷一，《农桑学校诏》）。莒州日照知县马亮考满入京朝觐，州官对他的考核评语为"无课农、兴学之绩，而长于督运"。朱元璋说："农桑，衣食之本，学校，风化之原，此守令先务。不知务此，而曰长于督运，是弃本而务末，岂其职哉！"（《明太祖实录》卷一〇六）下令黜之。二是重视教师的选择。朱元璋"最重教官之选"，认为"非老成笃学之士，莫宜居是"（《明太祖实录》卷七七），强调应从儒士中择"老成笃学者"，从监生中"选其壮岁能文者"，从举人中择副榜举人及下第举人经考选而中式者充任（《古今图书集成·选举典》卷一六，《学校·纪事》）。为了稳定师资队伍，他还下令禁止随意抽调教师充任他职，严禁有司差遣教师去干杂活。三是全部免除学费，并为生员提供生活保障。除免除所有学费之外，朝廷还赐给国子监生服装，供给伙食，带家眷的发给一定的粮食。府州县学的廪膳生员，按月发给米和鱼肉。监生和生员，皆免除家中二丁的差役。四是实行书籍笔墨免税。洪武元年颁布《大赦天下诏》，规定书籍笔墨等，均不得征收商税。这些措施有力推动了明初教育的发展，形成"无地而不设之学，无人而不纳之教。庠声序音，重规叠矩，无间于下邑荒徼，山陬海涯"（《明史》卷六九，《选举志》）的局面。明代教育的发达，远远超过唐、宋和元代。

明代教育的发展，促进了知识阶层的扩大。明代官员的任用，"国初之制，谓之三途并用，荐举一途也，进士、监生一途也，吏员一途也"（顾炎武：《日知录》卷一七，《通经为吏》）。由于朱元璋曾规定，应"使中外文臣皆由科举而选，非科举者毋得与官"（《明太祖实录》卷五二），科举日益受到朝廷的重视，"内外重要之司，皆归进士"（王圻：《续文献通考》卷五五，《学校考·太学》），后来逐渐形成所谓进士、科贡、吏员三途并用的格局，彻底扭转了元代儒士地位卑微的境况。但"科举必由学校，而学校起家可不由科举"（《明史》卷六九，《选举志》），这样，学校对人们就具有吸引力，生员的人数不断增加。根据洪武初年对各学名额的规定，生员的人数约有三万人，仅占当时全国人口的百分之零点零九。到了明末，据顾炎武的估计，生员人数已达到五十万人（《顾亭林文集》卷一，《生员论》上篇），占到当时全国人口的百分之零点九六。此外，明代还有具备一定读书识字写作能力、准备投考生员的童生，其数量当为生员的数倍。有人估计，明代后期的童生数量约有一百三十八万人，占到当时全国人口的百分之三点五。① 童生与生员的数量加在一起，大约要占

---

① 赵子富：《明代学校与科举制度研究》，北京燕山出版社1995年版，第307—308页。

到全国人口的百分之四点五。如果再加上在职和致仕的官员、举人，以及接受社学、义学、乡学和书院教育的士子，那么具有识字写作能力的人数肯定超过这个比例。知识阶层是精神文化的主要创造者。知识阶层的不断壮大，有力推动了文化的传播和发展，使明代的科学文化在许多领域取得突出成就。明代科学技术的进步，明人文集的剧增，通俗文艺的发展等，无不与此有关。

同时要看到，朱元璋创建的学校教育制度，是与科举制度密切联系在一起的，旨在培养与选拔官吏。因此，学校的教育内容便把与科举无关的课程排除在外或置于无足轻重的地位，在教育方法上把主要精力放在考试内容的记诵或试文程式的训练上。因此，不论是国学还是郡学，除了数学，所有自然科学的内容都被排除在学习课程之外。洪武十七年取消乡、会试中式十日后复试骑、射、书、算、律五事的规定，就连数学教育也成了可有可无的东西。这对自然科学的发展，无疑是极为不利的。加上明朝始终坚持"厚本抑末"的政策，压制"奇技淫巧"的研究，人们更视自然科学的研究为畏途。明代科学技术的发展，就显得越发曲折而艰难。

朱元璋重教兴学，把办学与农桑视为"王政之本"，既为后人留下宝贵的经验，也留下了深刻的教训。

## 学向勤中得

朱元璋一生写下大量著述,除七卷、二十卷、三十卷、五十五卷等几种版本的《御制文集》外,他还亲笔撰写了《资世通训》、《祖训录》、《皇明祖训》、《御制大诰》(初、续、三编)、《大诰武臣》、《御注洪范》、《御注道德经》、《集注金刚经》、《周颠仙人传》等著述。若按时下的标准,弄个兼职教授和博导的头衔,是完全够格的。

朱元璋出身贫寒,小时候上过几个月私塾,"既就学,聪明过人"(《明太祖实录》卷一),但终因缺钱辍学,只得去给地主放牧牛羊。后来父母双亡,出家当了小行童,寻又流浪淮西。淮西的游历,使朱元璋眼界大开。重返寺院后,"始知立志勤学"(《皇朝本纪》),有空就跟几个老和尚学习佛经,或者翻翻庙里的杂书。参加起义后,李善长、冯国用、陶安、夏煜、朱升、宋濂、刘基等儒士前来投奔,他们引经据典,谈古论今,分析形势,出谋划策,使朱元璋进一步领悟到读书的重要性,认识到中国传统的文化和古人治国平天下的计策及经验教训都写在书本上，不读书就无法吸收借鉴。于是，他更加发奋学习，"时乃寻儒问道"，"日攻询访，博采志人"（《明太祖集》卷一五，《资世通训》序）。每到一处，就设法招揽儒士，留置幕府，朝夕相处，讲经论史。同时，"令有司访求古书籍，藏之秘府"（《明太祖实录》卷二〇）。每天早起晚睡，挤时间阅读。登基后，还特地在南京奉天门东边设文渊阁，"尽贮古今载籍，置大学士员，而凡翰林之臣皆集焉"。他处理完公务，常抽空前去，"命诸儒进经史，躬自批阅，终日忘倦"（黄瑜：《双槐岁抄》卷四，《文渊阁铭》）。

经过多年坚持不懈的努力，朱元璋的文化水平迅速提高，不仅能读懂古人深奥的著作，而且能动笔为文作诗。他曾得意地对侍臣说："朕本田家子，未尝从师指授，然读书成文，释然开悟，岂非天生圣天子耶？"（徐祯卿：《翦胜野闻》）朱元璋经常亲自动笔，起草命令、告示或其他文稿。他才思敏捷，一口气便可拟就一篇文稿。篇幅较大的著述，几天的工夫也可完稿。洪武七年十二月，他在政务繁忙之际，抽空撰写《御注道德经》，从初三开笔，到十三日即定稿，前后仅用十天时间。有时因公务繁忙，有些文告便自己口授，令文臣代为笔录。解缙曾描述自己替朱元璋笔录文告的情景："高皇帝（朱元璋死后谥号高皇帝）睿思英发，顷刻数百千言。臣缙载笔从，辄书连幅不及停。比进，才点定数字而已。"（黄景昉：《国史唯疑》卷一，《洪武、建文》）宋濂也曾描述代朱元璋笔录文告的情景："（皇上）使濂受辞榻下，不待凝注，沛然若长江大河，一泄而千里。"（《国榷》卷五）

朱元璋主张文章应该写得"明白显易，通道术，达时务，无取浮薄"（《明史》卷一三六，《詹同传》）。他自己起草的诏敕告示，全都使用通俗的口语，写得朴野自如，明白晓畅。当然，由于时间较紧，下笔千言而不事雕琢，再加上是自学成才而未经过系统的训练，他的文章出现一些错别字或半通不通的句子，是完全可以理解的。除了语体文，朱元璋也能撰写骈体文。如徐达初封信国公，他亲作诰文赐之："从予起兵于濠上，先存捧日之心。来兹定鼎于江南，遂作擎天之柱。"文末又说："太公韬略，当弘一统之规。邓禹功名，特立（列）诸侯之上。"俨然是个四六作家。

朱元璋还能写作诗词歌赋，存世的《明太祖集》就收有他写的诗、赋和乐歌，一些野史笔记还录载了他写的楚辞。黄瑜的《双槐岁钞》记载了这样一个故事：洪武八年八月初七，朱元璋览川流之不息，因嫌尹程所作的《秋水赋》"言不契道"，自己动笔重写。赋成，召集翰林院等文臣观览，令他们各写一篇，并逐一加以品评。然后在江边月下备酒一席，宴请他们。宋濂说自己不胜酒力，未肯深酌，朱元璋强灌他三盅，宋濂顿时脸红耳赤，精神飘忽，若行浮云之上，朱元璋笑着对他说："卿宜自述一诗，朕亦为卿赋醉歌。"两个奉御捧进黄绫案，朱元璋挥翰如飞，即刻草成《楚辞》一章，曰："西风飒飒兮金张，特会儒臣兮举觞。目苍柳兮袅娜，阅澄江兮水洋洋。为斯悦而再酌，弄清波兮永光。玉海盈而馨透，泛琼斝兮银浆。宋生微饮兮早醉，忽周旋兮步骤跄跄。美秋景兮共乐，但有益于彼兮何伤！"（《双槐岁钞》

卷一，《醉学士歌》）

　　收入《明太祖集》中的诗文，有的可能经过周围文臣的润色加工，人们很难据以评判其文化水平。好在朱元璋还有部分手稿留存至今，为人们提供了检验其文化水平的可靠依据。台北故宫博物院编纂出版的《故宫书画录》卷七《明太祖御笔》，收录该院所藏的朱元璋手稿七十七幅共七十三篇，大多为朱笔谕旨，间有用墨笔书写的。其中第二十五至二十八幅是朱元璋写的三首诗，都是描写寺僧生活的作品。第二十八幅墨书，抄录了一首诗作的初稿和修改稿，初稿为："野人朝阳缝破纳（按：应为'衲'），夜月吟风景自纳。山深树密未见人，浩气九天光周匝。山人终岁栖岩谷，石径苔深坐茅屋。身形似鹤槁灰如，心地一同渊水绿。"修改稿第一至第六句不动，第七、八句改为："去来绝迹亦何宗，心地长同渊水绿。"诗风虽然质朴，却写出了寺僧隐居山林、心如止水的生活状态。在历代的帝王诗人中，完全有资格列为二流。

　　由于喜欢写诗，朱元璋对由诗歌形式演变而来的对联也十分喜爱。龙凤六年（1360年）正月初一，他曾亲书桃符"六龙时遇千官觐，五虎功成上将封"，悬挂在自己的府门之上。吴元年（1367年），他与陶安论学术，曾亲制对联相赠，书曰："国朝谋略无双士，翰苑文章第一家。"他还送过徐达两副对联，一副写的是徐达初封信国公时他所赐诰文中的句子，另一副是："破虏平蛮，功贯古今，人第一。出将入相，才兼文武，世无双。"定都南京后，朱元璋还在除夕之前传旨公卿士庶，要求各家门前都悬挂一副春联。命令下达后，他兴致勃勃地微服出巡，发现有户人家门上未挂春联，上前打听，知是阉猪之户，尚未请人书写。他顿时诗兴大发，亲自提笔为之书写了一副对联："双手劈开生死路，一刀割断是非根。"还有一次，朱元璋微服出行，同一个国子监生在一神案两旁坐下对饮。朱元璋问他是哪里人，国子监生说是重庆府人。朱元璋便出了"千里为重，重水重山重庆府"的上联，让他对下联。国子监生脱口就对出下联："一人成大，大邦大国大明君。"朱元璋暗自高兴，又捡起神案下的一块小木头，让他赋诗"以喻己意"，国子监生不假思索，即刻吟出一首："寸木元从斧削成，每于低处立功名。他时若得台端用，要与人间治不平。"朱元璋听罢大喜，付了酒钱，相别而去。第二天，朱元璋在宫中召见这个国子监生，任命他为按察使，以实现他"台端用""治不平"的愿望。

宋代汪洙的《神童诗》中有一流传很广的名句："学向勤中得。"朱元璋从识字不多到识字多多，既能武亦能文，关键就在一个"勤"字。现在一些党员干部老喊没有时间读书，其实只要少参加几个无关紧要的"开幕式""闭幕式"，少赴几次纯属应酬的宴会酒席，时间还是能挤出来的，关键就看心里是否有个"勤"字。

## 尊容与画像之谜

  明太祖朱元璋尊容如何,史无明载。他的老家在安徽凤阳,当地的老百姓长期流传着这样的说法,说他是个长脸,上额和下巴往外突出,两个颧骨和鼻子高高隆起,呈五岳朝天之状,脸上布满大麻子。凤阳龙兴寺和合肥、南京等地有关单位和个人保存的一些朱元璋画像,都是根据这种传说画出的丑模样:额头、下巴、鼻子和两颊皆突出,立眉深目,胡须浓密,脸上满布着麻子。

  除了民间留传下来的朱元璋画像,明朝皇宫内还有一些朱元璋画像。这些画像同明朝的帝、后画像一起,在明代均收藏于太庙东北的景神殿,清乾隆十四年(1749年)移藏于南薰殿。据清人胡敬《南薰殿图像考》记载,此殿共藏有明代帝、后图像六十三幅,其中仅朱元璋画像就有十三幅。这十三幅朱元璋画像,有一幅收藏于北京故宫博物院,十二幅收藏于台北故宫博物院。这些画像大致有两种类型。一种类似于上述民间流传的长脸丑像；另一种则是圆脸俊像：紫色脸膛，黑色或白色胡须，脸庞丰满圆润，英俊威武。

明朝皇宫里为什么会有如此截然不同的两种朱元璋画像呢？明成化二年（1466年）进士，曾任南京主事、后迁兵部职方郎中、终居浙江参政的太仓人陆容，在《菽园杂记》中载：

高皇帝尝集画工传写御容，多不称旨。有笔意逼真者，自以为必见赏。及进览，亦然。一工探知上意，稍于形似之外，加穆穆之容以进。上览之，甚喜，仍命传数本以赐诸王。盖上之意有在，它工不能知也。

原来，朱元璋登基称帝后，曾召集画工为自己画像。既然是为当今的皇上描摹尊容，这些丹青妙手自然不敢怠慢。他们都拿出真本事，像画得一幅比一幅逼真，但朱元璋都不满意。有个丹青高手琢磨着，或许前面的画工功力不足，画像要么形似而神不似，要么神似而形不似，所以皇上瞧不上眼。他使出看家本领，认真描绘，画得既形象逼真，又生动传神，可谓是神形兼备，心想皇上看了必定龙颜大悦，会赏给他一大堆金银财宝，甚至提拔他做官。不料，画像呈上之后，朱元璋还是不高兴，因为他的容貌实在不甚雅观，画得越逼真，就越是难看。后来，有个画工反复揣摩朱元璋的心思，终于悟出此中的奥秘，于是便"稍于形似之外，加穆穆之容"，就是将长脸改成圆脸，画个基本轮廓，把面容画得端庄慈祥一些。朱元璋看了，果然非常高兴，下令照此画了许多幅，分赐给诸王。这样，便有了两种截然不同的画像。

朱元璋认可的圆脸俊像，作为皇家标准像，置于宫廷的各种殿堂，在朱元璋逝世后，供奉于太庙，用于祭祀。而长脸丑像则作为疑像，用以迷惑百姓。朱元璋生性多疑，常微服私访，伺察臣民的活动。为了防止被百姓认出、识破，便令画工画了许多长脸丑像，画得极其怪异丑陋，派人四处张贴。百姓见了这种疑像，在脑海里留下深刻印记，即使见到朱元璋本人，也无法辨认出来。

由于朱元璋的圆脸俊像藏于皇宫和各个藩王府邸，从不外传，一般臣民见到的，只有那种长脸丑像。直到明中后期，有些官员进入皇宫或藩王府邸，才得以见到这种圆脸俊像。比如，嘉靖年间进士、授南京工部主事、官至吏部尚书的张瀚，曾进入武英殿，才有机会瞻仰这种画像，他在《松窗梦语》里写道："余为南司空，入武英殿，得瞻仰二祖御容。太祖之容，眉秀目炬，鼻直唇长，面如满月，须不盈尺，与民间所传奇异之象大不类。"又如，万历中举于乡、官至平越知府的张萱，在《疑耀》中写道："先大人令滇时，从黔国邸中模高皇帝御容，龙形虬髯，左脸有十二黑子，其状甚奇，与世俗所传相同，似为真矣。余值西省，始得府所藏高、成二祖御容，高皇帝乃美丈夫也，须髯皆为银须，可数，不甚修，无所谓龙形虬髯，十二黑子也。"

那么，这两种不同的画像，哪种更接近朱元璋的尊容呢？显然是根据凤阳百姓传说画出的长脸丑像，而不是宫廷画工所画的圆脸俊像。凤阳百姓的先辈，有的看着朱元璋从小长到大，有的还是朱元璋儿时的玩伴,而更多的凤阳人后来投奔朱元璋的起义队伍,成为朱元璋起义军早期的主力,跟随他南征北战,他们同朱元璋利益一致,生死与共,没有必要造谣,故意丑化朱元璋的形象。因此,他们描绘的朱元璋的面容,应该是真实可信的。当然,有些长脸丑像画得极其怪异丑陋,那是宫廷画工为了迷惑百姓而有意为之,则另当别论。朱元璋的面容尽管比一般人要丑,但不至于过分怪异难看,否则朱元璋初起时至濠州招兵,濠人郭山甫也不会主动让自己的女儿盛装打扮一番,嫁给朱元璋做姬妾。

从那种长脸丑像看,朱元璋的额头高大突出,下巴又比上额长出好几分,俗称地包天,再配上高高的颧骨和隆起的大鼻子,活像个横摆着的"山"字形。怪不得宫廷画工为朱元璋画像,画得越是逼真,他越是不高兴哩。

# 朱元璋喜忧交织的晚年

朱元璋在洪武元年（1368年）登基称帝，创建大明王朝。为了巩固新生的政权，他起早睡晚，运筹帷幄，事必躬亲，励精图治。

到洪武后期，朱元璋步入晚年，此时的他喜欢回顾自己的一生。登基之时，他面对的是危机四伏、险象环生的局势。当时，元朝的统治即将崩溃，但毕竟尚未被推翻，从辽东到秦晋，尚在元朝势力的掌控之下；从闽广到川滇一带，又为各种割据势力所盘踞。推翻元朝、统一全国的任务仍然十分艰巨。而在明朝内部，新王朝虽已建立，但各种制度尚待确立与完善，衙门官吏承袭元朝官场的习气，擅权枉法，贪污受贿，豪强势族继续狂敛财富，兼并土地，甚至不择手段地逃避皇朝赋役，向农民转嫁负担，激起农民的强烈不满，导致社会动荡不安。社会经济更是凋敝不堪，到处是田畴荒芜，榛莽丛生，有些地方甚至渺无人烟。人民力竭财尽，地主难以征收到地租，国家税源几近枯竭。与这种政治、经济状况相映衬的，是传统文化的衰落，礼乐未兴，教化不行。而今，元朝的统治早已被推翻，全国基本实现统一，北元势力被压缩到漠北草原，不再对明朝构成严重威胁，明朝还在北部边陲和沿海地区构筑了一套比较完备的防御体系，有力抵御了北元的骚扰和倭寇的侵略。明朝的各种典章制度，此时业已大体完备，整肃吏治的斗争达到高潮。朱元璋心目中的异己力量很大一部分已被清除，一批欺压小民、武断乡曲的不法豪强已被诛灭，社会秩序日趋稳定。尤其值得注意的是，社会经济的恢复与发展取得显著成绩。新增加的耕地面积，仅户部掌握的各布政司和直隶府州，洪武元年仅有七百七十余顷，四年增加到十万六千六百二十二顷四十二亩，七年更跃增至九十二万一千一百二十四顷，十二年也有二十七万三千一百零四顷三十三亩（《明太祖实录》卷三七、卷七〇、卷九五、卷一二八）。国家税粮和屯田子粒的收入也呈现上升趋势。洪武十七年六月，户部即奏称："潼关卫见储军饷可给三年，其余米五十二万四千二百二十七石……凤翔县见储军饷可给三年，其余米一十四万六十四石"（《明太祖实录》卷一六二）。二十四年为大造黄册之年，全国土地经过普遍丈量之后，户部掌握的各布政司和直隶府州田土面积总计为三百八十七万四千七百四十六顷七十三亩（《明太祖实录》卷二一四）。到二十六年，全国各布政司和直隶府州及各地卫所所辖田土总计达到八百五十万七千六百二十三顷（《明史》卷七七，《食货志》），比北宋最高的耕地数字高了三百二十六万余顷。当年全国的税课收入，仅税粮一项即多达三千二百七十八万九千八百余石，比元朝岁入增加了将近两倍。与此同时，元朝被边缘化的儒学重新被定于一尊，孔孟之道、理学思想获得广泛传播。礼乐制度重加厘定，去蒙古化，接续汉唐传统。兴学之风炽盛，从乡村的社学到省府州县的儒学再到京师的国子监都在蓬勃发展。洪武二十六年，国子监生员总数多达8124名，成为当时世界上规模最大的高等学府。教育的发达，已超过了唐宋时代，呈现"家有弦颂之声，人有青云之志"（《始丰稿》卷五，《送赵乡贡序》）的喜人景象。科举制度也在逐步完善，为国家选拔出一批优异人才。教化广行，移风易俗的活动遍及乡野民间。传统文化正在实现全面复兴。

看到天下大治、财富充足、传统文化复兴的繁荣景象，朱元璋感到惊喜和欣慰。洪武二十七年，他"以海内太平，思欲与民偕乐"（《明太祖实录》卷二三四），命工部在京城内外的繁华街市修建十座酒楼，令市民广设酒肆穿插其间，在丰收季节举行大规模庆祝活动。酒楼动工兴建后，他认为消息一传开，四面八方的宾客将齐聚京城，十座酒楼可能容纳不下，又令工部再增修六座。到了八月，十六座酒楼陆续完工，不仅建筑雄伟，装饰豪华，而且都取了富有文化韵味的雅称。据周晖《金陵琐事》记载，在城内，有南市楼、北市楼；在聚宝门外的西边有来宾楼，东边有重译楼；在瓦屑坝者，有集贤楼、乐民楼；在西关中街的北边有鹤鸣楼，南边有醉仙楼；在西关南街，有轻烟楼、淡粉楼；在西关北街，有柳翠楼、梅妍楼；在石城门外，有石城楼、讴歌楼；在清凉门外，有清江楼、鼓腹楼。各条市街，摆满新登场的五谷和南北各地的瓜果，街上游人如织，不时荡起阵阵欢声笑语。各座酒楼张灯结彩，喜迎各方宾客，穿插于酒楼之间的酒肆旌旗飘扬，热闹非凡。京城的文武百官和奉诏前来参与订正蔡沈《书集传》的老儒，集聚于醉仙楼宽敞的大厅。朱元璋身穿崭新的衮服，站在厅堂的御座前宣布诏令，赏赐百官和老儒大明宝钞，大臣和老儒山呼万岁。接着举行盛大的宴会，开怀畅饮。九月，蔡沈《书集传》的校订工作宣告完成，朱元璋非常高兴，再次赏赐老儒大明宝钞，又在南市楼宴请他们。席间，诸老儒欢呼畅饮，赋诗《宴南市楼》二首留传至今，可让人一睹当时的盛况：

帝城…………
龙虎关…………
金钱锡宴…………
冠盖登临皆…………宣夸。

诏出金钱送酒垆，绮楼胜会集文儒。
江头鱼藻新开宴，苑外莺花又赐酺。
赵女酒翻歌扇湿，燕姬香袭舞裙纡。
绣筵莫道知音少，司马能琴绝代无。

（陈田辑撰：《明诗纪事》甲签卷一四）

随着经济的发展，国库的充盈，朱元璋于洪武二十八年九月下诏免除山东秋粮，宣称："今天下大定，已二十八年矣，民人供给烦劳。迩年以来，朝廷仓廪实，府库充，而山东之民，供给辽东、山西、北平军需，劳亦甚矣。今年应纳官民秋粮，尽行蠲免。"同时，蠲免应天等五府秋粮，诏曰："朕年二十八渡江，二十九入建业（南京），秣马厉兵，与群雄并驱，凡军兴所需，皆出我江东五郡之民，以此平定天下祸乱，海内康宁。朕今老矣，思民效力，无可抚劳。今特以洪武二十八年官民秋粮尽行蠲免，少报前劳。"（《明太祖实录》卷二四一）当年十二月，又告谕户部大臣："方今天下太平，军国之需皆已足用，其山东、河南民人，田地桑麻除已入额征科，自二十六年以后栽种桑麻果树，与二十七年以后新垦田地，不论多寡，俱不起科。若有司增科扰害者，罪之。"（《明太祖实录》卷二四三）辽东地区地广人稀，当地驻军连年靠山东海运布钞粮棉供应，自洪武十五年施行屯田，到三十年传来已自给有余的喜讯。朱元璋高兴地说："辽东海运连岁不绝，近闻彼处军饷颇有赢余。今后不须转运，止令本处军人屯田自给。其三十一年海运粮米可于太仓、镇海、苏州三卫仓收贮，仍令左军都督府移文辽东都司知之。其沙岭粮储发军护守，次第运至辽东城中海州卫仓储之。"（《明太祖实录》卷二五五）

不过，朱元璋并未为眼前天下大治、财富充足、传统文化复兴的景象所陶醉。出身贫苦、历经坎坷的朱元璋，具有强烈的忧患意识。登基称帝后，他即尖锐地对臣僚提出"居安虑危，处治思乱"的问题，提醒他们不要为一时的胜利而忘乎所以。他用大字将唐朝李山甫的《上元怀古诗》抄在屏风上，暇则吟哦品味，用以警诫自己。

正是由于具有强烈的忧患意识，朱元璋清醒地认识到，所谓天下太平、仓廪充足，不过是与洪武初年社会动荡、田畴荒芜的局势相比较而言的，而非绝对的安定与富足。洪武二十一年四月，江西才子、中书庶吉士解缙上《大庖西封事》，尖锐地指出：尽管明王朝已建立二十个年头，但下农贫户生活仍然十分困苦，"或卖产以供税，产去而税存，或裨办以当役，役重而民困"（《明经世文编》卷一一，《解学士文集·大庖西封事》）。明王朝建立之后，虽然大规模的元末农民战争已经结束，但由于"民窘于衣食，或迫于苛政"，逃亡甚至发动小规模起义的事件仍然不时发生。即使到明朝建立的第二十年，也仍未止息。根据《明太祖实录》的记载，这种小规模的农民起义，洪武二十一年、二十二年、二十三年各有六起，二十四年四起，二十五年一起，二十六年、二十七年各四起，二十八年、二十九年各十起，三十年五起，三十一年一起。所以，当礼部尚书门克新颂朱元璋"圣泽深广，天下之民，各安生业，幸蒙至治"时，他即答道："虽尧舜在上，不能保天下无穷民。若谓民皆安业，朕恐未然，何得遽言至治？"（《明太祖实录》卷二四四）因此，晚年的朱元璋一直将"民未皆安业"视为一大忧患，不仅继续兢兢业业，勤于理政，而且严厉督促各级官吏，继续执行休养生息等各项政策，以期达到天下至治，民皆安业。

除了担忧民未安业之外，朱元璋还有两个挥之不去的忧虑。一个是都城选址问题。朱元璋是在应天登基称帝的，但是否以应天为都城，由于臣僚存在不同意见，直到洪武元年八月才下诏以应天为南京，开封为北京，实行古已有之的两京制度。大都被攻克后，北方地区也纳入明朝的版图，都城的选址问题再度引起争论。朱元璋经过一年的反复考虑和斟酌，决定以他的家乡临濠为中都，于洪武二年九月下诏命有司在此建置城池宫阙，如京师之制。但临濠并不具备作为都城的条件，这一决定遭到儒士胡子祺等人的反对。八年四月，当中都的营建"功将告成"之时，又发生了营建工匠的"厌镇"事件，朱元璋遂"罢中都役作"，于当年九月下诏改建南京的大内宫殿。十年十月，南京大内宫殿改建完工，十一年正月下诏改南京为京师，同时罢除北京，但仍称开封府。不过，朱元璋对定都南京并不感到满意。因为南京毕竟远离北方，不便于对付北元势力的侵扰。尽管朱元璋后来分封诸王，将几个儿子分封到长城内外，授予他们雄厚的护卫兵力和军事指挥大权，多少弥补了都城远离前线、朝廷指挥困难的缺陷，但仍不免有鞭长莫及之虞。同时，京师的大内宫殿是由吴王新宫改建而成的，吴王新宫建在应天府城的东南隅，地当钟山之阳，那里原有一个湖泊，叫燕雀湖，先填湖后筑城。湖填平后起盖宫殿，地基下陷，南高而北卑，整座宫殿呈现前昂中洼的状态，这在堪舆家看来是形势不称，风水不好的。当初吴王新宫是由熟知堪舆的刘基主持卜地选址的，但拿主意拍板的是朱元璋自己，正如王棠《知新录》所说："筑大内，填燕尾湖（即燕雀湖）为之，虽决于刘基,实上内断,基不敢言也。"这又使朱元璋深以为憾。晚年,他想起胡子祺曾建议定都关中,又动起迁都的念头。二十四年八月,特命皇太子朱标巡视陕西,察看关、洛形势。十一月,皇太子视察回来,进献陕西地图后,就一病不起,"病中上言经略建都事"(《明史》卷一一五,《兴宗孝康皇帝传》)。翌年四月,朱标便一命归西。年富力强的皇太子一死,朱元璋感到自己年老体衰,精力不济,加上天下新定,不欲劳民,只得打消迁都的打算。当年年底,在《祭光禄寺灶神文》里,他哀叹道:"废兴有数,只得听天!"(《天下郡国利病书》卷一三,《江南》)

既然放弃迁都的打算,朱元璋便决定对南京皇城中一些不符合礼制要求的建筑布局,按照明中都的布局进行适当调整。洪武二十五年八月,他谕廷臣曰:"南方为离(三十六卦之一),明之位,人君南面以听天下之治,故殿廷皆南向,人臣则左文右武,北面而朝,礼也,五府六部官署,宜东西并列。"随即下诏改建中央官署于皇城之前的御道两侧,并令"规摹宏壮"(《明太祖实录》卷二二〇)。二十八年之前,改建工程陆续完工,在御道的左侧建成宗人府,吏、户、礼、兵、工五部及翰林院、詹事府、太医院、东城兵马司等衙署,在御道的右侧建成五军都督府以及通政司、锦衣卫、旗手卫、钦天监、仪礼司等衙署,而将含有杀气的刑部、都察院、大理寺三法司改建于太平门外。南京都城的规模与布局至此基本定局。它以北安门、玄武门、奉天门、午门、端门、承天门、洪武门、正阳门为中轴线,奉天、华盖、谨身三大殿与乾清、坤宁两宫坐落在中轴线上,其他殿堂、坛庙和中央官署则左右对称地配置在中轴线的两旁，凸显皇权至高无上的权威。整个布局非常严谨，既主次分明，又秩序井然。后来，永乐年间明成祖迁都北京，南京皇宫的规划布局就成为营建北京的蓝本。

另一个是接班人问题。在我国古代，确定皇位继承关系、诏立皇太子，被称为国之根本，认为它关系王朝的命运和前途。明朝的皇位继承制度实行嫡长子继承制。朱标是朱元璋的长子，他在至正十五年（1355年）生于太平陈迪家，生母为李淑妃，但出生后即交给马皇后抚养长大，因而被视作嫡长子。朱元璋称吴王时，立其为世子，从宋濂学习经书。自此，朱元璋就着意加以培养。吴元年（1367年），即命年仅十三岁的朱标及其弟朱樉回原籍临濠州省墓，谕之曰："世称商高宗、周成王为贤君者，汝知之乎？高宗旧劳于外，知民疾苦，成王早闻《无逸》之训，知稼穑之艰难，故其在位不敢暇逸，能修勤俭之政，为商、周令主。汝诸子，生于富贵，未涉艰难。人情习于宴安，必生骄惰，况汝他日皆有国家，不可不戒。今使汝等于旁近郡县，游览山川，经历田野。因道途之险易，以知鞍马之勤劳；观小民之生业，以知衣食之艰难；察民情之好恶，以知风俗之美恶；即祖宗陵墓之所，访求父老，问吾起兵渡江时事，识之于心，以知吾创业之不易也。"当年十一月，朱元璋亲携朱标观看郊祀的祭典，并命左右领朱标到农家了解农民的居室饮食器用，回来后对他说："汝知农之劳乎？夫农勤四体，务五谷，身不离畎亩，手不释耒耜，终岁勤动，不得休息，其所居不过茅茨草榻，所服不过练裳布衣，所饮食不过菜羹粝食，而国家经费，皆其所出，故令汝知之，凡一居处服用之间，必念农之劳，取之有制，用之有节，使之不至于饥寒，方尽为上之道。若复加之横敛，则民不胜其苦矣。故为民上者，不可不体下情。"（《明太祖宝训》卷二，《教太子诸王》）洪武元年（1368年）朱元璋登基称帝，立朱标为皇太子，又特置太子宾客、太子谕德等，以辅成太子德性。至洪武五年十二月，朱标虚龄十八岁，朱元璋即令百司奏事皆通报给他，让他熟习政务。第二年九月，考虑到朱标还太年轻，又令一般政务奏闻皇太子处理，军国重事则奏报自己处理。到洪武十年六月，朱标虚龄二十三岁，朱元璋才又令"自今大小政事皆先启皇太子处分，然后奏闻"，让他"练习国事"。

朱元璋苦心孤诣地培养皇太子朱标，自然是希望他继承自己的思想与作风，成为一个能干的接班人。但朱标"性仁厚"（《明史》卷四，《恭闵帝纪》），自幼长于深宫，由马皇后抚养，又长期接受传统儒家教育，性格思想作风自然与朱元璋迥然。

朱元璋主张制不宥之刑，权神变之法，使人知畏而莫测其端；皇太子却主张以仁治国，行仁政，讲友爱，务求治狱之仁恕。朱元璋想尽办法诛灭异己，屠戮功臣，扩张皇权；皇太子却要念及勋臣宿将的功劳，照顾亲戚、兄弟、师生的情谊，宽大为怀。秦、晋、周诸王屡犯过失，皇太子每每出面调护解救。堂兄朱文正、表兄李文忠和义兄沐英等人因事受到朱元璋的"督责"，他就请马皇后出面"解慰"。朱元璋录囚，命御史袁凯送皇太子复讯，他"多所矜减"（《明史》卷二八五，《袁凯传》）。这样，父子俩的分歧日渐扩大，有时不免发生争吵。传说宋濂获罪，皇太子曾哭着向父亲求情：臣愚戆，没有别的老师，请求陛下哀矜，免其一死。朱元璋大怒，说：等你当皇帝赦他！皇太子惶恐无措，投水自杀，幸被左右救起。朱元璋且喜且骂道：这个痴心儿子，我杀人关你什么事？又传说马皇后去世后，朱元璋闷闷不乐，动辄杀人。皇太子劝谏说：陛下诛夷过滥，恐伤和气。朱元璋不吭气，第二天把一根大荆条扔在地上，叫皇太子去捡。皇太子见荆条上都是刺，不敢捡，朱元璋说："汝弗能执欤？使我运琢以遗汝，岂不美哉！今所诛者皆天下之刑余也，除之以安汝，福莫大焉！"大意是，我杀人就好比替你将荆条上的刺除掉，这样你才好拿，我把天下的奸险之徒清除干净，将来你的皇帝才好当。皇太子却说："上有尧舜之君，下有尧舜之民。"认为有什么样的皇帝，就有什么样的臣民。朱元璋一听火冒三丈，举起椅子就砸过来，吓得皇太子赶紧逃走。还传说朱元璋嫌皇太子过于仁柔，故意叫人抬着尸骨从他面前经过来刺激他，皇太子不胜悲戚，连声哀叹："善哉！善哉！"（《翦胜野闻》）朱元璋的这些举动，说明他担忧皇太子过于仁厚，心慈手软，将来继位后，驾驭不了身边的勋臣宿将，对付不了朝廷内外错综复杂的局势，坐不稳宝座，保不住基业。

　　朱元璋曾命吏部尚书詹徽佐皇太子录囚，朱标坚持一贯的主张，为囚犯减刑。詹徽"性残刻，执法过严"（《罪惟录》列传卷八下，《詹同附子徽》），"用法多希上旨，务为苛严"（《明通鉴》卷一〇），他加重囚犯的刑罚，并抢先入奏，朱标随后入奏。朱元璋说:"徽所执是法也。"朱标顿首道:"臣闻立国之道,仁厚为本,法者附也,非所以附。"朱元璋益怒,曰:"孺子乃教我!"意为你小子敢教训我!朱标受到惊吓,第二年就病倒了。临终前,对世子朱允炆说:"死我者詹徽也!"(《罪惟录》列传卷三,《皇太子标》)当年四月,他一命归西,虚龄仅三十八岁。

朱标有五个儿子,长子朱雄英八岁夭折。朱标去世时,剩下的四个儿子都未成年。年龄最大的次子朱允炆虚龄十六岁。而朱元璋此时六十五岁,在古代已算高龄,是否立这个尚未成年的嫡孙为皇太孙做自己未来的接班人,让他颇费踌躇。朱元璋在东阁门召集群臣商议,翰林学士刘三吾进曰:"皇孙世嫡承统,礼也。"(《明史》卷一三七,《刘三吾传》)朱元璋遂于洪武二十五年九月立朱允炆为皇太孙。他仍按培养皇太子的办法,先请名儒教读经书,再命其批阅奏章,平决政事。但这位皇太孙性格酷似朱标,也是一个极为仁厚的儒雅书生,他同其父一样反对朱元璋滥施刑戮,主张减省刑狱。为此,朱元璋又是忧心忡忡,担心自己时日无多,一旦撒手人寰,仁柔而又年轻的皇太孙调动不了久经战阵、老谋深算的开国元勋,控制不住局面,于是决定再斩荆棘,把仅存的几个手握重兵的开国功臣全部清除。洪武二十六年便借蓝玉谋反案再开杀戒,连坐族诛一万余人。翌年,又将傅友德、王弼赐死。再过一年,又杀冯胜。至此,朱元璋才稍感放心,于二十八年宣布废除严刑,说他过去对奸顽刁诈之徒的法外加刑,是出于形势需要的权宜处置,非守成之君所用常法。翌年,朱允炆乘机建议修改过于苛重的律条,朱元璋表示同意,于是改定畸重者七十三条,复谕之曰:"吾治乱世,刑不得不重。汝治平世,刑自当轻,所谓刑罚世轻世重也。"(《明史》卷九三,《刑法志》)

朱元璋就这样在喜忧交织的境况下度过了他的晚年,逐步接近生命的终点。

长期紧张的战争生活和繁忙劳累的政务活动,使朱元璋的健康受到损害。洪武初年,便"患心不宁"(《明史》卷一二八,《宋濂传》),得了心跳过速的疾病。有时还发热,"每心火炎上,喜怒不常"(《清溪暇笔》)。宋濂曾劝他寡欲清心:"养心莫善于寡欲,审能行之,则心清而身泰矣。"(《明史》卷一二八,《宋濂传》)桂彦良也劝他"惩忿窒欲"(《清溪暇笔》)。寡欲、窒欲这一条,朱元璋倒是践行了,因为他历来就主张处富贵者"正当抑奢侈,弘俭约,戒嗜欲"(《明太祖实录》卷一四),一贯过着俭朴的生活。但清心、惩忿,他无法做到。面对当时经济凋敝、社会动荡的局面和错综复杂的社会矛盾,为了国家的长治久安,他不得不竭尽心力,日夜操劳。而家庭之间、父子之间的矛盾,更在他心头蒙上了一层阴影。朱元璋运用法庭、监狱、特务和酷刑强化封建专制,以求江山永固。他还大力清除所谓的异己势力,以期为后继者留下稳固的皇位,但并未能得到马皇后和皇太子的理解和支持,内心不免感到悲伤和寂寞。几个皇子、皇侄的胡作非为,更使他气愤异常,不时火冒三丈。所有这些,都严重影响了他的身心健康。

洪武十五年八月,同朱元璋朝夕相处、相濡以沫的马皇后病逝,他深感伤心和孤独,身体日渐虚弱。他不禁想念起家乡的二十家亲邻，想起小时候同他们一起戏耍、劳作的种种情景。自洪武八年罢建中都后，朱元璋便再也没有回过凤阳老家，不知道亲邻们过得怎样。为了排遣心中的忧伤和苦闷，洪武十六年春夏之交，朱元璋令内官张林前往凤阳，将他们接到京师相见。八月初一，张林报告说，这二十家亲邻已经进京，但衣衫褴褛，不能入宫朝见。朱元璋令尚衣监赏每人一套衣服、一双靴子、一顶帽子。第二天早朝后，引他们入谨身殿相见。朱元璋兴奋异常，同其共叙故旧之情，并设宴招待，赐每人一个装满精美食品的黄龙包袱，让他们到会同馆休息。第二天，又兴冲冲地领着他们游览宫殿，并带入东宫见李淑妃。临别之时，还赐宴款待，赏给钞币，亲自送出西安门。但是，送走这些乡邻后，他内心的忧伤和苦闷不仅没有排遣，反而加重了。一来，这些昔日的乡邻，尽管朱元璋八年前安排他们守护皇陵时，曾"赐朱户"以示尊宠，"复其家"以减轻他们的负担，在洪武八年第三次大规模修建皇陵后还为凤阳的所有陵户"每户拨给田地一庄，供办皇陵每岁时节祭祀，全免粮差"（《凤阳新书》卷五，《帝语篇》），可是他们的生活未见有多少改善，至今仍然贫困不堪，连一件像样的衣服都没有，这不能不使朱元璋感到尴尬和难堪。二来，这些小时候无话不说、亲密无间的乡邻，如今已变成自己治下的子民，彼此隔着一道君民名分的鸿沟，除去同他们叙叙故旧之情外，再也不能向他们诉说心中的忧伤与苦闷。所以，过了半个月，朱元璋便传旨"与凤阳亲邻二十家，老的们路途遥远，江河雨雪不便，今后不必来了"（《凤阳新书》卷五，《帝语篇》），从此再也没让他们到京师朝见。

马皇后去世后,朱元璋处在悲痛的孤寂之中,身体日渐虚弱。过了近十年,到洪武二十五年四月,他寄予厚望的皇太子朱标又突然病逝,他再度陷入极度悲哀和痛苦之中,第二年便患热症病倒了。这一次病得很重,"几将去世"(《周颠山人传》)。经过太医的精心治疗,总算保住性命,但仍"病缠在身"(《逆臣录》卷一),身体愈加虚弱,头发胡须全都花白了。

由于长期"忧危积心,日勤不怠",积劳成疾,洪武三十年十二月,朱元璋又得了一场大病。他以为自己将不久于人世,想到李淑妃非常能干,担心自己死后,她会效仿武则天做女皇帝,导致江山易姓,于是决心除掉她。朱元璋赐宴李淑妃的两个哥哥,把李淑妃叫到病榻前,说:你跟随我超过了一纪(十二年,指她被册封为淑妃、摄六宫事以来的时间),朝夕在左右伺候,费心尽力。你去见见两位兄长,尽尽同胞兄妹之情吧!李淑妃明白,这是准备叫她殉葬,泣拜后便上吊自杀。

经过治疗,朱元璋侥幸活了过来。但洪武三十一年五月初八,他再度病倒。开始,他还勉强撑着病体,每日临朝决事,不倦如无病之时。后来,服过许多药,病情始终未见好转,反而逐渐加重。他焚香祷告,祈求皇天保佑:"寿年久近,国祚短长,子孙贤否,惟简在帝心,为生民福。"(《明太祖实录》卷二五七)闰五月初十(阳历六月二十四日),七十一岁的朱元璋在西宫的卧榻上停止呼吸,离开了他亲手创造的皇朝。临终前,他"责殉诸妃"。又立下遗诏,对自己一生的经历及是非功过做了简要总结，并就皇太孙继位及自己的丧事做了简单交代。诏曰：

> 朕受皇天之命，膺大任于世，定祸乱而偃兵，妥生民于市野。谨抚驭以膺天命，今三十有一年，忧危积心，日勤不怠，专志有益于民。奈何起自寒微，无古人之博智，好善恶恶，不及多矣。今年七十有一，筋力衰微，朝夕危惧，虑恐不终。今得万物自然之理，其奚哀念之有？皇太孙允炆，仁明孝友，天下归心，宜登大位，以勤民政。中外文武臣僚，同心辅佐，以福吾民。凡葬祭之仪，一如汉文勿异。布告天下，使知朕意。孝陵山川，因其故，毋所改。（《皇明诏令》卷三，《遗诏》）

朱元璋遗诏中所说的孝陵，位于"金陵王气所钟"的钟山南麓独龙阜玩珠峰下，在堪舆家眼中，它具有"左青龙，右白虎，前朱雀，后玄武"的独特优势，是一块风水绝佳的"吉囊"。洪武初年，朱元璋和谙熟风水的谋士刘基，同乡好友徐达、汤和一起勘察钟山时，就择定此地作为自己和马皇后将来的陵寝之地。洪武九年开始筹建陵墓，命中军都督府佥事李新负责主持规划设计和督建。陵区之内原有七十余所南朝所建的寺院，李新将其悉数迁出。独龙阜南边的梅花山有座孙权墓，李新也想将其迁出，朱元璋说："孙权亦是好汉子，留他守门。"（张岱：《陶庵梦忆》卷一，《钟山》）因而只迁走孙权墓前的石麒麟，孙权墓仍然未动。为了保留孙权墓，李新未再沿用前代帝王陵前的神道那种笔直的设计方案，而是将朱元璋陵前的神道按照地形设计成S形，呈现一种曲折幽深、一眼望不到头的独特景观。整个陵区，在继承明皇陵前朝后寝制度的基础上加以创新，改皇陵的三城环套为三进院落布局。第一进院落是以具服殿为中心的祭祀准备区，第二进院落是以享殿为中心的祭祀区，这是前朝部分。第三进院落为陵寝区，是后寝部分，前有高十六米多的方城，上建明楼，后有帝后合葬的地宫，其上为直径三百二十五米至四百米的圆形大土丘，周围绕以约一公里的砖墙，称为宝城，又称宝顶。陵区完全按中轴对称形式设计，从第一进院落之前的金水桥起到第三进院落的宝城，包括文武方门、具服殿、孝陵门、享殿、升仙桥、方城、明楼等，都排列在南北中轴线上，层层递升，以凸显皇权的至高无上。陵园内封山涸水，将寝宫的威武雄壮与山水园林的明丽秀美有机结合起来。朱元璋陵墓的这种布局形式，后来为明十三陵和清东陵、清西陵所沿用，成为明清五百多年帝王陵墓的布局模式。洪武十五年陵墓已基本建成，当年八月马皇后病逝，九月即下葬于此。因为马皇后谥曰"孝慈皇后"，此陵便称为孝陵。

　　由于担心年长的诸王起而夺位，加上已有现成的陵寝，朱允炆在朱元璋逝世后的第七天即闰五月十六，遵照朱元璋的遗诏登基继位，诏以第二年为建文元年。同日，葬朱元璋于孝陵，谥曰"高皇帝"，庙号"太祖"。永乐元年（1403年）明成祖夺位后，谥之曰"圣神文武钦明启运俊德成功统天大孝高皇帝"。嘉靖十七年（1538年），明世宗再增谥"开天行道肇纪立极大圣至神仁文义武俊德成功高皇帝"。

## 朱元璋一生的功与过

朱元璋一生的经历曲折复杂，大体可以划分为三个时期八个阶段。第一个时期是青少年时期（1328—1351年），包括两个阶段：从天历元年到至正三年（1328—1343年），在凤阳农村跟随父母过着贫困的生活；从至正四年到十一年（1344—1351年），入於皇寺为僧，其间曾在淮西流浪三年多。第二个时期是参加元末农民大起义时期（1352—1367年），包括三个阶段：从至正十二年到龙凤元年（1352—1355年），参加郭子兴起义队伍，由一名普通士卒成长为统率全军的将领；从龙凤二年到九年（1356—1363年），渡江营建江南根据地，进而击灭陈友谅，逐步走上封建化的道路；从龙凤十年到吴元年（1364—1367年），击灭张士诚，进而开展南征北伐，完成封建化过程，转化为地主阶级的代表人物。第三个时期是创建大明王朝时期（1368—1398年），包括三个阶段：从洪武元年到八年（1368—1375年），推翻元朝统治，奠定明朝开国规模；从洪武九年到二十二年（1376—

1389年），加强封建专制中央集权制度，基本完成统一大业，恢复社会经济；从洪武二十三年到三十一年（1390—1398年），诛戮功臣，进一步巩固帝业，发展社会经济。

朱元璋的一生，经历了从贫苦农民到农民起义领袖再到封建君主的曲折过程。有人便因为他由农民起义领袖转化为封建君主，而彻底否定他在元末农民战争期间的历史功绩。这种做法是把农民起义领袖的转化看作一种历史的偶然现象，因而过多地追究个人的品质问题，显然并不妥当。其实，在封建社会，农民起义领袖转化为封建帝王，乃是一种历史的必然。这是因为，封建社会的农民是一个具有两面性的阶级。一方面，农民是被剥削被压迫的劳动者，这种阶级地位决定了他们具有反抗地主阶级剥削与压迫的革命性。另一方面，农民又是小生产者和小私有者，不是同新的生产力和新的生产关系相联系的阶级。这种阶级地位，又决定他们不可能提出超越个体小生产者和小私有者范畴的经济要求，即使是在封建社会后期，提出土地要求的农民起义和农民战争，往往也只限于要求恢复和发展拥有小块土地的实行农业和家庭手工业相结合的小自耕农经济。小农经济在封建社会不过是地主经济的附庸和补充，并不是独立的经济形态，而且它本身极其脆弱，不可能保持长期的稳定，终究会出现两极分化，产生新的封建地主和赤贫的农民。因此，起义农民尽管可以用暴力手段沉重地打击地主阶级，改变土地配置，却不可能带来高于封建形态的生产关系。由这种阶级地位所决定，农民在政治上也无法提出一个建立比较进步的社会形态的斗争纲领。相反，以一家一户为生产单位的、分散的个体小生产，不需要在耕作时进行任何分工，也不需要进行较多的产品交换，他们生产的东西基本上是供自己消费，生活资料的取得多半是靠与自然交换，而不是靠与社会交换。这种生产过程在原有规模和基础上的往返重复，造成了农民的分散性、保守性和狭隘性，使他们习于顺从，不能由自己来代表自己，而需要一个最高的主宰来代表他们，保护他们。这就为封建主义的影响和专制主义统治的建立准备了土壤。因此，按照小农的世界观来改造社会，其结果依然是封建社会，不可能建立一个更高的社会形态。同时，由于历史条件的限制，那种高于封建社会的社会形态在当时也无从实现。因为即使晚明之时出现了社会转型的曙光，但我国资本主义生产关系还处于微弱萌芽的状态，建立新的社会形态的物质条件尚不具备。农民的这种阶级的和历史的局限性，决定了农民起义和农民战争的结局，不是遭到地主阶级的镇压，就是成为地主阶级改朝换代的工具，不可能推翻封建制度；也决定了起义领袖不可能彻底摆脱封建主义思想的影响，他们在起义之后必然要走上封建化的道路，最后不是牺牲于地主阶级的屠刀之下，就是充当地主阶级改朝换代策略的执行者，转化为封建帝王。

  封建社会农民起义领袖的转化，是一种历史的必然现象，个人品质的好坏只能起到延缓或加速的作用。我们用阶级分析的方法来评价朱元璋的活动，自然应该严肃地指出，这种转化意味着阶级立场及其所代表的阶级利益的根本变化，并指出这种转化的严重后果，即导致元末农民战争在政治上彻底失败，成为地主阶级改朝换代的工具，但不应该据此而抹杀他的历史功绩。

其实，如果我们坚持实事求是的态度，具体分析元末的历史状况，便不难看到，作为一个农民起义领袖，朱元璋还是对元末农民战争做出了一定贡献，有着不可磨灭的历史功绩。

第一，率领起义队伍，沉重地打击江南地区的豪强地主势力。

元朝末年的江南，是豪强地主势力盘根错节、阶级矛盾极其尖锐的地区。元末农民大起义爆发后，刘福通率领北方红巾军从淮北攻入河南，此后一直战斗在中原地区。在江南一带活动的，主要是张士诚、方国珍、郭子兴等几支队伍。张士诚、方国珍的队伍曾在起义初期对元朝官军和地主武装作战，但后来都投降元朝，停止了反封建斗争。彭莹玉领导的一支南方红巾军，曾连陷湖广、江西等地，破昱岭关，进入浙闽等地，并以"摧富益贫"相号召，一时造成"江南无地不红巾"（《南村辍耕录》卷一四，《张翰林诗》）的大好局面。可惜为时不久，彭莹玉在元军的镇压下牺牲，这支队伍也陷于失败。长期在江南地区坚持斗争的是朱元璋的队伍。他在至正十五年（1355年）执掌郭子兴部的实际领导权后，挥师南渡长江，于次年攻占应天，营建江南根据地，几年之间即据有皖南、浙东地区，消灭大批元朝官军和地主武装。朱元璋的队伍所到之处，严厉镇压豪强地主，无偿征用地主土地，并积极支持农民夺占地主土地和官田，发给"户由"，承认他们的土地所有权。经过朱元璋起义军和其他起义队伍的打击，江南豪强地主阶级的势力大大削弱了，北宋以来长期积累起来的土地集中状况有所改变，涌现了不少拥有小块土地的自耕农，大批"驱口"获得了人身自由。这为此后江南地区恢复发展生产，继续保持全国经济重心的地位，创造了必要的条件。

第二，实现了推翻元朝黑暗统治的任务。

元朝的建立并进而统一全国，奠定我国的疆域，促进各民族的经济文化交流与融合，为我国统一多民族国家的发展和巩固做出了贡献。但是，元朝在统一全国的过程中，实行野蛮的民族压迫和歧视的政策，并把蒙古原来落后的劳动力占有形式和剥削方式强行推行到中原和江南地区，如掳掠大量人口，抑为"驱口""驱丁"即奴隶，搜刮大批民间工匠，抑为"系官匠户"即工奴，大大强化了底层劳动人民的人身依附关系。此外，为了适应蒙古人游牧生活的需要，元朝初期还曾在中原地区大批圈占良田为牧场。后来在中原地区发达的农业经济的影响下，他们虽然被迫放弃游牧经济，但对土地的掠夺有增无减。元廷还夺占大量耕地作为官田，赏给贵族、大臣和寺观。蒙古、色目贵族和汉族地主也用各种手段，拼命兼并土地，"索债征租，驱迫农民"（《元史》卷二三，《武宗纪》），甚至干预佃客男女婚姻，将佃客随田转卖。所有这些，相对于宋代而言，无疑是经济领域的一种倒退。与此同时，忽必烈虽施行汉法，却坚持蒙古本位政策，形成蒙汉杂糅、外汉内蒙的制度，儒学和儒士被边缘化，一些落后的蒙古旧制仍然延续下来，如诸王分封制度、以职业划分的诸色户籍制度、世袭的军户制和以军户为基础的军事制度以及君臣关系的主奴化等。这些蒙古旧制的延续，相对于宋代来说，又是政治经济文化的一种倒退。这种倒退逆转，不能不使宋代发展起来的封建经济受到严重的损害，其发展历程也就呈现出特别曲折和缓慢的状态。到了元末，由于朝政的腐败，土地的集中，赋役和地租剥削的沉重，天灾的频发，"贫者愈贫，富者愈富"，广大农民连简单再生产都难以维持，社会经济更是衰败不堪。元朝的腐朽统治，已成为生产发展、社会前进的严重障碍，推翻它的统治已成为刻不容缓的历史任务。

元末农民战争就是顺应时代的这种需要而爆发的。经过艰苦的战斗，各支起义军相继歼灭了大量元朝官军和地主武装，给元朝统治以有力打击，特别是北方红巾军三路北伐，横扫元朝统治的腹地，更从根本上动摇了元朝的统治基础。但是后来，全国的斗争形势发生了新的变化。至正十七年（1357年），张士诚、方国珍投降元朝。至正十九年，宋政权的都城汴梁被察罕帖木儿攻破，刘福通奉小明王退守安丰，北方红巾军已基本陷于失败。翌年，陈友谅杀徐寿辉，虽然他仍坚持反元的立场，但因居功自傲，弑主自立，导致众叛亲离，民心丧尽。至正二十三年，张士诚遣吕珍助元破安丰，刘福通被迫护小明王退入山区，北方红巾军彻底陷于失败。面对这种严峻的形势，朱元璋大力营建以应天为中心的根据地，同时根据斗争形势的变化，制定相应的政策和策略，努力争取各种反元力量，孤立分化瓦解敌人，不断发展自己的势力，在击败陈友谅和张士诚之后，不失时机地挥师北上，逐鹿中原。最后在洪武元年（1368年）八月攻克大都，推翻腐朽的元朝政权，从而为生产的发展、社会的进步扫除了一大障碍。

当然，肯定朱元璋在元末农民战争中的历史功绩，并不等于他的所作所为都值得肯定。例如，在元末农民战争的后期，随着由农民起义领袖向地主阶级政治代表的转化，他逐步转移斗争方向，突出强调民族斗争，以取代阶级斗争，逐渐削弱乃至完全停止了反封建斗争。因此，那些较晚被他攻占的地方，如原先被陈友谅、张士诚、方国珍等人占据而后才归他控制的大部分地区，地主阶级、豪强势族便很少受到打击，有的甚至未曾受到触动。以至于在新王朝建立之后，他们的势力很快又恢复起来，兼并土地，役使小民，与皇朝的经济利益发生尖锐的冲突，迫使朱元璋不得不采取措施，予以限制和打击。

对朱元璋在明朝开国时期的活动，也曾有过一种全盘否定的观点，认为朱元璋登上明朝的皇位，是农民战争完全失败的标志，他作为封建帝王的活动应该全部予以否定。这样评价朱元璋在明朝开国时期的活动，并不符合历史唯物主义的观点。历史唯物主义要求我们用发展的眼光看待历史人物的活动。任何一个历史人物都有一个发展变化的过程，在他的一生中，条件、地点和时间随时都在发生变化，他的政治主张和历史作用也很有可能有所不同。评价历史人物，不能用一个固定的框框去硬套，置条件、地点、时间于不顾，而应该把其各个阶段的活动放到当时的阶级斗争环境和时代范围之内，结合人物所处的历史大势及具体条件、地点和时间进行分析，逐段评价其是非功过。既不能用他这个时期的功掩饰他那个时期的过，也不因他这个时期的过抹杀他那个时期的功。这样，才有可能揭示历史人物的本来面目，反映其历史功过的全貌。朱元璋在元末农民战争期间是一个起义领袖，他面临的任务是发动和组织农民，打击地主阶级和腐朽的封建生产关系，我们应该根据他在这方面的作用来判断他的历史功过。但是，当朱元璋做了封建皇帝之后，作为地主阶级的政治代表，他只能想地主阶级之所想，做地主阶级之所做，我们就不能再用农民起义领袖的标准而只能用封建帝王的标准来衡量他的活动。这时候，大规模的阶级斗争风暴已经过去，他所面临的任务是调整阶级关系和生产关系，安定社会，发展生产，振兴文化，我们只能根据他这方面的作用来判断其历史功过。

那么，朱元璋登上帝位之后，究竟有些什么历史功绩呢？结合明初具体的历史条件来分析，他的功绩主要有以下四个方面。

首先，进一步统一全国，巩固我国统一的多民族国家。

明朝建立之后，面临着进一步统一全国的任务。朱元璋首先集中兵力，继续同元朝的残余势力展开斗争。克复大都的当年，他挥师西向，先后攻占山西、陕西和甘肃，并北征蒙古，迫使北元势力步步后撤。洪武十四年又派兵攻入云南，扫平梁王和大理段氏的割据势力。洪武二十年再出兵平定辽东，迫降纳哈出。寻又进军漠北，击溃北元势力，招降兀良哈部。至此元朝残余势力已被压缩到漠北草原，从而基本解除了它们对明朝的威胁。在与北元势力做斗争的同时，朱元璋还用武力消灭四川明昇，并成功地招抚了西北的一些少数民族，包括西藏、青海和川西的藏族、撒里畏兀尔等族，东北部分地区的女真族，以及南方的少数民族土司。洪武二十四年又出兵攻克哈密，作为统一西域的前进基地。这样，经过二十多年的斗争，除东北、西北的部分地区和北元势力控制的蒙古地区外，全国已基本上实现了统一。

在统一全国的过程中，朱元璋推行一套比较开明的民族政策，尽力争取和安抚各地的少数民族，进一步巩固全国的统一。朱元璋的民族歧视思想比较淡薄，一再声明"朕既为天下主，华夷无间，姓氏虽异，抚字如一"，宣布对全国的少数民族都一视同仁地加以安抚。根据这一政策，明朝在北方地区，在集中兵力与北元做斗争时，很注意用怀柔手段争取北元的宗戚、官吏和蒙古百姓。在其他地区，也区别不同情况，采取相应的怀柔措施，来安抚当地的少数民族。朱元璋施行的这套民族政策，在一定程度上使元朝以来极为尖锐的民族矛盾得到缓和。再加上明初中央集权制度的强化，使我国众多的民族都处在强有力的中央政权的管辖之下，大大加强了各民族之间政治、经济和文化的交融，我国统一的多民族国家得到了进一步的巩固。

其次，加强中央集权，严惩贪官污吏，打击不法豪强，稳定社会局势。

元末农民战争结束后，地主阶级在明王朝的扶植下迅速地恢复势力，继续聚敛财富，扩占土地，甚至不择手段逃避皇朝的课役，向农民转嫁负担。衙门官吏承袭元末官场的习气，擅权枉法，贪赃受贿。地主阶级这种竭泽而渔的榨取，使得刚刚缓和下来的阶级矛盾又趋激化，引起了农民的强烈不满和反抗。同时，地主阶级还从在经济上聚敛财富发展到在政治上追逐权力，又酿成统治阶级内部的矛盾和争斗。再加上北元势力的威胁和骚扰，沿海地区不时遭到倭寇的侵扰，明初的政治局势一直处于动荡不安的状态。

面对这种局势，朱元璋按照"躬览庶政""权不专于一司""事皆朝廷总之"的总原则，对国家机构进行大刀阔斧的改革，强化君主专制的中央集权制度，使全国行政、军事和司法监察三大系统的机构彼此分立又互相制约，最后都由皇帝直接指挥和控制，皇权得到空前提高，中央对地方的管辖、朝廷对官吏的控制和对人民的统治也大大加强；并采取"锄强扶弱"之策，礼法并行，大力整肃吏治，在改革国家机构的基础上，建立了一套官吏的考核和监督制度，对官吏违法乱纪的行为则采取随时惩办和集中打击的办法，用重典严加惩处，即使是皇亲国戚、勋臣宿将，也不稍宽假，从而扭转了官场的风气，"吏治澄清者百余年"；对贪得无厌、横行不法的豪强地主，也加以严厉惩治。经过二三十年的斗争，明朝封建专制中央集权统治高度强化，动荡不安的政治局势逐步稳定下来。不仅如此，随着封建专制中央集权的加强，明代文官武将和地方势力的力量遭到削弱，朝廷集中了更多的人力、物力和财力，特别是牢牢地控制了一支强大的军事力量，因此对内得以迅速平定统治阶级内部的叛乱和少数民族的分裂活动，制止蒙古贵族的卷土重来，对外得以有力地抵御倭寇和外来势力的侵扰，从而保障社会秩序的稳定，维护国家的主权，加强了我国多民族国家的统一。

再次，调整生产关系，减轻百姓负担，恢复和发展社会生产。

由于元代生产关系的某些逆转、统治阶级的残酷剥削和蒙汉地主对元末农民起义的血腥镇压，社会经济遭到严重破坏。明朝初建之时，田园荒芜，人烟稀少，人民力竭财尽，生活极端困苦，封建政府的税源也濒临枯竭。

面对这种状况，朱元璋提出"安民为本""藏富于民"的主张，实行休养生息政策。我国自古以农立国，朱元璋的休养生息政策，重点就放在农业上。根据元末农民战争已经打乱土地配置的现实情况，朱元璋对土地关系进行调整。他规定凡是地主在战争中逃亡后荒废的土地，被农民耕垦成熟的，归农民所有，并计民授田，将无主荒地分给无田乡民，在荒地多的地方，还鼓励乡民多垦多种，"永不起科"。直到洪武二十八年下令："凡民间开垦荒田，从其首实，首实一年后官为收科。"也就是说，农民开垦的土地在官府登记后，要向国家缴纳赋税，而官府则承认农民的土地所有权。这些法令的施行，使许多无地、少地的农民获得小块耕地，成为自耕农。自耕农经济拥有扩大再生产的能力，也比佃农经济具有更大适应性和灵活性，有利于农业生产的恢复和发展。同时，实行全国大移民，将"狭乡"之民移至"宽乡"，屯田耕垦。计民授田与全国大移民的实行，就将农业社会两个最重要的生产要素即劳动力和土地资源重新进行配置，促使两者更加紧密地结合在一起，从而有力地推动了生产的恢复和发展。加上劳动者人身依附关系的松弛，赋役负担的减轻，并实行奖励农桑、兴修水利等多项举措，农业生产逐步得到恢复和发展，到洪武二十六年，全国的耕地面积、人口数量和国家财政收入均远超宋元时期。在农业生产恢复和发展的基础上，经济作物广泛种植，手工业和商业也日趋繁兴。这就为明中后期商品货币经济的繁荣、经济结构的变化以及中国传统社会向近代转型，奠定了一个坚实的基础。

最后，尊孔崇儒，振兴文教，施行教化，全面复兴传统文化。

元世祖忽必烈建立元朝后，虽然采用汉法，但他对汉法并非全部接受，而是择取其能接受的部分，同时继续采用色目人的"回回法"和蒙古法，形成蒙汉杂糅、外汉内蒙的文化模式，借以保持蒙古文化的本位。因此，他只兴办儒学和半官方的书院，却不开科举。儒学自此失去其独尊的地位，儒士也被边缘化。元仁宗延祐年间重开科举，明经考试的内容以程朱注疏为主，《四书章句集注》被定为官本，使理学完成了官学化的过程。但仍坚持蒙古文化本位的原则，儒学和儒士边缘化的处境并未改变。

朱元璋登基后，重拾华夏文化的传统，尊孔崇儒，倡导理学，重新确立儒学的独尊地位，并依照儒家的礼乐思想，制礼作乐，去蒙古化。同时，广开学路，在中央办国学，在郡县办儒学，在基层办社学，在卫所办卫学，在少数民族地区办土司儒学，教育的发展远超唐宋。与办学相衔接，还进一步发展和完善唐宋以来的科举制度，使之走上标准化、规范化的轨道。并在民间普施教化，移风易俗，醇厚人情。传统文化开始全面走向复兴。

朱元璋的这一系列活动及其建立的一套典章制度，废除或改革元朝遗留的许多弊政，有力地促进了国家的统一、社会的安定、经济的发展、文化的复兴，铸成了"洪武之治"，促进明前期洪、永、熙、宣盛世的出现，从而为明朝后来的发展奠定了坚实的基础，使明朝因而得以享祚近三百年，成为中国封建社会历史上统治时间仅次于唐朝的王朝，成为当时亚洲乃至世界首屈一指的强国。朱元璋所建立的典章制度，还对清代产生了重大影响。史载："（清）世祖福临入关，因明遗制。"（赵尔巽等：《清史稿》卷一一四，《职官志》序）清圣祖玄烨也承认："我朝现行事例，因之而行者甚多。"（蒋良骐：《东华录》卷一七）清末时人也说："我朝设官，大半沿前明数百年旧制。"（《清史列传》卷六一，《张百熙传》）这就是所谓的"清承明制"。只不过清朝的继承明制，是取其"形"而去其"神"，糟粕多于精华。

　　当然，作为封建帝王，朱元璋不可能摆脱阶级和历史的局限性。封建社会后期地主阶级所固有的腐朽性在他身上同样明显地显露出来，从而导致其某些政策措施出现严重的失误。比如，他拼命扩张皇权，实行残暴的专制统治，并制定《皇明祖训》，要求子孙永远遵守，固定不变，这就不利于政治的进一步稳定。又如，他始终固守传统的厚本抑末政策，"使农不废耕，女不废织"，这就阻碍了商品货币经济的更大发展，不利于新的经济因素的孕育与滋长。再如，在文化领域实行专制统治，不仅规定士大夫必须绝对服从君主，为君所用，而且在科举考试中排斥被视为"奇技淫巧"的自然科学内容，只考四书、五经，只能以程朱的注疏为准，只能写死板的八股文，这就极大地束缚了人们的思想，扼杀了人们的聪明才智，导致自然科学发展的落后。

　　列宁指出："判断历史的功绩，不是根据历史活动家没有提供现代所要求的东西，而是根据他们比他们前辈提供了新的东西。"① 在中国封建社会，在农民战争摧毁旧王朝的废墟上重建新的统一王朝的，有西汉、东汉和唐朝的开国皇帝汉高祖、汉光武帝和唐高祖，他们虽然都借助农民起义的力量推翻了旧王朝的统治，统一了全国，但在创建本朝的典章制度、稳定社会秩序、恢复和发展生产力等方面成绩并不显著。如汉高祖刘邦在位期间，在消灭异姓诸侯王的同时，代之以同姓诸侯王，从而导致地方割据势力的膨胀，为后来的七国之乱埋下祸根。而社会经济逐步从凋敝状态恢复过来并走向发展，则是文景之治以后才实现的。为加强中央集权而对各种制度进行改革，更是迟至汉武帝即位之后才大规模展开，那时距西汉王朝的建立已过了整整70年的时间。汉光武帝刘秀在位34年，基本沿袭西汉典章制度，并采取各种措施来恢复生产，但他针对田宅逾制而实行的"度田"，因遭到豪强地主的反对而半途而废，使豪强地主的势力在日后空前膨胀起来，导致东汉国家的贫弱和政治的不稳。所谓"光武中兴"，成就其实也很有限，仅以光武帝末年的户口数字而言，尚不及西汉极盛时期的一半。唐高祖李渊在位九年，典章制度基本袭自隋朝，而社会经济的残破凋敝也未见有多少修复，载籍户口"比于隋时，才十分之一"（吴兢:《贞观政要》卷六，《论奢纵》）。将隋朝的典章制度结合唐朝的社会实际加以补充、发展而形成一套更加完备的制度，则奠定于唐太宗贞观年间，唐朝社会经济的逐渐恢复也是唐太宗在位时才逐步实现的。与西汉、东汉和唐朝三个

---

① 《列宁全集》第2卷，人民出版社1963年版，第150页。

开国君主相比，朱元璋提供了新的东西，他的历史功绩远远超过这几个前辈。

即使将朱元璋同后来的清朝开国皇帝相比，其历史功绩也要高出许多。清王朝的开创者是皇太极，但当时其统治范围仅局限于东北和蒙古地区，还只是一个地方少数民族政权。及至明朝的统治被大顺农民军推翻，清军入关定鼎北京，才逐步发展成为一个统一王朝。此时的清朝皇帝是顺治帝福临。他虽用武力镇压了大顺军和大西军的余部，消灭了南明诸王建立的政权，但其推行的残暴民族征服和民族压迫政策，大大激化民族矛盾，造成长期的社会动荡，使社会生产遭到严重的摧残，特别是经济比较发达的江苏、浙江、安徽、江西、福建和广东沿海地区更是遭到惨重的破坏，明中后期刚刚滋生的资本主义萌芽被蹂躏殆尽。清政府尽管也采取措施招民垦荒，但因为支付庞大的军费而急于起科，效果并不理想。直至顺治十八年（1661年），全国的耕地面积仅有五百二十六万五千零二十八顷二十九亩（《清圣祖实录》卷五），不仅与万历三十年（1602年）明朝耕地的最高数字一千一百六十一万八千九百四十八顷八十一亩（《明神宗实录》卷三七九）相去甚远，而且不及洪武二十六年的耕地面积。清朝民族矛盾的缓和、政局的稳定和经济的恢复发展，那是在康熙帝亲政特别是"三藩"之乱平息之后的康雍乾时期，距清军入关已有百年之久。可见，不论是皇太极还是福临，其功绩都无法同朱元璋相比。

总而言之，朱元璋推翻元朝统治，开创大明王朝，不仅促成

"洪武之治",奠定明前期盛世的基础,而且对此后明清历史的发展都产生了重大影响。他是一位杰出的军事家、政治家,有作为的封建君主,在我国封建社会后期的历史上占有重要地位。清康熙帝说:"朕观明史,洪武、永乐所行之事,远迈前王。"(蒋良骐:《东华录》卷一七)并为明孝陵题词曰:"治隆唐宋。"客观地说,以历史功绩而论,朱元璋与秦皇、汉武、唐宗、宋祖相比较,确实是难分轩轾的。

## 赞成大业、母仪天下的马皇后

马皇后（1332—1382年），是郭子兴老友马三的小女儿。马三原是宿州闵子乡信丰里的富户，"以赀豪里中"（《胜朝彤史拾遗记》卷一）。他性格刚强疾恶，"见有为不义者，视之若仇雠"（《立斋闲录》卷一），又喜结交宾客，"善施而贫"。至顺三年（1332年），他的妻子郑氏生下小女儿后死去。不久，他因杀人避仇，带着小女儿逃到定远投奔郭子兴，与之结为刎颈之交。郭子兴揭竿而起时，马三回宿州策划起兵响应，不料回去不久就死了。郭子兴把他的小女儿收为义女，交给第二夫人张氏（人称小张夫人）抚养。朱元璋前来濠州投奔，英勇善战，郭子兴遂将这个"善承人意""知书精女红"（《胜朝彤史拾遗记》卷一）的义女嫁给他，收他为心腹。军中从此称朱元璋为"朱公子"。

马氏自嫁给朱元璋为妻，就同他患难与共。郭子兴一度受到别人的挑拨，猜忌、贬斥朱元璋，马氏拿出自己的积蓄献给郭子兴的正室张氏，求这位义母向郭子兴调停说情。朱元璋遭到郭子兴的监禁，不得进食，她从厨房里偷出炊饼送给他充饥。后来，朱元璋出征遇到灾荒缺粮，她常贮存一些干粮腌肉，让朱元璋随时充饥，"而己不宿饱"（《明史》卷一一三，《后妃传》一）。朱元璋行军作战的文书、军令和随手写下的札记、备忘录，都交给马氏保管，她整理得井井有条，朱元璋需要查询，她"即于囊中出而进之，未尝脱误"（《明太祖实录》卷一四七）。朱元璋率部渡江后，与陈友谅、张士诚接邻，战事频繁，她"暇即率诸校妻缝纫衣襦"，分给将士。陈友谅奔袭应天，她"尽发宫中金帛犒士"，鼓舞军士斗志。她还常给朱元璋出谋划策，并告诫朱元璋："定天下在得人心"，"用兵焉能不杀人，但不嗜杀人，则杀亦罕也"（《胜朝彤史拾遗记》卷一）。参军郭景祥守和州，有人告发他的儿子拿着丈八长矛想刺杀父亲，朱元璋大怒，准备将这个不孝子抓来杀掉，她出面劝阻，说郭景祥只有这一个儿子，传闻不一定就是事实，杀了他，郭家怕就要绝后了。朱元璋派人调查，果然冤枉了他，郭景祥儿子才免于一死。李文忠守严州，杨宪告发他有不法行为，朱元璋立时将他召回，命其移守扬州。她又出面劝阻，说严州边临敌境，撤换将帅必须慎重；文忠很有威信，撤换了他，恐怕人心不服。朱元璋认为她说的有道理，令李文忠仍守严州，"卒成克杭之功"。

朱元璋登基称帝后，封马夫人为皇后，把她比作唐太宗的长孙皇后，并说："家有良妻，犹国之良相。"她回答说："陛下既不忘妾于贫贱，愿无忘群臣百姓于艰难。且妾安敢比长孙皇后，但愿陛下以尧舜为法耳！"有一天，马皇后在乾清宫侍坐，同朱元璋谈及往昔的艰难困苦，朱元璋说："吾与尔跋涉艰难，备尝辛苦，今日化家为国，无心所得，上感天地之德，祖宗之恩，然亦尔内助之功也！"她说："陛下一念救民心，格乎皇天，天命眷之，祖宗佑之，妾何力之有？但愿陛下不忘穷约之时而警戒于治安之日，妾亦不忘相从于患难而谨饬于朝夕！"（《明太祖实录》卷一四七）

马皇后"既正位中宫，益自勤励。督宫妾，治女工，夙兴夜寐，无时豫怠"。有一天，她召集女史，问汉唐以来哪些皇后最贤，何代家法最正。女史说赵宋王朝的皇后大多贤惠，家法最正。她就命女史集其家法贤行，念给她听。有人认为宋朝为政过于仁厚，她说："过于仁厚，不犹愈于刻薄乎？吾子孙苟能以仁厚为本，至于三代不难矣。"（《明太祖实录》卷一四七）

朱元璋立国称孤之后，鉴于"历代宫闱，政由内出，鲜不为祸"的教训，"立纲陈纪，首严内教"，规定"后妃虽母仪天下，然不可俾预政事"（《明史》卷一一三，《后妃传》一）。在《皇明祖训》里，他还特地规定："凡皇后，止许内治宫中诸等妇女人，宫门外一应事务，毋得干预。"马皇后严格遵守这个规定，从不出面干预政事。但她仍然处处留心朱元璋治政的得失，采取"随事几谏"（《明太祖实录》卷一四七）的方式，进行婉转的劝谏。她常劝朱元璋要"亲贤务学"。北伐大军克复大都后，将元朝府库的珍宝财货解至京师，她意味深长地问朱元璋："元氏有是宝，何以不能守而失之？"朱元璋立即领悟她的弦外之音，说："皇后之意朕知之矣，但谓以得贤为宝耳。"她答道："诚哉是言！但得贤才，朝夕启沃，共保天下，即大宝也。"有一次，朱元璋至太学祭孔归来，她问有多少太学生，答说几千名，又问是否都有家眷，答说大多数有，她又说："善理天下者，以贤才为本。今人才众多，深足为喜。但生员廪食于太学，而妻子无所仰给，彼宁无累于心乎？"朱元璋于是下令设立红板仓，贮存粮食，"月赐粮给其家以为常"（《明太祖实录》卷一四七）。明朝给陪读的太学生家眷发放月粮，就是从这时候开始的。

朱元璋为强化封建专制统治，用法庭、监狱、特务和酷刑震慑臣僚和儒士，诛除异己。马皇后对此很不满意，屡加劝谏："陛下于人才固能各随其短长而用之，然犹宜赦小过以全其人。"（《明太祖实录》卷一四七）有时朱元璋在前殿决事，发火震怒，马皇后等他还宫，就随事加以规劝，"虽帝性严，然为缓刑戮者数矣"。侍讲学士宋濂致仕还乡，由于孙子宋慎卷进胡惟庸党案受到连坐，被逮到京师判处死刑。马皇后想起宋濂教太子读书的功劳，向朱元璋求情，遭到拒绝。到吃饭时，马皇后闷闷不乐，不饮酒，不吃肉，朱元璋问她为啥，她回答说：妾哀痛宋学士之刑，想代儿子为老师服"心丧"。朱元璋很不高兴，扔下筷子就走。但第二天还是下令赦免了宋濂，改判谪戍茂州。有时宫女对朱元璋侍候不周，遭到他的责骂，马皇后也佯装大怒，令将宫女交付宫正司议罪。朱元璋不明其故，问起这事，她解释说："帝王不以喜怒加刑赏。当陛下怒时，恐有畸重。付宫正，则酌其平矣。即陛下论人罪，亦诏有司耳。"修建南京城时，朱元璋下令叫判处死刑的囚徒筑城以赎刑，马皇后又委婉地劝说："赎罪罚役，国家至恩。但疲囚加役，恐仍不免死亡。"朱元璋乃"悉赦之"（《明史》卷一一三，《后妃传》一）。

值得注意的是，马皇后不仅自己不直接干预朝政，而且不私亲族，不让娘家人做官，干预政事。洪武元年正月，朱元璋派人找到马皇后的亲族，想给官做。马皇后制止说："国家官爵当与贤能之士，妾家亲属未必有可用之才。且闻前世外戚之家多骄淫奢纵，不守法度，有致覆败者。陛下加恩妾族，厚其赐予，使得保守足矣。"（《明太祖实录》卷二九）朱元璋只好作罢，仅赐予丰厚的爵禄，而不使任职预政。正是由于马皇后的这番劝谏，朱元璋此后便将严禁外戚干政作为一项重要内容载入《祖训录》之中，规定："凡外戚，不许掌国政，止许以礼待之，不可失亲亲之道。若创业之时，因功结亲者，尤当加厚。其官品不可太高，高亦止授以优闲之职。"严禁外戚干政之所以成为明朝皇室的一条重要家法，马皇后是立了首倡之功的。这是马皇后对明代宫廷政治的一大贡献。

马皇后还关心民间疾苦。有一天，她问朱元璋："今天下民安否？"朱元璋说："此非尔所宜问也。"她回答："陛下天下父，妾辱天下母，子之安否，何可不问？"遇到旱灾，马皇后就率宫人蔬食；遇到年成不好，则设麦饭野羹。朱元璋知道她的用意，便告诉她已经下令赈灾，她又说："振恤不如蓄积之先备也。"（《明太祖实录》卷二九）朱元璋认为她说的有道理，后来便在各地设立预备仓，"选耆民运钞籴米，以备振济"（《明史》卷七九，《食货志》）。

册封之后，马皇后仍然保持过去那种俭朴的生活作风。朱元璋每御膳，她"皆躬自省视"。马皇后自己平时不喜奢丽，衣裳破旧了，缝补洗净再穿。左右有人说：皇后享天下至贵至富，何必这样吝啬？她回答说："盖奢侈之心易萌，崇高之位难处，不可忘者勤俭，不可恃者富贵也。勤俭之心一移，祸福之应响至。每念及此，自不敢有忽易之心耳。"（《明太祖实录》卷一四七）她听说元世祖皇后察必曾率宫女收集旧弓弦洗净煮熟，织成衾绸，缝制衣服穿用，就叫宫女仿照这个办法，织成衾绸赐给无依无靠的孤寡老人。她还用裁剩下的零碎布帛、有疙瘩疵点的粗丝制成衣裳，赐给诸王后妃，让她们懂得民间蚕桑之艰难。

马皇后只生了两个女儿，没有儿子，但抚养了沐英等许多义子，还抚养了李淑妃所生的懿文太子、秦王、晋王等。她对这些子女都"爱之甚笃，勉令务学，谆切恳至"。她谆谆教导这些孩子说："汝父尊临万国，身致太平，亦由学以聚之。尔小子亦当思继继绳绳，以不辱所生。"还说："汝辈异日有人民社稷之寄，尤必积累忠厚，乃可长世，切不可自恃而不务德，谓事有偶然也。"孩子有时在衣服、器用上互相攀比，她开导说："唐尧、虞舜茅茨土阶，夏禹、文王恶衣卑室。汝父俭朴，尤恶奢丽，日夜忧勤以治天下。汝辈无功，锦衣玉食，犹欲以服御相加，何志气不同如是乎？惟当亲师取友，讲论圣贤之学，开明心志，自无此气习也。"（《明太祖实录》卷一四七）

《明史》这样称赞马皇后："从太祖备历艰难，赞成大业，母仪天下，慈德昭彰。"（《明史》卷一一四，《后妃传》二）不过，尽管她辅助朱元璋为大明王朝的建立做出过重大贡献，但最后仍不免成为封建专制制度的牺牲品。洪武十五年八月，马皇后患了重病，朱元璋寝食不安，群臣"请祷祀山川，遍求名医"。当时她年仅五十一岁，平生无疾，身体原本硬朗，如能找到高明的医生，对症下药，或许能治好病。但她深知专制制度的残暴，担心一旦服药无效，医生将受连累，甚至会遭到朱元璋的诛杀，因此不肯就医。临终之前，她嘱咐朱元璋说："愿陛下求贤纳谏，慎终如始，子孙皆贤，臣民得所而已。"（《明史》卷一一三，《后妃传》一）死后葬于南京孝陵，谥号"孝慈皇后"。

# 亲侄朱文正之死

朱文正是朱元璋大哥朱重四的次子。朱元璋有三个亲哥哥，他们长大成人后，因为家贫，二哥和三哥都入赘给人家当上门女婿，只有大哥娶了王氏，同朱元璋和父母在一起生活。朱重四生有两男一女，长子早夭，次子朱文正只比朱元璋小几岁，因此也成为朱元璋幼年最亲密的玩伴。至正四年（1344年），朱元璋虚岁十七岁时，父母和大哥相继病逝，大嫂王氏带着朱文正和女儿回了娘家，朱元璋入於皇寺当小和尚，叔侄俩从此天各一方。十年之后，朱元璋作为郭子兴手下的一名小军官，带兵攻占滁州，大嫂带着朱文正和女儿从淮东找来，他们才又重新团聚。这时，朱文正二十岁左右，已长成一个壮小伙子，朱元璋把他视为亲信，留在身边，跟随自己。

至正十五年，郭子兴在和州病逝，朱元璋被宋小明王授为左副元帅，执掌这支起义队伍的实际指挥大权，旋即带兵南渡长江。大约就在这个时候，朱文正受命担任一名小军官。他"有才略，从渡江克太平，破陈埜先，取建康"（郑晓：《吾学篇》，《同姓诸王传》卷三），立下战功。在应天，他还奉命为朱元璋征聘人才，与表弟李文忠携白金、文绮至镇江礼聘秦从龙。龙凤二年（1356年）十月，朱文正升任江南行枢密院同佥，与徐达、汤和一起统率大军，攻打张士诚控制的常州。后来，朱文正大概被从对张士诚作战的东线调往对陈友谅作战的西线，俞本《明兴野记》曾提到，龙凤五年七月"上以侄朱文正仍同徐达领马步军，廖永忠、俞通海领水寨，攻安庆"，但具体情况不详。

龙凤七年三月，朱元璋改行枢密院为大都督府，命朱文正为大都督，授予节制内外诸军事的大权。当年，朱元璋乘上年在应天设伏大败陈友谅的胜利之余威，亲率舟师溯江而上，迭克安庆、江州，分兵略取江西及湖北东南部，陈友谅的江西行省丞相胡廷瑞和平章祝宗请降。翌年正月，朱元璋亲至龙兴受降，改龙兴为洪都。洪都地处赣北平原，位于赣江下游，由赣江向北经鄱阳湖可与长江相通，具有重要的战略地位。朱元璋认为"南昌控引荆、越，西南之屏障。得南昌，去陈氏一臂矣，非骨肉重臣不可守"（《明史纪事本末》卷三，《太祖平汉》），龙凤八年五月特命朱文正统赵德胜、邓愈等领兵镇守，令儒士郭子章、刘仲服为辅佐参谋。朱文正受命镇守洪都后，首先对这座城池进行了改建。洪都城的西南部紧靠赣江，过去陈友谅就是利用这种地势，趁着水涨船高，从船上直接攀附城墙攻入城内，占领这座城市的。朱元璋到洪都接受胡廷瑞投降时，曾提出将西南城墙向后移至距江三十步之处，并将东南城墙向前面空地拓展二里多的设想。朱文正把这个计划付诸实施，将西南城向内收缩，"比旧减五之一，周二千七十有奇，高二丈九尺；浚濠三千四百丈有奇，阔十一丈，共存七门"（万历《新修南昌府志》卷四，《城池》），使防御能力大为提高。接着又调兵遣将，收取江西未定之地，多方招谕据守各地山寨的头目，加强了对江西的控制。

龙凤九年二月，张士诚派兵进攻宋小明王韩林儿与丞相刘福通驻守的安丰（今安徽寿县）。三月，朱元璋奉命亲率徐达、常遇春等统领主力部队渡江往救。正在此时，陈友谅"忿其疆场日蹙"，倾巢出动，统率号称六十万水陆大军，乘坐数百艘大型战舰，由武昌沿长江顺流而下，准备与朱元璋展开决战。三年前，陈友谅曾从九江率师东下，直扑应天，被朱元璋设伏击败。他错误地吸收了此次失败的教训，决定采取稳扎稳打、逐步推进的战略，先取洪都，收复江西，再由安庆而下，攻取应天。四月二十三日，陈友谅率军抵达洪都城下，开始了一场空前惨烈的激战。

陈友谅到达洪都城下的赣江岸边，见新修的城墙距江尚有三十步之遥，士卒无法从战舰上直接攀附入城，只得下令舍舰登岸，用云梯等器械攻城。朱文正精心组织防御，命诸将分率士兵镇守各座城门，自己居中节制，并率二千精骑往来应援。"友谅尽攻击之术，而城中备御随方应之"（《明太祖实录》卷一二）。朱文正坚守八十五天，虽然先后牺牲好几员战将，却挡住了陈友谅的攻势，使之无法前进半步。

六月二十五日，朱元璋见到朱文正派来告急的千户张子明，急命正在庐州围攻左君弼的徐达、常遇春撤军回师,并令应天诸将打整舟楫,准备赴援洪都。七月初六,朱元璋亲率徐达、常遇春、冯胜、廖永忠、俞通海等将领,统率二十万大军,自龙湾溯江而上,于十六日抵达湖口。陈友谅闻讯,于十九日解洪都之围,出鄱阳湖迎战。经过三十六天的激战,陈军主力被歼,陈友谅也中流矢而死。朱文正在陈军解围后,除移师鄱阳湖,配合朱元璋主力作战外,还派兵断绝陈军的粮道,为朱元璋战胜陈军创造条件。鄱阳湖大战结束后,他又派兵招降江西未下之地,为稳定对江西的统治做出贡献。

朱文正以少御多,将陈友谅死死拖住,从而为朱元璋调集军队进行反击赢得了宝贵时间。否则,陈友谅拿下洪都,扑向兵力空虚的应天,朱元璋必败无疑。击败最为强劲的对手陈友谅,进而占领其所辖疆土,朱元璋的实力迅速扩增,张士诚等割据势力的败亡也就成为历史的必然了。从这个角度来讲,朱文正坚守洪都八十五天,对朱元璋后来扫灭群雄、创建明朝起到至关重要的作用,可谓居功至伟。

但是,仅仅过了一年多的时间,朱文正便被解除官职,受到朱元璋的严惩,这究竟是为什么呢?

原来,朱文正可能小时受到他父亲"无状甚焉"的影响,养成骄纵暴横、桀骜不驯的性格。同时,镇守洪都期间及此后发生的两件事,又引起朱文正强烈不满。第一件与驻守诸暨的岳父谢再兴叛降张士诚之事有关。谢再兴是淮西旧将,他有两个心腹违反禁令派人携带货物到张士诚辖下的杭州贩卖,被朱元璋处死,砍下脑袋挂到他的办事厅以示警告。朱元璋还自己做主,将谢再兴次女也就是朱文正妻妹嫁给徐达。随后,又下令调参军李梦庚节制诸暨兵马,将谢再兴降为副将。谢再兴异常恼怒,说:"女嫁不教我知,似同给配。又着我听人节制!"(《国初事迹》)陈友谅围攻洪都的第三天,他逮捕李梦庚和元帅王玉等叛降张士诚。后来,随同叛降的谢再兴弟弟谢三、谢五,以"保得我性命"为条件,在余杭向李文忠投降,解送应天后却被朱元璋凌迟处死。第二件是鄱阳湖战役结束后,朱元璋未给朱文正赏赐。当时,朱元璋论功行赏,"赐常遇春、廖永忠田,余将士金帛有差"(《明太祖实录》卷一三)。朱元璋想起任命朱文正为行枢密院同佥时,认为这个侄儿"知大礼,锡功尚有待也"(《明史》卷一一八,《靖江王朱守谦传》),没给他什么赏赐,使朱文正深感失望。由于对朱元璋心存怨恨,朱文正竟恃亲恃功,骄淫暴横,"夺民妇女,所用床榻僭以龙凤为饰"(《明太祖实录》卷一六),"夺人之妻,杀人之夫,灭人之子,害人之父,强取人财"[①],甚至不顾朱元璋的禁令,"从江西自立批文,直至张(士诚)家盐场买盐",贩卖牟利(《弇山堂别集》卷八六,《诏令杂考》)。为了掩盖自己的不法行为,遇到朱元璋派人到洪都办事,朱文正都用金银、缎匹进行收买,"受者蔽而不言其恶"(《国初事迹》)。朱元璋开设江西按察司,他又多方阻挠。按察司开设后,他"密行号令,但有按察司里告状的,割了舌头,全家处死"(《弇山堂别

---

① 《太祖皇帝钦录》,《故宫图书季刊》1970 年第 1 卷第 4 期,第 74 页。

集》卷八六,《诏令杂考》)。朱文正是朱元璋的亲侄,功高位尊,文武大臣都怕他三分。龙凤五年六月,他曾诬告徐达"有叛意",朱元璋虽未轻信上当,许多人却因此对他更加忌惮。汪广洋曾被派到江西辅佐朱文正,对他的不法行为"幽深隐匿",不敢举报。朱文正也因此更加胆大妄为,肆行无忌。

龙凤十一年正月,按察金事凌说(一说李饮冰)举报朱文正的不法行为。朱元璋当即赶往洪都,把朱文正带回应天审讯。掌握不少朱元璋隐私的朱文正,与他当场顶撞起来,"其应之词虽在神人亦所不容"(《御制纪非录》)。猜忌多疑而又果于刑戮的朱元璋,对此自然无法容忍,极为恼怒。他寻思,这个桀骜不驯又骄横残暴的侄子,如果他作为叔父都驾驭不了,自己年幼的儿子将来又岂是其对手?在盛怒之下,朱元璋立即下令以"不谏阻"的罪名,杀掉朱文正身边的几名文武僚佐,将其部下随从头目五十余人挑断脚筋,并准备处死朱文正,以除后患。经马夫人和宋濂等人的反复劝谏,才免他一死,罢官安置桐城县。不久,命朱文正整顿荆州城防,回应天后便将他闲置一旁。朱文正更加不满,复出不逊之言。朱元璋认为朱文正心怀不轨,又动起诛杀的念头,经马夫人再次谏阻,才将他解送凤阳守护先人坟墓。后来,朱文正逃跑,"谋奔敌国(指张士诚)",被抓了回来。朱元璋怒不可遏,一顿鞭子把他活活打死。一颗正在冉冉升起的将星,尚未到达苍穹的极顶、发出璀璨的光芒,就这样悄然陨落了。

# 度量狭窄、目光短浅的郭子兴

郭子兴（？—1355年）是濠州起义军的首领。他一生最大的功绩，是接纳并赏识朱元璋，将养女马氏嫁之，为他的发展创造了条件。但是，这个起义首领，既缺乏容人的雅量，也没有远大的目标，所以最终未能成就一番大事业。

至正十二年（1352年）正月，郭子兴联合孙德崖与俞某、曹某、潘某四人起兵于定远，二月攻占濠州。五个首领并称元帅，开始还能合作共事，后来便产生摩擦。土豪出身的郭子兴，看不起农民出身的孙德崖等四人，认为他们没有文化，缺少智谋，整天只考虑如何剽掠财物，没有出息。而孙德崖等四人和郭子兴虽然并称元帅，名位却在他之上。郭子兴性格"素刚直，不屈人下"（《献征录》卷三，张来仪：《滁阳王庙碑》），对他们更是不服气。每次议事，孙德崖等四人只是对他怒目而视，却说不出道理来；郭子兴能说会道，也有决断，却常话中带刺，挖苦他们。双方面和心不和，总是吵得不可开交。后来，郭子兴常常闭门不出，很少参与议事。经朱元璋的劝解，才又出门同他们议事，但仅过三天，就又和孙德崖等人闹翻，闭门不出了。九月，另一支红巾军被元军打败，其首领彭大、赵均用从徐州前来投奔。彭大有智术，专权自断，赵均用唯唯诺诺，事无主见。郭子兴瞧不起赵均用而厚待彭大，赵均用因此怨恨郭子兴，亲近孙德崖等四人。孙德崖乘机在赵均用面前挑拨说："子兴知有彭将军耳，不知有将军也！"赵均用便乘朱元璋率部外出征战之机，派人逮住郭子兴，关到孙德崖家里，想将他偷偷杀掉。朱元璋闻讯，急忙赶回濠州，找彭大求救。彭大带着队伍包围孙德崖的家，朱元璋爬上屋顶，揭瓦掀椽下到屋里，才把郭子兴解救出来。到了冬天，元军包围濠州，几个起义首领这才暂时抛开嫌怨，停止窝里斗，共同指挥将士，抵抗元军的围攻。

但是，几个起义首领之间的宿怨并未完全消除。至正十三年五月，元军解围他去，濠州转危为安。朱元璋还乡招兵买马，南略定远，并北上攻占滁州。彭大、赵均用与孙德崖等，则带兵攻下盱眙、泗州。赵、孙等人还把郭子兴挟持到泗州，几次想杀他，因碍于朱元璋在滁州有几万人马，未敢下手。不久，彭大与赵均用发生火并，彭大被杀，他的队伍大部被赵夺走，郭子兴的处境极其危险。朱元璋忙派人去见赵均用，劝他不要忘记郭子兴当初开门延纳的恩德，听从小人的谗言，恩将仇报，自剪羽翼。否则，一旦发生火并，郭子兴被害，其部众不服，他也不得安生。朱元璋还派人带钱去贿赂赵均用左右的亲信，让他们在赵均用面前说好话，赵均用这才放郭子兴去滁州。

就连自己的女婿朱元璋,郭子兴也不是十分信任。至正十四年七月,郭子兴带着他的一万多人马从泗州来到滁州,朱元璋将自己手下的三万人马交给他,以示对他的忠诚。不久,有人在郭子兴面前说朱元璋的坏话,他的儿子郭天叙、郭天爵妒忌朱元璋的才干,也在他的面前搬弄是非,郭子兴也担心朱元璋的势力过分膨胀,妨碍自己的儿子将来接班,就对朱元璋猜忌、疏远起来。先是调走朱元璋身边几个亲近的将校和幕僚,后来竟把朱元璋关了禁闭,断绝他的饮食。不久,有个姓任的诬告朱元璋"每战不力",郭子兴信以为真,命朱元璋和这个姓任的一起出战。姓任的出城不到十步,即中矢而还,朱元璋却奋勇直前,杀退敌兵,回城时浑身上下无一伤痕。郭子兴这才觉得内疚。马夫人还拿出自己的私房钱,送给郭子兴的正室张氏,郭子兴见钱眼开,这才消除了对朱元璋的疑忌。但是,到了至正十五年,郭子兴的疑心病又犯了。当时,郭子兴的四万多军队困守滁州,粮食非常紧张。他采纳朱元璋的建议,派妻弟张天佑带兵袭取和州(今安徽和县),接着又命朱元璋领兵驰援。攻占和州后,朱元璋被提升为总兵官。后来,正为缺粮着急的孙德崖,率领大队人马从濠州前来就食。他让队伍分驻和州郊外的民家,自己带着亲兵请求入城居住,说是借住几个月就走。朱元璋担心他另有企图,想拒绝,又怕他人多势众,抗拒不住,只好答应。平时妒忌朱元璋战功的人,又向郭子兴进谗言,说他投靠了孙德崖。郭子兴火冒三丈,立刻从滁州策马赶来。朱元璋赶紧去见郭子兴,看他满脸愠色,跪在地上不敢吭声。过了好长时间,郭子兴怒气冲冲地问：" 你是谁？" 朱元璋报上姓名，郭子兴厉声喝道："你罪责何逃？" 朱元璋低声回答说："诚有罪，然家事缓急皆可理，外事当速谋。" 郭子兴问："何谓外事？" 朱元璋压低声音说："孙德崖在此，昔公困辱濠梁，某实破其家以出公，今相见宁无宿憾？此为可忧。"（《明太祖实录》卷二）郭子兴才未再吱声。孙德崖得知郭子兴到来，第二天一早就派人告诉朱元璋：你老丈人来了，我准备走。朱元璋预感到要出事，忙让郭子兴做好防备，自己赶去见孙德崖，问他：为什么才住几天就走？孙德崖说：你老丈人很难相处，我只能走！朱元璋见他辞色，似乎不想动武，就说：现在两军合处一城，一支队伍的人马全部出走，恐怕下面会发生摩擦。应该让部队先走，元帅你亲自殿后。孙德崖点头答应，于是他的部队开始撤走。这时，有位熟人邀朱元璋一道去送朋友，走了二十多里，突然接到报告，说郭子兴与孙德崖两支队伍打起来了。朱元璋忙策马回城，半道被孙德崖的弟弟逮住。郭子兴在城里逮住了孙德崖，本想杀掉他，以报上次濠州被囚之仇，得知朱元璋被捕，只好用他来换回朱元璋。

　　郭子兴不仅不能容人，而且目光短浅，缺乏推翻元朝、夺取天下的远大目标，只局限于剽掠财物、据地称王。郭子兴很瞧不起孙德崖等几个起义首领，说他们只考虑如何剽掠财物，其实他又何尝不是如此。朱元璋的《纪梦》一文，曾回忆濠州红巾军初起时的情景："壬辰（至正十二年）二月二十七日，陷濠梁而拒守之。哨掠四乡，焚烧闾舍，荡尽民财，屋无根椽片瓦，墙无立堵可观。不两月，越境犯他邑，所过亦然。" 这种"荡尽民财"的行为，不仅限于孙德崖等四人的部下，而且包括郭子兴的部下。史载，郭子兴的队伍每次出战，除朱元璋外，"他将有所获，辄以献子兴"（《明太祖实录》卷一），就是一个突出的例证。可以说，在追逐珠宝财物这一点上，郭子兴与孙德崖四人是毫无二致的，不同的是郭子兴比他们四个人更加急切地希望尽早据地称王。至正二十三年五月，元军在濠州解围他去后，彭大称鲁淮王，赵均用称永义王，郭子兴和孙德崖等五人仍称元帅，屈居二人之下。为此，郭子兴一直耿耿于怀。到滁州后，局势稍加稳定，他就拟据地称王。此时，反元起义刚刚发动几年，元朝的军事力量尚占优势，一旦称王，树大招风，就会引起元廷的注意，遭到元军的围攻。况且，滁州的经济、军事、地理条件也不理想，不是一个能长期立足之地。朱元璋极力劝阻，说："滁，山城也，舟楫不通，商贾不集，无形胜可据，不足居也。"（《明太祖实录》卷一）郭子兴听后沉默不语，称王之事不了了之。

既缺乏远大目标，又不能容人，不能团结同僚与部众，队伍自然难以发展壮大。这样的起义首领，迟早要被时代的潮流所淘汰。至正十五年，郭子兴在和州抓住孙德崖后，因朱元璋被俘，不得不把他放了，未能报濠州被囚之仇。从此，郭子兴常怏怏不乐，忧郁烦闷，在三月间便重病身亡。朱元璋和郭子兴的家人，将他的遗体送回滁州安葬。朱元璋称帝后，追封他为滁阳王，在滁州立庙祭祀，以纪念他对反元起义的贡献以及对自己的恩德。

# 明朝第一开国功臣徐达

一

徐达（1332—1385年），字天德，濠州钟离太平乡人，是朱元璋的同乡。他出身于一个世代种田的农民家庭，小时曾和朱元璋一起放过牛。元朝末年，他目睹政治黑暗，民不聊生，慨然有"济世之志"（《明太祖实录》卷一七一）。元末农民战争爆发后，至正十三年（1353年）六月，在濠州郭子兴起义军中当小军官的朱元璋回乡招兵，他"仗剑往从"，从此开始了戎马倥偬的军事生涯。

投奔朱元璋的队伍后，徐达不仅作战勇猛，而且"时时以王霸之略进"（李贽：《续藏书》卷三，《开国功臣徐公传》），协助朱元璋收编定远的几支地主武装，攻占滁、和等地，被朱元璋授为镇抚，"位诸宿将上"。此时的朱元璋只不过是郭子兴手下的一名小头领，"诸将多太祖等夷，莫肯为下"，徐达与汤和等人"奉约束甚谨"（康熙《凤阳府志》卷一八，《人物志》），帮助他逐步树立威信，确立领导地位。不久，郭子兴与孙德崖发生冲突，拘捕孙德崖，孙德崖的部众则扣留朱元璋。在这危急关头，徐达挺身而出，到孙德崖军中去做人质，换回朱元璋。后来，郭子兴释放孙德崖，徐达才被放出来。朱元璋因此对徐达非常感激，更加信任。郭子兴病逝后，朱元璋执掌全军大权，挥师南渡长江，攻占采石、太平，谋攻集庆（今江苏南京），徐达"与常遇春皆冠军，而达独参与进止"（《罪惟录》列传卷八上，《徐达》），成为朱元璋最倚重的一员战将，授淮兴翼统军元帅。此后，他统兵"廓江汉，清淮楚"，击灭陈友谅势力，升任同知枢密院事、左相国（后改官制，任右相国）、大将军，又"电扫西浙"，攻占平江，消灭张士诚势力，后受命为征虏大将军，率师北伐，"席卷中原"，克复大都，"声威所震，直达塞外"（《明太祖实录》卷一七一），完成了推翻元朝、统一北方的任务。

徐达虽出身于农民家庭，从小没有机会上学读书，但有着强烈的求知欲望。参加朱元璋队伍后，每逢带兵出征，常"延礼儒士，说古兵法"（《明太祖实录》卷一七一）。归朝之日，又"单车就舍，延礼儒生，谈论终日"（《明史》卷一二五，《徐达传》）。由于勤奋好学，因而熟知古代兵法，掌握了丰富的军事知识。他还善于在实践中不断积累作战经验，锻炼自己的军事才干。可以说，徐达具有驾驭整个战争发展变化的能力和高超的军事指挥艺术，不仅作战勇敢，而且"尤长于谋略"（《明太祖实录》卷一七一）。

比如，洪武元年攻占大都，朱元璋下令将大都改名为北平，令孙兴祖留守，徐达与常遇春攻取山西。北逃的元顺帝令扩廓帖木儿自太原北上，出雁门关，入居庸关以攻北平。徐达闻讯，对诸将说："扩廓远出，太原必虚。北平有孙都督在，足以御之。今乘敌不备，直捣太原，使进不得战，退无所守，所谓批亢捣虚者也。"（《明史》卷一二五，《徐达传》）于是引兵直捣太原，扩廓帖木儿急忙回师还救太原，结果遭到徐达的夜袭，逃奔宁夏。

又如，第二年，徐达向陕西进军，攻克奉元路（今陕西西安），元守将李思齐逃奔凤翔再逃临洮，张思道逃往庆阳。诸将都主张先攻庆阳，认为张思道的军事才能不如李思齐，庆阳也比临洮好打。但徐达再三斟酌，却主张先打临洮，认为"思道城险而兵悍，未易猝拔。临洮之地，西通番戎，北界河、湟，取之，其人足以备战斗，其地所产足以供军储。今以大军蹙之，思齐不西走胡，则束手就缚矣。临洮既克，则旁郡自下。"（《明史纪事本末》卷九，《略定秦晋》）按照这个计策，他移师西进，一直打到巩昌（今甘肃陇西），再分兵两路，一路进逼临洮，迫降李思齐，另一路攻占兰州，俘获大批人口辎重，而后东出萧关（今宁夏固原东南），攻占平凉。张思道逃奔宁夏，其弟张良臣以庆阳降。

徐达还严于治军。他不仅要求部下听从号令指挥，"令出不二"，而且严禁他们骚扰百姓，"有违令扰民，必戮以徇"（《明太祖实录》卷一七一）。每到一地，他都要发布命令，申明军纪，如攻平江时令将士曰："掠民财者死，毁民居者死，离营二十里者死。"克大都,"禁士卒毋所侵暴"。他一生"所平大都二,省会三,郡邑百数,间井宴然,民不苦兵"(《明史》卷一二五,《徐达传》)。因此,他的队伍纪律严明,不仅极具战斗力,而且深得群众的支持。徐达还注意优待俘虏,以分化瓦解敌人。凡是俘获的敌军将士和间谍密探,他都"结以恩义,俾为己用"(《明史》卷一二五,《徐达传》)。龙凤六年(1360年)五月,徐达与常遇春在池州南面的九华山与陈友谅展开激战,生俘三千人。常遇春主张全部杀掉,徐达坚决反对,常遇春就是不听,徐达立即报告朱元璋,朱元璋下令释放没有被杀的俘虏,这才避免产生严重的后果。正是由于徐达坚持优待俘虏的政策,所以他带兵出征,特别是在北伐战争中,经常出现"大军勘定者犹少,先声归命者更多"(《明史纪事本末》卷八,《北伐中原》)的局面。

徐达领兵作战,一向是战无不胜,攻无不克的,唯一的败仗发生在洪武五年。在此前的洪武三年,退往漠北草原的元顺帝病死,其子继位,称必力克图汗。他重用能征善战的扩廓帖木儿为中书右丞相,不时出兵南下骚扰,力图重建大元帝国的统治。一些滞留内地、坚守山寨、拒不降明的北元宗王、官吏纷纷出动,骚扰邻近州县。一些暂时归明的蒙古宗王、军民,也时有反水,与之呼应。北方形势日趋紧张,诸将产生了急躁情绪。洪武五年正月,朱元璋召集诸将讨论北部边防问题,徐达遂建议出征漠北,认为有十万兵力便足以肃清沙漠。

朱元璋于是决定出动十五万军队,兵分三路,令徐达、李文忠与冯胜分别统率北征。由于轻敌冒进,徐达所率的中路军挺进到杭爱岭北时，遭到扩廓帖木儿及其骁将贺宗哲的围攻，"死者万余人"（《弇州史料》前集卷一九，《徐中山世家》）。李文忠所率的东路军也损失惨重，只有冯胜所率的西路军攻至兰州，全师而还。好在徐达能吸收这次轻敌冒进的惨重教训，此后他镇守北平，洪武六年率诸将行边，破敌于答剌海，十四年复率汤和等讨伐乃儿不花，均未再犯此类错误，从而保障了北部边境的安全。

徐达"以智勇之资，负柱石之任"，为明王朝的开创立下了盖世之功。明朝建立后，朱元璋授他为太傅、中书右丞相，后封魏国公，并以其长女为燕王妃，次女为代王妃，三女为安王妃，与之结为儿女亲家。

## 二

作为一名杰出的将领，徐达不仅具有优异的军事才能，而且具有许多优秀的品德。

徐达严于律己，能与士卒同甘苦。在元末群雄并争之时，许多人一旦为将握兵，即"多取子女玉帛，非礼纵横"（吴宽：《平吴录》），过起穷奢极欲的生活。但徐达不贪女色，不图货利，攻占平江及大都，"封姑苏之府库，置胡宫之美人财货无所取，妇女无所爱"（黄金：《皇明开国功臣录》卷一，《徐达》）。平时在南京家里住的是一所低湿狭小的房子，朱元璋几次想给他换一所较好的房子，他都推辞了，说："天下未定，上方宵衣旰食，臣敢以家为计？"（《明太祖实录》卷一七一）。出征之时，则与士卒同甘共苦。有时遇到军粮不足，士卒吃不饱饭，他不饮不食，不进营帐休息。士卒生病负伤，他前去探视慰问，给予医药治疗。"士无不感恩效死，以故所向克捷"（《明史》卷一二五，《徐达传》）。

尽管功劳很大，但徐达为人谦虚，从不居功自傲。每次"功成而还，拜上印绶，待命于家，略无几微矜伐之色"（《明太祖实录》卷一七一）。朱元璋见他劳苦功高，但居室湫隘，说："徐兄功大，未有宁居，可赐以旧邸。"（《明史》卷一二五，《徐达传》）朱元璋的这所旧邸，是他过去当吴王时的府邸。徐达固辞不受，朱元璋便请徐达到那里喝酒，故意把他灌醉，蒙上被子，抬到床上去睡，想用这个办法迫使他接受这所府邸。徐达酒醒之后，惊出一身冷汗，赶忙下床，俯伏在地，连声呼喊："死罪！死罪！"朱元璋见状不好勉强，下令在这所府邸之前另建一座规制宏伟的宅邸，赐给徐达，并在宅邸前竖起一块大牌坊，上刻"大功坊"三个字，以表彰徐达的功勋。

尤其难能可贵的是，徐达虽生于农民家庭，却能摆脱乡土观念的羁绊，不和同乡拉帮结派，没有卷进淮西勋贵集团的是非之争。淮西勋贵集团的骨干胡惟庸见徐达功劳大、威信高，"欲结好于达"，他根本不加理睬。胡惟庸又"赂达阍者福寿使图达"，福寿向徐达告发，徐达便不时提醒朱元璋：胡惟庸这种人不适合当丞相。后来，胡惟庸因谋反被杀，朱元璋想起徐达的话，"益重达"（《明史》卷一二五，《徐达传》）。

## 三

徐达虽然对朱元璋忠心耿耿，恭慎有加，但仍然未能免除朱元璋对他的怀疑和猜忌。给事中陈汶辉在奏疏中曾提到"刘基、徐达之见猜"，说："视萧何、韩信，其危疑相去几何哉？"（《明史》卷一三九，《李仕鲁传》）朱元璋在为徐达撰写的神道碑中，也承认自己曾因所谓"太阴数犯上将"的星象而"恶之"，说："（洪武）十七年甲子，太阴数犯上将，朕恶之，召罢北镇，劳于家"（《献征录》卷五，御制《徐公达神道碑》）。此时，徐达已因病疽而卧床，朱元璋对他仍不放心，不时微服私访。徐祯卿《翦胜野闻》记载的一则传闻说："太祖喜微行，每至徐太傅家。一日，太傅病笃，帝忽至，太傅自枕蓐下出一剑以示，帝曰：'戒之戒之，若他人得，以僇汝也。'自后诸功臣家，不一至矣。"但是不管朱元璋如何猜忌，徐达毕竟在政治上对朱元璋忠贞不贰，经济上不贪不占，生活上十分检点，没有任何把柄可抓，从而避免了"走狗烹"的厄运。流传极广的所谓朱元璋赐蒸鹅而害死徐达的说法，正如赵翼所说的"传闻无稽之谈"，"其时功臣多不保全，如达、基之令终已属仅事"（《廿二史札记》卷三一，《明史立传多存大体》），大意是徐达和刘基是洪武王朝少数得以获终天年的大臣。

洪武十八年二月，徐达病逝，享年五十四岁。朱元璋追封他为中山王，赐谥"武宁"，赐葬于南京钟山之阴，并亲为之撰写神道碑，赞扬他"忠志无疵，昭明乎日月"。后复命"配享太庙，塑像祭于功臣庙，位皆第一"（黄金：《皇明开国功臣录》卷一，《徐达》）。

# 明朝第一开国文臣刘基

## 一

刘基（1311—1375年），字伯温，处州青田县南田镇武阳村（今属浙江文成县）人。十四岁入郡学，二十三岁举进士。他学问渊博，举凡程朱理学、诸子百家、天文、兵法，无不涉猎。身貌修伟，为人刚毅，慷慨任事。

元朝的统治病入膏肓之时，刘基抱着济世救民的愿望踏入仕途。初任高安县丞，"有廉直声"。行省辟为掾吏，因与幕官论事不合，拂袖而去。后起为江浙儒学副提举，又"以疾谢事"（《诚意伯文集》卷一四，《送钱士能之建昌知州序》）。至正十一年（1351年）方国珍在海上起兵反元后，他任浙东元帅府都事，参与庆元防务。至正十三年，元廷命江浙行省左丞帖里帖木儿招安方国珍，辟刘基为行省都事以佐之。招安事毕，他见"盗起瓯括间"，举家迁至会稽（今浙江绍兴）。至正十六年，由于处州（今浙江丽水）属县民变迭起，行省檄调刘基与浙东宣慰副使石抹宜孙共守处州。翌年，江浙行省左丞相达识帖睦迩擢升石抹宜孙为行枢密院判官，以刘基为经历，萧山县尹苏友龙为照磨。石抹宜孙又辟章溢、叶琛、胡深、季汶等汉族地主儒士参谋军事，"用基等谋，或捣以兵，或诱以计"，不久即将处州起义诸"盗""皆歼殄无遗类"（《元史》卷一八八，《石抹宜孙传》）。至正十八年十一月，朱元璋亲率大军出征浙东，从应天经宣城南下，攻克婺州（今浙江金华），直逼处州。石抹宜孙与朱元璋的队伍在樊岭、黄龙之间对垒，刘基参与了抵御朱元璋军队的谋划。到至正十九年春夏之交，刘基觉察到元朝统治已呈全面崩溃之势，石抹宜孙又"好自用，幕下士多散去，部将胡君深、章君溢亦拥兵观望"（《宋濂全集》卷六一，《故朝列大夫浙江行省左右司都事苏公墓志铭》），自己又升迁无望，遂弃官还归青田，著《郁离子》以明志："仆愿与公子讲尧、禹之道，论汤、武之事，宪伊、吕，师周、召，稽考先王之典，商度救时之政，明法度，肆礼乐，以待王者之兴。"

## 二

龙凤三年（1357年），朱元璋攻占婺州，积极网罗浙东儒士。朱元璋返回应天后，胡大海于龙凤五年攻占处州，石抹宜孙弃城而逃，章溢、叶琛、胡深、季汶相继投降，在青田隐居的刘基也被迫出见。胡大海将叶琛、胡深和刘基送往应天，推荐给朱元璋。朱元璋召见后仅赐银碗、文绮而遣还之，未予任用。后来，处州总制孙炎再次向朱元璋推荐刘基、叶琛和章溢，朱元璋才又遣使持币往聘，叶琛和章溢前来应聘，但刘基"自以仕元，耻为他人用"（《宋濂全集》卷六七，《故江南等处行中书省都事追封丹阳县男孙君墓铭》），不肯出山。朱元璋又派孙炎再三邀聘，陶安和宋濂也赠诗劝说，这才说动了刘基。龙凤六年三月，他与宋濂、叶琛、章溢一起来到应天，朱元璋热情接待，说："我为天下屈四先生耳！然四海纷纷，何时定乎？"章溢对曰："天道无常，惟德是辅，惟不嗜杀人者能一之耳。"朱元璋当即表示："卿等其留辅予矣。"并下令在其居所之西筑礼贤馆，把他们请到那里去住。刘基为他谦躬下士的态度所感动，即"陈时策一十八款"（《国初礼贤录》卷上），并为朱元璋所采纳。

　　刘基等四人初到应天时，朱元璋曾询问饱学之士陶安："四人者何如？"陶安说："臣谋略不及刘基，学问不及宋濂，治民之才不如章溢、叶琛。"（《明太祖实录》卷三五）时人更称道刘基的才气，"以为诸葛孔明之流"（《诚意伯文集》卷一，《诚意伯刘公行状》）。通过接触与观察，朱元璋觉得刘基不仅才智突出，而且忠诚可靠，"任以心膂"，充当谋士顾问，运筹帷幄。朱元璋迷信星占方术，喜欢将一些理智的决策托诸神秘的启示，而刘基精通天文历数，更是适应了朱元璋的心理需求。因此，两人的关系日趋密切。朱元璋有事常找他商量，"每召基，辄屏人密语移时"，刘基也"自谓不世遇，知无不言。遇急难，勇气奋发，计画立定，人莫能测"（《明史》卷一二八，《刘基传》）。他除不时"敷陈王道"外，还为朱元璋平定天下献计献策。

一是劝说朱元璋脱离小明王自立。朱元璋自接受小明王的封号，就成为宋政权的一员战将。此后，他一直同小明王保持臣属关系，以免树大招风，遭受打击。但是，如果将来想平定天下、一统江山，就必须打出自己的旗号。经过多年的经营，以应天为中心的江南根据地业已迅速发展壮大，朱元璋的实力大增，足以同诸雄相抗衡。龙凤七年正月初一，当行中书省按照惯例设御座向小明王行庆贺礼时，刘基独不跪拜，说："彼牧竖耳，奉之何为？"朱元璋把他请进密室，问他何以不拜，他说天命属于朱元璋，劝朱元璋同小明王决裂。龙凤九年二月，当小明王在安丰遭到张士诚的进攻向朱元璋求援时，刘基又反对出兵赴援，说："不宜轻出，假使救出来，当发付何处？"（《国初事迹》）但朱元璋认为"安丰破，士诚益张，不可不救"（夏燮：《明通鉴》前编卷二），亲自带兵往救。但他到达安丰时，小明王与刘福通已退往南部山区。龙凤十年七月，徐达攻破庐州，在舒城一带活动的小明王被迎至滁州，并为其建造宫殿。至龙凤十二年底，朱元璋终于听从刘基的劝告，设计害死小明王，于第二年自立为吴王，正式打出了自己的旗号。

二是提出平定天下的计策。当刘基来到应天时，夹在陈友谅与张士诚之间的朱元璋，正为先攻张士诚还是先打陈友谅而举棋不定，许多部将都主张先打张士诚，或认为"苏、湖地肥饶，欲先取之"（宋濂：《平汉录》），或认为"士诚切近，友谅稍远，若先击友谅，则士诚必乘我后"（《明太祖实录》卷五八）。朱元璋征求刘基的意见，刘基认为："士诚自守虏，不足虑。友谅劫主胁下，名号不正，地据上流，其心无日忘我，宜先图之。陈氏灭，张氏势孤，一举可定。然后北上中原，王业可成也。"（《明史》卷一二八，《刘基传》）这一计策为朱元璋所采纳，成为他扫灭群雄，推翻元朝，平定天下的总方针。

刘基不仅为朱元璋制定平定天下的总方针，而且为它的实现贡献了许多具体的谋略方策。如陈友谅奔袭应天，刘基建议"待其深入，伏兵邀取之"；陈友谅复陷安庆，他力赞朱元璋"自将击之"；进攻安庆受阻，又"请径趋江州，捣友谅巢穴"，迫使陈友谅逃奔武昌；朱元璋至龙兴接受陈友谅部将胡廷瑞（后改名胡美）之降，胡廷瑞请勿散其部曲，朱元璋面有难色，刘基"从后蹴胡床"，使之省悟，答应了其条件，"美降，江西诸郡皆下"；苗军反，杀金、处守将胡大海、耿再成等，浙东动摇，返乡葬母的刘基急赴衢州，"为守将夏毅谕安诸属邑，复与平章邵荣等谋复处州，乱遂定"；陈友谅进围洪都，刘基随朱元璋往救，在鄱阳湖激战数日后，"基请移军湖口扼之，以金木相犯日决胜"，果败陈友谅；其后，朱元璋"取士诚，北伐中原，遂成帝业，略如基谋"（《明史》卷一二八，《刘基传》）。洪武三年，朱元璋颁发给刘基的《御史中丞诰》褒扬他说："刘基学贯天人，资兼文武，其气刚正，其才宏博。议论之顷，驰骋乎千古；扰攘之际，控驭乎一方。慷慨见予，首陈远略；经邦纲目，用兵后先。卿能言之，朕能审而用之，式克至于今日。凡所建明，悉有成效。"（《诚意伯文集》卷一）

## 三

待到吴元年（1367年）击灭张士诚，即将派兵北伐，创建明朝、推翻元朝之时，朱元璋需要重新拾起"忠君"思想作为维护新王朝统治的武器，对曾经仕元背元的刘基便不再重用，而改命他为太史令，寻拜御史中丞兼太史令。洪武元年（1368年）登基称帝，也只让他继续做御史中丞，不再参与军国大政的决策。

尽管如此，刘基对朱元璋仍然忠心耿耿，兢兢业业地做好本职工作。但他为人"性刚疾恶"，往时朱元璋对此尚可容忍，现在刘基未改其耿直的本性，"与物多忤"（《明史》卷一二八，《刘基传》），不仅得罪一大批淮西勋贵，受到他们的排挤、打压，而且引起朱元璋的不满，受到他的猜忌怀疑。吴元年，"上以事责丞相李善长"，中书参议杨宪乘机联合检校凌说、高见贤、夏煜攻击李善长"无宰相才"，刘基从稳定大局的角度出发，出面为李善长说了好话，谓："李公勋旧，且能辑和诸将。"不料，朱元璋却说："是数欲害汝，汝乃为之地耶！汝之忠勋，足以任此。"刘基知道这不过是句气话，况且在淮西勋贵把持朝政的局势下，他也不可能担任宰相，忙推辞道："是如易柱，必须得大木然后可。若束小木为之，将速颠覆。以天下之广，宜求人才胜彼者。如臣驽钝，尤不可尔。"最后，朱元璋还是表示："善长虽无宰相才，与我同里，我自起兵，事我涉历艰难，勤劳簿书，功亦多矣。我既为家主，善长当相我，盖用勋旧也，今后勿言。"（《诚意伯刘公行状》，《国初事迹》）。洪武元年四月，朱元璋前往汴梁部署攻取大都方略，命左丞相李善长与刘基留守应天。刘基时任御史中丞之职，他大力整肃纪纲。李善长的亲信、中书都事李彬"坐贪纵抵罪"，刘基不顾李善长的求情，驰奏斩之，"由是与善长忤"（《明史》卷一二八，《刘基传》）。闰七月，朱元璋返回应天。八月，李善长即向朱元璋诬告刘基，"诉其专"（《国榷》卷三）。就在这一年，京城自夏至秋不雨，有司求神祈雨无效。到八月，朱元璋认为这是"在京法司及在外巡按御史、按察司冤枉人"所致，派人将京畿巡按御史何士弘等人捆绑于马坊，并令中书省、御史台及都督府发表意见。第二天，刘基上言停办三件事，"一曰：出征阵亡、病故军妻数万，尽令寡妇营住，阴气郁结；二曰：工役人死，暴露尸骸不收；三曰：张士诚投降头目不合充军"。过了十天，仍未见下雨，他便下令"刘基还乡为民"（《国初事迹》,《国榷》卷三）。恰在此时，刘基的妻子病逝，他只得返回青田为之办理丧事。到十一月底，朱元璋怒火已消，才又将刘基召还京师，恢复其御史中丞之职，并追赠刘基祖父、父亲为永嘉郡公。洪武三年四月，又令刘基兼弘文馆学士。

洪武三年上半年，"丞相李善长病，上以中书无官，召（汪）广洋为左丞。时杨宪以山西参政被召入为右丞"（《明太祖实录》卷一二八），朱元璋再次动起换相的念头，拟从杨宪、汪广洋和中书参知政事胡惟庸三人中挑选一名宰辅人选以代之。朱元璋为此征求刘基的意见，问杨宪为相如何。刘基虽同杨宪的关系不错，但以为"不可"，说"宪有相才，无相器。夫宰相者，持心如水，以义理为权衡，而己无与焉者也。今宪不然，能无败乎？"朱元璋又问汪广洋如何。他也认为不可，曰："此褊浅，观其人可知。"最后问胡惟庸如何。他又回答："此小犊，将偾辕而破犁矣！"朱元璋生气地说："吾之相无逾于先生？"他赶忙辞谢："臣疾恶太甚，又不耐繁剧，为之且孤上恩。天下何患无才，惟明主悉心求之。如目前诸人，臣诚未见其可也。"(《诚意伯文集》卷一，《诚意伯刘公行状》）刘基因此又得罪了胡惟庸，更难在朝廷立足。当年六月，明军攻占应昌、逐走元嗣君爱猷识理达腊的捷报传至京师，朱元璋又令礼部榜示："尝仕元者不许称贺"(《明太祖实录》卷五三）。到七八月间，又免去刘基的御史中丞官职，只保留弘文馆学士的虚衔。当年十一月大封功臣，仅给刘基封了个诚意伯，岁禄二百四十石。

从吴元年起，刘基不再担任谋士、顾问之职，只任太史令、御史中丞、弘文馆学士等职务，这些职务并没有多大实权，不能参与军国大事的决策，只能做些诸如卜宅相地、营建应天、清理狱囚、制定律令、完善科举制度、编定《戊申大统历》及《大明集礼》等具体工作。御史中丞的官职被免除，只保留弘文馆学士的虚衔后，刘基更是无事可干，便多次上书请求告老还乡。洪武四年正月，刘基又对营建中都之举提出忠告："中都曼衍，非天子居也。"(《国榷》卷四）

## 四

洪武四年三月，朱元璋批准刘基致仕，并密旨"令察其乡有利病于民社者潜入奏"（《野记》）。刘基回到青田老家，隐居山中，彻底离开了政治舞台。他每天"惟饮酒弈棋，口不言功"，也不同地方官交往。县令求见不得，有天穿上老百姓的衣服前来求见。刘基正在洗脚，便让侄儿引入茅舍，"炊黍饭令"。县令亮明身份，刘基"惊起称民"。县令辞谢而去，"终不复见"（《明史》卷一二八，《刘基传》）。但刘基仍然关心国家社稷的安危。洪武四年七月，明军攻灭夏国，刘基特撰《平西蜀颂》，派长子刘琏送至京城，进献朱元璋。这年冬天，朱元璋因天象异变下手谕给刘基，表示"近西蜀悉平，称名者尽俘于京师。我之疆宇，比之中国前王所统之地不少也。奈何胡元以宽而失，朕收平中国，非猛不可"。并要求刘基就近几年日中出现黑子的"休咎"问题发表意见（《诚意伯文集》卷一，《皇帝手书》）。刘基"条答甚悉"，"大要言霜雪之后，必有阳春，今国威已立，宜少济以宽大"（《明史》卷一二八，《刘基传》）。刘基还时常派长子刘琏入京朝见朱元璋，"及中丞之请老而归也，天子念其勋伐，欲数得问劳。孟藻（刘琏，字孟藻）以一介行李往来于京者不惮六七，至则燕见于上，类家人父子，俯伏陈对，详简中宜"（《诚意伯文集》卷一，《故参政刘君孟藻哀辞有序》）。

尽管刘基还乡后韬光养晦，口不言功，但权势日渐坐大的胡惟庸还是对刘基反对他为相的话记恨在心，寻机进行报复。李善长在洪武四年正月致仕，汪广洋升为右丞，胡惟庸为左丞。六年正月，汪广洋被贬为广东行省参政，朱元璋一时找不到合适的丞相人选，胡惟庸遂以左丞的身份独专省事。就在这一年，瓯闽交界处的谈洋发生逃军的反叛事件，当地官府隐匿不报。刘基叫刘琏进京上奏。刘琏未先关白中书省，直接上奏朝廷。胡惟庸遂挟旧怨，"使诬诚意伯以非法"（《诚意伯文集》卷一，《故参政刘君孟藻哀辞有序》）。这里所说的"非法"，即指从元代沿袭下来的"奏事不许隔越中书"的规定。其实，密疏言事乃是历代王朝的传统，在明初也是得到朱元璋的默许的。洪武三年十二月，儒士严礼等人上书言治道，谏言"不得隔越中书奏事"时，朱元璋就对侍臣表示："今礼所言不得隔越中书奏事，此正元之大弊"，"今创业之初，正当使下情通达于上，而犹欲效之，可乎？"（《明太祖实录》卷五九）况且，刘基致仕之时，朱元璋还有密旨"令察其乡有利病于民社者潜入奏"。胡惟庸亲信的诬告，可谓是"欲加之罪，何患无辞"。

在洪武四年致仕之前，刘基考虑到谈洋"僻绝而岩险，戍卒逋逃渊薮也，愚民往往蚁聚为奸"，派刘琏上奏朝廷，建议在此地设置巡检司，"庶几人知顾忌"（《诚意伯文集》卷一，《故参政刘君孟藻哀辞有序》）。胡惟庸又"使吏讦基，谓谈洋地有王气，基图为墓，民弗与，则请立巡检逐民"。朱元璋得奏，"虽不罪，然颇为所动，遂夺基禄"（《明史》卷一二八，《刘基传》）。刘基被迫入京请罪，留居京师。未几，胡惟庸任相，他仰天长叹："使吾言不验，苍生福也！"后忧愤成疾，一病不起。朱元璋叫胡惟庸派医生去看，胡惟庸指使医生下毒，使刘基的病情加重。朱元璋派人护送他回青田老家养病，一个月后死去。刘基死后，刘琏也"为惟庸党所胁，堕井死"(《明史》卷一二八，《刘基传》)。

刘基去世的当月，朱元璋因中都发生营建工匠用"厌镇法"发泄对繁重工役不满的事件，诏罢中都。洪武十三年胡惟庸案发被杀后，朱元璋想起刘基生前的许多谏言后来都得到了事实的验证，觉得他是一位难得的忠臣，乃命其长孙继承诚意伯的爵位，并赐"铁券丹书，誓言世禄"(《明史》卷一二八，《刘基传》)。正德年间，明廷又加赠刘基太师，谥号"文成"。嘉靖年间，更以刘基配享太庙，使之享有第一开国文臣的殊荣。

刘基"以儒者有用之学，辅翊治平"，帮助朱元璋渡过一个个急流险滩，登上了明朝开国皇帝的宝座。然而，他自己却屡遭猜忌暗算，直到死后才还其清白。这不仅是他个人的不幸，更是封建专制时代的悲剧。

# 李善长的功与过

## 一

李善长（1314—1390年），原名士元，字百室。祖籍徽州歙县。"少读书，有智计，习法家言，策事多中"（《明史》卷一二七，《李善长传》），被里中推为祭酒。刘福通发动农民起义后，他"欲从雄"而未果，后"携幼子避地池阳（滁州）"。至正十四年（1354年）春夏间，朱元璋带兵攻打滁州，李善长穿上儒士的服装，在道旁进见。朱元璋询以平定天下之策，他劝朱元璋效法汉代布衣皇帝刘邦"豁达大度，知人善任，不嗜杀人"，朱元璋点头称"善"，命他为掌书记，并嘱咐说："方今群雄并争，非有智者不可与谋议。吾观群雄中持案牍及谋事者，多毁左右将士，将士弗得效其能，以至于败。其羽翼既去，主者安得独存，故亦相继而亡。汝宜鉴其失，务协诸将以成功，毋效彼所为也！"（《明太祖实录》卷一）。从此，他跟随朱元璋，下滁州、和州，进克太平、应天。在滁州，郭子兴曾想将李善长调入元帅府做自己的助手，李善长向朱元璋哭诉，朱元璋无可奈何地叹曰："主帅之命，弗可违也！"（《明太祖实录》卷一）他还是坚辞弗就，表现了对朱元璋的忠心。

参加朱元璋的队伍后，李善长"为参谋，预机画，主馈饷"，协助朱元璋整肃军纪，调护诸将，并举荐人才，曾向朱元璋推荐宋濂。他的职位也步步升高，由帅府都事升至行省参议、参知政事。朱元璋自立为吴王，又拜李善长为右相国，后改官制，由右相国改为左相国。"太祖有所招纳，辄令为书。前后自将征讨，皆命居守，将吏帖服，居民安堵，转调兵饷无乏。"他还先后制定盐茶法与钱法，开铁冶，定鱼税，并与御史中丞刘基等裁定律令。朱元璋称帝后，又率诸儒臣制定六部官制、封建诸王、爵赏功臣及各种礼仪制度。洪武元年（1368年）五月至六月，朱元璋前往汴梁（今河南开封）部署攻取大都（今北京）的作战行动，还命李善长与刘基留守应天，"一切听便宜行事"。洪武三年大封功臣，授李善长为开国辅运推诚守正文臣、特进光禄大夫、左柱国、太师、中书左丞相，封韩国公，岁禄四千石，子孙世袭。予铁券，免二死，子免一死。"时封公者，徐达、常遇春子茂、李文忠、冯胜、邓愈及善长六人。而善长位第一，制词比之萧何，褒称甚至"（《明史》卷一二七，《李善长传》）。李善长的权势至此达到顶峰。

李善长不过是个乡间的小知识分子，虽"少读书"，但只是"粗持文墨"而已（《献征录》卷一一，王世贞：《中书省左丞相太师韩国公李公善长传》），连个举人都不是，并没有什么高明的文韬武略。除初见朱元璋时劝其仿效刘邦的计策外，再未贡献过其他的锦囊妙计。在和州时，元军谍知朱元璋带兵外出攻打鸡笼山寨，乘机来袭，李善长曾率少量的留守士兵设伏败之，使"太祖以为能"。但龙凤六年（1360年）闰五月，陈友谅亲率大军东下，约张士诚夹攻应天，朱元璋采纳刘基"伏兵邀取之"的建议，授意与陈友谅有过交情的康茂才"佯欲为叛，遣人致书约其来，当为内应"，李善长大惑不解，问道："方以寇来为忧，何为更诱致之？"朱元璋解释说："使二虏（陈友谅、张士诚）相合，吾何以支？先破此虏，则东寇胆落矣。"（《明太祖实录》卷八）他才恍然大悟。龙凤十二年七月，朱元璋决定攻灭张士诚，李善长又认为张士诚"势虽屡屈而兵力未衰，土沃民富，又多储积，恐难猝拔，宜俟隙而动"，结果遭到朱元璋的严厉驳斥："彼疆域日蹙，长淮东北之地皆为吾有，吾以胜师临之，何忧不拔，况彼败形已露，何待观隙？"（《明太祖实录》卷二〇）说明李善长缺乏用兵作战的战略战术素养。如果说在攻占应天之前，朱元璋的队伍数量较少，控制的地区较小，战争的规模不是很大，李善长多少还起过参谋作用的话，那么在攻占应天之后，刘基、宋濂等富于谋略的大儒纷纷前来投奔，并逐渐担负起谋士的职责，李善长便主要是扮演大管家的角色。因此，论武功，他比不上受封为公、侯、伯的任何一位武将；论文治，更比不上刘基、宋濂等文臣。朱元璋之所以高看李善长，除了李善长投奔较早而且对自己忠心耿耿之外，主要还是由于他当时存有浓厚的乡土、宗族观念，认为那些同自己有着乡里、宗族关系的淮西将臣，才是他最可靠的心腹骨干。所以，朱元璋尽管知道李善长"无汗马劳"，还是以"事朕久，给军食，功甚大"为由（《明史》卷一二七，《李善长传》），授予最高一级的封赏，赋予他一人之下、万人之上的崇高地位。

二

明代史学家朱国桢说李善长"有心计而无远识"（《开国臣传》卷二，《韩国李公》），事实确是如此。李善长的乡土、宗族观念极重。随着权势的上升，他极力利用手中的权力，依靠乡土、宗族关系，拉帮结派，形成以自己为核心的淮西集团，并将淮西集团的利益凌驾于王朝利益之上。他为人"外宽和，内多忮刻"。参议李饮冰、杨希圣稍侵李善长之权，即按其罪奏黜之。定远人胡惟庸在和州投奔朱元璋，初为宁国知县，给李善长送了三百两黄金，他力加推荐，擢为太常少卿，成为淮西勋贵集团的重要人物。自此两人密相往来，联合排挤、打击非淮西籍大臣。山西阳曲人杨宪在龙凤二年投奔朱元璋后，历官至御史台中丞。他通经史，有才辩，朱元璋曾想用他做丞相，他也多次攻击李善长"无大材"。胡惟庸赶忙找李善长，说："杨宪为相，我等淮人不得为大官矣。"（《国初事迹》）李善长便联合其他淮人，将杨宪倾陷致死。刘基等浙东儒士归附朱元璋后，成为朱元璋的重要谋士。叶琛与胡深在明朝建立前已经战死，宋濂谨慎小心，与世无争，李善长就倾全力攻击刘基。朱元璋去汴梁部署攻取大都方略时，李善长的亲信李彬贪纵犯法，刘基不顾李善长的求情，驰奏斩之。待朱元璋返回应天，李善长就与其他淮西将臣相继进谗言。由于李善长的打击和排挤，一些非淮西籍大臣纷纷被逐出朝廷，这就为后来胡惟庸于洪武七年登上相位铺平道路。结果，正是胡惟庸党案，使他踏上了黄泉路。

李善长封公受赏之后，因"富贵极，意稍骄"（《明史》卷一二七，《李善长传》），开始引起朱元璋的不满。吴元年和洪武三年上半年李善长生病期间，朱元璋就动起换相的念头。洪武四年正月，李善长病未愈，朱元璋便让他退休，赐给他临濠地若干顷，置守冢户一百五十户，给佃户一千五百家，仪仗士二十家。但朱元璋并未完全失去对他的信任。第二年李善长病愈，仍命其督建中都宫殿，洪武七年复命他督迁江南民十四万人至凤阳屯田，并擢其弟李存义为太仆寺丞，李存义子李伸、李佑为群牧所官。就在中都营建期间，淮西勋贵集团争权夺利的活动更加猖獗。一些淮西武臣竟私自役使营建中都的将士为自己营建私宅，有的宅第营建逾制，胡惟庸甚至派人将反对他任相的刘基毒死。朱元璋由此想到，如果在凤阳建都，淮西勋贵利用家乡盘根错节的宗族、乡里关系扩展势力，将对皇权构成严重威胁，于是决心抛弃乡土观念。洪武八年四月，发生营建工匠用"厌镇法"发泄对工役繁重不满的事件，朱元璋诏罢中都役作。不过，为答谢李善长督建中都和督迁十四万江南民至凤阳屯田的辛劳，洪武九年又将临安公主嫁给李善长之子李祺，拜其为驸马都尉，与其结为亲戚。公主下嫁仅过一月，有人上告："善长狎宠自恣，陛下病不视朝几及旬，不问候。驸马都尉祺六日不朝，宣至殿前，又不引罪，大不敬。"（《明史》卷一二七，《李善长传》）但朱元璋只削减李善长岁禄一千八百石，寻又命与李文忠总中书省、大都督府、御史台，同议军国大事，督建圜丘。洪武十三年，胡惟庸案发，"坐党死者甚众"，李善长也没有受到牵连。当年五月，御史台缺中丞，还命李善长理台事，他尚"数有所建白"。

洪武十八年，因李佑是胡惟庸的侄女婿，有人告发李存义及李伸、李佑父子为胡党，朱元璋诏免其死，安置崇明。李善长对此自然十分不满，未向皇上致谢，这又惹恼了朱元璋。洪武二十三年，李善长年已七十七，耆不检下，为营建私宅，竟不顾朝廷严禁私自调动军队的禁令，向汤和借用卫卒三百人，被汤和告密。四月，京民有坐罪应徙边者，李善长又多次出面请免其私亲丁斌等人。朱元璋大怒，审问丁斌。丁斌原在胡惟庸家当过差，供出李存义等人往时交结胡惟庸之事。朱元璋下令逮捕李存义父子，严加审讯，供词又牵连到李善长，说胡惟庸几次派人或亲自劝说李善长助其谋反，李善长虽"惊不许，然颇心动"，最后表示："吾老矣。吾死，汝等自为之。"还有人告发胡惟庸私通蒙古，李善长"匿不以闻"。朱元璋便给李善长加上"知谋逆不举发，狐疑观望怀两端，大逆不道"的罪名，借口有星变，需杀大臣应灾，将李善长赐死，其妻女弟侄七十余口也全部杀掉，其子李祺徙置江浦，"祺子芳、茂以公主恩得不坐"（《明史》卷一二七，《李善长传》）。李善长家产悉被抄没，"籍入六万金"（《国榷》卷九）。

## 三

李善长有辅佐之功，对朱元璋势力的发展、明王朝的建立以及诸多典章制度的制定做出过贡献。但他私心过重，"有心计而无远识"，利用乡土、宗族观念拉帮结派，扶植胡惟庸，结成淮西勋贵集团，排挤、打击非淮人。

在明朝建立之前乃至建立初期，乡土观念很重的朱元璋，着重倚靠淮西将臣打天下，李善长的所作所为，尚不至于与朱元璋产生严重的矛盾冲突。但当朱元璋坐稳了帝位，需要进一步强化君主专制的集权统治，以保证朱家子孙能长坐江山之时，这种矛盾冲突便不可避免，迟早要爆发。"狡兔死，走狗烹；高鸟尽，良弓藏；敌国破，谋臣亡"（司马迁：《史记》卷九二，《淮阴侯列传》），韩信被诬谋反就擒时说的这句话，是封建时代开国功臣每遭屠戮的惨痛概括。而淮西勋贵仗恃是皇帝的同乡，又劳苦功高，往往骄纵妄为，越礼逾制，追逐财富和权力，对皇权构成严重威胁，这更是朱元璋不能容忍的。于是，他便借胡惟庸党案与蓝玉案，将大批淮西将臣牵连进去，肆行屠戮。作为淮西勋贵集团的核心人物，李善长对胡惟庸"知谋迹而不举，狐疑观望持两端"，自然也就难逃厄运了。

# 明成祖为何迁都北京

明太祖朱元璋始建明朝,都城定于南京。后来,明成祖朱棣在位时,把都城迁到北京。朱棣是在什么历史背景下实行迁都的,迁都北京具有什么意义呢?

## 定都南京的利弊

要说明朱棣迁都北京的原因及其意义,必须先了解朱元璋定都南京的背景及其利弊。

在元末农民战争中,朱元璋以应天为基地发展其势力,并在应天称吴王。洪武元年(1368年)正月,当其北伐军攻下山东,即将攻取元大都(今北京)之时,朱元璋就在应天即皇帝位,建立明朝。但是否把应天定作明朝的都城,他一直犹豫不决。都城的选择,一般要把军事、经济和地理条件等各种因素结合起来考虑。应天背靠钟山,面临长江,虎踞龙盘,形势非常险要。它所在的江南地区，又是当时全国的经济中心，不仅盛产粮食，而且拥有发达的纺织业、制盐业和繁荣的商业，所谓"天下财赋出于东南，而金陵为其会"（《大学衍义补》卷八五，《都邑之建》上），经济条件也很优越。但从军事的角度来考虑，应天的位置偏于江左，距离对元朝作战的北方前线太远，不便于朝廷部署军事和指挥、调动部队。同时，朱元璋认为，历史上在此地建都的东吴、东晋和南朝的宋、齐、梁、陈六朝都命数不久，这也是不吉利的。因此，大臣们便提出建都汴梁（今河南开封）的建议。朱元璋于洪武元年三月亲赴汴梁实地考察。考察后，他觉得汴梁地处中原，位置适中，决心在此建都，但感到这里无险可守，是个"四面受敌之地"（《国初事迹》），又决定把应天也定作都城，实行古已有之的两京制。八月，下诏以应天为南京，汴梁为北京，天子于春秋往来巡狩。

但是，就在诏书颁发的第二天，北伐军攻克大都，推翻了元朝的统治。全国的政治、军事形势发生重大变化，还要不要在汴梁建都呢？朱元璋"会议群臣"，大臣们鉴于北方蒙古贵族的残余势力尚未消灭，仍主张在中原建都，并提出几种不同的方案："或言关中（指长安，今陕西西安）险固金城，天府之国；或言洛阳天地之中，四方朝贡，道里适均，汴梁亦宋之旧京，漕运方便；又言北平（大都攻克后改名北平府）元之宫室完备，就之可省民力。"朱元璋认为这些意见都有合理之处，但又都不适应当前形势，说："长安、洛阳、汴京实周、秦、汉、魏、唐、宋所建国，但平定之初，民未苏息；朕若建都于彼，供给力役悉资江南，重劳其民；若就北平，元之宫室不能无更作，亦未易也。"（《明太祖实录》卷四五）朱元璋又有浓厚的乡土、宗族观念，另外提出在南京及其故乡临濠建都的方案，认为南京"长江天堑，龙蟠虎踞，江南形胜之地，真足以立国"，可作都城，但它"去中原颇远，控制（北方）良难"，而离中原稍近的临濠"则前江后淮，以险可恃，以水可漕"，以它作为中都，既可补救定都南京的不足，又可满足自己和淮西勋贵衣锦还乡、共享安乐的愿望。尽管一些有远见的臣僚持有不同意见，刘基也认为"中都曼衍，非天子居也"（《国榷》卷四），但朱元璋所倚重的一帮淮西勋贵，皆一致拥护朱元璋的方案。从洪武二年九月起，朱元璋便在临濠大兴土木，营建中都。这项工程持续了六年，终因力役供给都要仰给江南，劳费太甚，民不堪命，发生了工匠的"厌镇"事件，不得不半途停罢。朱元璋决心抛弃乡土、宗族观念，于洪武十一年下诏改南京为京师，商议了十年之久的定都问题才算解决。

在南京定都，可以免去另建新都的大量耗费，又能就近从江南地区取得粮食和其他物资的供应，这是有利的一面。不利的一面是远离北方，不便于对付蒙古贵族残余势力的侵扰。元朝的统治被推翻之后，元顺帝带着一帮大臣逃出大都，"旋舆大漠，整复故都"，"引弓之士不下百万众也，归附之部落不下数千里也，资装铠仗尚赖而用也，驼马牛羊尚全而有也"（《明史纪事本末》卷一〇，《故元遗兵》）。他们图谋恢复对中原的统治，经常派兵南下骚扰，对明朝构成严重威胁。针对这种状况，朱元璋在北方边境沿长城一带，遍置卫所，屯驻军马，加强防御，并在平定辽东后，置北平行都指挥使司于大宁（今内蒙古宁城西），东与辽阳、西与大同相应援，作为北方的三大要塞，重点扼守蒙古骑兵南侵的要道。同时，在分封诸子为藩王时，朱元璋又特地将九个儿子封在长城内外，东自辽阳，西至甘肃，设置辽、宁、燕、谷、代、晋、庆、秦、肃九个封国。他授予这些藩王以雄厚的护卫兵力和军事指挥大权，以此来弥补都城远离前线、朝廷指挥困难的缺陷。

不过，朱元璋尽管采取了各种补救措施，但因都城偏处江左，仍不免有鞭长莫及之虞。在晚年，他还拟迁都长安或洛阳。洪武二十四年八月，特派皇太子朱标巡视西北，绘制关、洛形势图。不料太子回来即病死，朱元璋只好打消迁都的念头，伤心地说："今朕年老，精力已倦。又天下新定，不欲劳民。且废兴有数，只得听天！"（《天下郡国利病书·江宁庐州安庆备录·南京》）。

## 明成祖的迁都决定

明成祖朱棣是朱元璋的第四个儿子，洪武三年被封为燕王，十三年就藩北平。他"智勇有大略"（《明史》卷五，《成祖纪》一），就藩后，数从备边北平的开国名将徐达学兵法。徐达死后，开国大将因受胡惟庸、蓝玉两案牵连，多遭诛戮，朱棣遂与秦、晋二王并当北方边防之任，屡率诸将出征，并奉命节制沿边兵马,从此威名大振。他拥有一支十万人的护卫武装,是诸王中实力最强的一个,早有继承皇位的欲望和野心。

洪武三十一年闰五月,朱元璋病死,皇太孙朱允炆继位。朱允炆感到"拥重兵,多不法"(《明史》卷四一,《黄子澄传》)的诸王对他是一个严重的威胁,便与大臣齐泰、黄子澄谋议削藩。到建文元年(1399年)六月,已先后削废了五个藩王,接着准备向燕王朱棣开刀。朱棣早就预谋夺位,遂于七月指齐泰、黄子澄为奸臣,援引朱元璋《祖训》关于藩王有权向朝廷索取奸臣的规定,以清君侧为名,举兵反叛,号为"靖难"。经过三年多的战争,他成功攻入南京,夺取皇位。永乐元年(1403年),诏"以北平为北京","称为'行在'"(《明史》卷六,《成祖纪》二)。朱棣即位后,为防备其他藩王仿效其办法起兵"靖难",动摇他的统治,决定营建北京,待完工后,迁都于此。

## 营建北京与正式迁都

然而,北京的营建工程并没有如期动工,不久连采木也停了下来。这是因为,当时还不具备大规模营建北京和迁都的条件。

历时三年多的"靖难"之役,对社会生产造成严重破坏。战争期间,"中原无辜赤子,困于道,迫于输,民不聊生,日甚一日"(《明朝小史·建文纪·机密奏》)。战争过后,"淮以北鞠为茂草"(《明史》卷七七,《食货志》一),田园荒芜,经济凋敝,国家的财政收入大为减少。洪武二十四年(1391年),国家收入的税粮达三千二百二十七万八千九百八十三石，布帛达六十四万六千八百七十四，至"靖难"之役结束时的建文四年（1402年），税粮只有三千零四十五万九千八百二十三石，布帛五万六千七百四十四匹（《明太祖实录》卷二一四，《明太宗实录》卷一五）。此后，虽然朱棣采取了一些恢复和发展生产的措施，使国家的财政收入有所增长，但又发生了下面的几件事，使财政的支出大为增加。一是皇后徐氏在永乐五年（1407年）死去，朱棣为之营建昌平寿陵，十一年葬徐氏于长陵后，长陵的营建仍在继续，至十四年三月才告竣工。二是与越南发生连年的战争，接着又与蒙古进行大规模的战争。永乐七年，朱棣派丘福率精骑十万北征，次年又"自将五十万众出塞"（《明史》卷三二七，《鞑靼传》），征讨鞑靼。永乐十二年，朱棣又"发山东、山西、河南及凤阳、淮安、徐、邳民十五万，运粮赴宣府"（《明史》卷七，《成祖纪》三）。营建长陵和连年的战争，都耗费大量的人力、物力和财力，使明廷更难以筹集营建北京所必需的巨额资财和工役。同时，当时北方的粮食不能自给，必须仰给江南。但会通河"岸狭水浅，不任重载"（《明史》卷一五三，《宋礼传》），在洪武二十四年黄河决口后更是淤塞不通。漕运受阻，陆运又十分艰难，海运则更有风涛之险。在漕运问题解决之前，北京的粮食和物资供应缺乏保证。这样，营建北京的计划就只得推迟了。

过了十年左右的时间，营建北京和迁都的物质条件才逐渐成熟起来。首先，生产有了较大的恢复和发展，社会经济重现繁荣的景象。朱棣夺位后,继续推行朱元璋的移民屯垦政策,尤其是移民到北京屯垦,加强对北京地区的经济开发,如永乐元年"发流罪以下垦北京田""徙直隶、苏州等十郡、浙江等九省富民实北京",二年、三年各"徙山西民万户实北京",十四年"徙山东、山西、湖广流民于保安州(今河北怀来西)"(《明史》卷六,《成祖纪》二;卷七,《成祖纪》三)。此外,还采取措施赈济水旱灾区,特别是受"靖难"之役影响的地区。建文四年诏:"山东、北平、河南被兵州县,复徭役三年,未被兵者与凤阳、淮安、徐、滁、扬三州蠲租一年,余天下州县悉蠲今年田租之半",永乐元年"命宝源局铸农器,给山东被兵穷民"(《明史》卷五,《成祖纪》一;卷六,《成祖纪》二),二年"命太仆寺给山东屯牛"(万历《明会典》卷二〇二,《屯种·牛只》)。这些措施的实行,使生产得到较快的恢复和发展,国家的财政收入因此大量增加。到永乐十一年(1413年),政府征收的税粮达三千二百三十五万二千二百四十四石,布帛达一百八十七万八千八百二十八匹(《明太宗实录》卷一四六)。《明史·食货志》载:是时"屯田米常溢三之一","宇内富庶,赋入盈羡,米粟自输京师数百万石外,府县仓廪蓄积甚丰,至红腐不可食"。这就为营建北京提供了雄厚的物质基础。其次,会通河已经得到治理,可以通漕转输。永乐九年,朱棣采纳济宁州同知潘叔正的建议,命工部尚书宋礼督疏会通河,兼治黄河,由是"运道以定"(《明史》卷八五,《河渠志》三)。十三年,又命总督漕运的陈瑄开凿清江浦,打通淮河与淮南漕河的阻塞,"由是漕舟直达于河，省费不訾"（《明史》卷一五三，《陈瑄传》）。这样，贯通南北的京杭大运河又复畅通，载重三五百石以至千石的漕舟可以顺利地往来航行，江南的粮食和丝绸布帛等物资源源不断地输往北方，北京的供应有了保障。营建北京的时机来到了。

永乐十四年八月，朱棣下令在北京"作西宫，为视朝之所"（《明太宗实录》卷一七九），揭开了营建北京的序幕。八个月后，西宫建成，为营建北京的宫殿腾出地方，下一步就准备着手大规模营建北京。为慎重计，朱棣于永乐十四年十一月特地在南京召集文武群臣讨论营建事宜，群臣一致上疏："北京乃圣上龙兴之地，北枕居庸，西峙太行，东连山海，南俯中原，沃壤千里，山川形胜，足以控四夷，制天下，诚帝王万世之都也。宜敕所司营建。"（《明通鉴》卷一六）营建之议遂定。

永乐十五年六月，北京的营建工程正式动工，"凡庙社、郊祀、坛场、宫殿、（门）阙，规制悉如南京"（《国朝典汇·工部·都邑城池》）。工程主要分为京城、皇城与宫城三个部分。京城也叫内城，大体上取元大都的南部，而将南边的城垣向南拓展二里多。皇城基本上取元城的旧址。宫城又叫紫禁城，里面是宏伟的宫殿。由于元宫已在洪武时拆除，这些宫殿实际上是重新建造的，它们虽仿自南京，但更加壮丽。来自全国各地的数十万优秀工匠和上百万民工，充分发挥了他们的聪明才智和高超的建筑技术，经过三年半的艰苦劳动，终于把北京建造成一座雄伟的城市。

永乐十八年九月,在营建工程即将完成之前,朱棣下诏自明年起改北京为京师。十二月,北京的宫殿建成。永乐十九年正月,朱棣于奉天殿受朝贺,把都城正式迁到北京。迁都之后,南京成为"留都",南京诸司的设置继续存在,称为"留守",北京与南京,并称"南北两直隶"。时人称:"并建两京,用南京之财赋,会西北之戎马,无敌于天下。"(《大学衍义补》卷八五,《都邑之建》上)

朱棣迁都北京,这是明朝历史上的一件大事。迁都北京后,"以天子备边",大大加强了北方的军事力量。这对于维护北方边境的安全,巩固多民族国家的统一,具有积极意义。

## 政策失误与土木之变

明正统十四年（1449年），也先率领瓦剌军大举南犯，宦官王振怂恿明英宗统率五十万京军御驾亲征，在土木堡（今河北怀来东南）惨遭败绩，从此开始形成明朝军事积弱的局面。

史学界一般把这归咎于英宗和王振君臣的昏庸腐败和无能。这种看法基本上是对的，但并不全面。众所周知，战争的胜负，主要取决于作战双方的军事、政治、经济、自然诸条件，其中经济条件以及受其制约的军事条件尤为重要，因为经济实力与军事实力乃是进行战争的物质基础。明军的土木堡之败，除了军事指挥失误等原因，主要是由于明朝实力下降，边防削弱，以及瓦剌势力重新崛起。双方力量的这种消长自永乐后期开始，在正统之前已十分明显，正统之后变得更加严峻而不可逆转。因此，土木堡之败固然应由英宗和王振君臣负主要责任，但它与明成祖、仁宗、宣宗的政策失误也不无关系。

第一，明成祖好大喜功，使国家和百姓为之耗竭，元气大伤，实力下降。

明成祖雄才大略，很有作为，对明王朝的巩固和发展做出重要贡献。但他好大喜功，过分强调有所作为。夺取帝位后，他一方面采取措施，恢复和发展遭受"靖难"之役破坏的经济；另一方面又不断大兴土木，治理吴淞江、大运河和黄河，营建长陵和北京宫殿，攻打蒙古和交阯，并派郑和六次出使西洋，陈诚三次出使中亚。终永乐一朝，大事频兴，几无休止，而且往往几件事情并举。这些工程、战争和外交活动，规模都很大，耗费惊人。浚吴淞江"役十余万人"（《明史》卷一四九，《夏原吉传》），修会通河"役军夫三十万"（《明太宗实录》卷一一六），清理黄河故道"凡役丁十一万四百有奇"（《明太宗实录》卷一一七）。修建北京宫殿，永乐四年即派人分赴云、贵、川、湖广采木，永乐十四年正式动工，十八年完成，"工夫之作，动以百万"（《明史》卷一六四，《邹缉传》），耗资"以万万计"（《明史》卷七八，《食货志》二）。郑和下西洋，耗费钱谷数十万，军民死者数以万计，"虽所取宝物不可胜计，而中国耗费亦不赀"（《明史》卷三〇四，《郑和传》）。据王士性的记载："国初府库充溢，三宝郑太监下西洋，赍银七百余万，费十载，尚剩百万余归"（《广志绎》卷一，《方舆崖略》），所剩的这百万余两，永乐十年被明成祖用来修建南京的大报恩寺。可见仅永乐十年之前的三次出使西洋，郑和的使团和船队就花费六百万两白银。丘福出征蒙古，出兵十万，成祖五次亲征漠北，每次动用的兵力更是多达三十万至五十万不等，此外还投入大量的人力、物力用以运送粮饷。仅永乐二十年的第三次亲征，"前后运共用驴三十四万头，车十一万七千五百七十三辆，挽车民丁二十三万五千一百四十六人，运粮凡三十七万石"（《明太宗实录》卷二四六）。讨伐交阯，永乐四年至六年，朱能、张辅等"领兵八十万"（《明史》卷一五四，《张辅传》）出征；七年，张辅、王友又"率师二十万征之"；九年至十二年，张辅会沐晟征讨，"发兵二万四千随征"（《明史纪事本末》卷二二，《安南叛服》），总计"前后用兵数十万，馈饷至百余万"（《明史》卷一五四，《王通传》）。由于步子过急，摊子过大，国家的财力、物力消耗很大，百姓负担沉重，正如明成祖死后不久，湖广布政司左参政黄泽上书所指出的："向也南征北伐，出师连年，辎重牛马，耗费巨万，又江北困于营造，江南疲于转输"，"土木屡作，劳者弗休"，致使"丁男疲于力役，妇女困于耕耘，富者怨征敛之繁，贫者罹冻馁之苦"（《明宣宗实录》卷一〇）。到永乐末年，已是内外俱疲，不少地方百姓流离失所，纷起反抗。永乐十八年，山东爆发了长达二年之久的唐赛儿起义。山西、河北乃至经济发达的苏、常、嘉、湖等地，也是"强盗"横生。

明成祖的好大喜功，使明朝元气大伤。仁宗、宣宗继位后，不得不停罢下西洋和各地的采办活动，重新执行休养生息的政策。不过，仁宗在位只有十个月，宣宗在位也仅有九年多的时间。其间虽然社会比较安定，生产有了一定的恢复和发展，但明宣宗很快就为暂时的"治平"景象所蒙蔽，纵情享乐。在他的影响之下，"臣僚宴乐，以奢相尚，歌妓满前，纪纲为之不振"（《古穰杂录摘抄》)。明政府为增加财政收入,竟将洪、永之时的"垦荒田永不起科及洿下斥卤无粮者,皆核入赋额"(《明史》卷七七,《食货志》一)。勋贵官僚地主也在各地兼并土地,"乞请渐广,大臣亦得请没官庄舍"(《明史》卷七七,《食货志》一)。百姓的负担仍很沉重,一遇灾荒年头,许多农民窘于衣食,流离失所。宣德年间,顺天八府就有六府十六州出现流民问题。山西的流民数量更多,仅宣德三年(1428年),"饥民流徙至南阳诸郡不下十余万口"(《明宣宗实录》卷四二)。因此熙、宣时期的社会生产,始终未能达到洪、永时期的水平。洪武二十六年(1393年),全国的耕地面积八百五十万七千六百二十三顷(《明史》卷七七,《食货志》一),税粮收入三千二百七十八万九千八百石(《明太祖实录》卷二三〇);永乐朝自建文四年至永乐二十二年(1402—1424年),每年平均税粮收入三千一百八十二万四千零二十三石;洪熙朝洪熙元年(1425年),耕地面积四百一十六万七千七百零七顷,税粮收入三千一百八十万零二百四十三石;宣德朝自宣德元年至九年(1426—1434年),每年平均耕地面积四百一十九万九千七百六十顷,税粮收入三千零一十八万二千二百三十三石。[①]从洪、永到熙、宣,全国的耕地面积和税粮收入都在下降。明朝实力的削弱,乃是日后被动挨打的根源。

第二,永乐以后,军政日趋败坏,武臣权力急剧下降,北部防线逐步内移,使明朝的边防力量大为削弱。

---

① 梁方仲:《中国历代户口、田地、田赋统计》,上海人民出版社1980年版,第186—189页。

早在永乐晚年，明朝的军政就已出现不少弊病，熙、宣时期，更是每况愈下。一是军职日滥，武臣多贪暴怠惰。洪武初年，"军功袭职子弟年二十者比试。初试不中，袭职署事，食半俸。二年再试，中者食全俸，仍不中者充军"。因为制度严格，"故职不冗"。自永乐以后，"新官免试，旧官即比试，贿赂无不中"，因此"军职日滥"（《明史》卷七一，《选举志》三）。而且这些出任军职的武臣，"多贪暴怠惰"，致使"纪律不严，器械不利，城池不修，军士缺伍，攻城屯守之法渐至废弛"（《明仁宗实录》卷六上）。二是军士不断逃亡。明代的军士另立军籍，身份世袭，对封建国家有着很强的人身依附关系，而且社会地位很低，与罪犯为伍，"凡以罪谪充军者名为恩军"（《明太祖实录》卷二三二），以致"人耻为军"，待遇又极差，不仅"月饷"微薄，且常受到军官的克扣。明朝还实行南北人易地而守的办法，致使"彼此不服水土，南方之人死于寒冻，北方之人死于瘴病"（《西园闻见录》卷六四，《清军》）。因此从洪武开始，便出现军士逃亡现象。永乐时期，营建频繁，军士被大量调去服役，再加上军官不顾朝廷禁令，大量私役军士，"私擅差役，如驱犬羊"（《明宣宗实录》卷一六），军士的逃亡数量不断增多。例如，边军即因"困于杂役，多致逃亡"（《明宣宗实录》卷三）。为此，明宣宗自宣德元年（1426年）起不得不制定清军条例，年年派遣清军御史分道清理逃军，各地卫所也不断派人到逃亡军士的原籍勾丁补伍。同时，改变南北人易地而守的办法，确立南方人戍守南方、北方人戍守北方的制度。但是，这些措施的推行，仍然未能遏制军士特别是边军的逃亡。宣德二年六月，辽东三万卫总甲张显上言："辽东军士往年为虏掠去者十亡七八，间有存者，多以计窃马驰回"（《明宣宗实录》卷二八）。四年七月，"太原左等卫所所收山西清出军士一万五千七十六人，已逃一千七百一十三人"（《明宣宗实录》卷五六）。五年五月，"山海一卫军逃者二千六百七十二人"（《明宣宗实录》卷六六）。此后，军士的逃亡有增无减。到明英宗正统三年（1438年），"逃故军士一百二十万有奇"（《明英宗实录》卷四六），占到全国军队总数的一半左右。三是军屯遭到破坏。明代屯田军士所受的剥削极为苛重，有些屯军竟有"不得已终岁佣身以输粮而不足者"（《明经世文编》卷一一九，《论甘肃事宜疏》）。永乐时"调度频繁，营造日久"，屯军更是不堪其累，不少地方的屯田荒废，"虚有屯种之名而田多荒芜"（《明宣宗实录》卷六）。为此，明成祖不得不将建文四年（1402年）制定的"每军田一分，正粮十二石，收贮屯仓，听本军支用，余粮十二石，给本卫官军俸粮"的科则做了修改，于永乐二十年（1422年）诏各卫所下屯军士，"除自用十二石外，余粮免其一半，止纳六石"（万历《明会典》卷一八，《户部·乞田》），减少税额的一半。到宣德年间，各级管屯军官，从百户、千户一直到总兵官、镇守太监及王府、势要等，都竞相抢占屯地，私役官军屯种。如甘肃各卫所腴田，"皆为官豪之家所据"（《明宣宗实录》卷七五）；镇守宁夏的宁阳侯陈懋，"私役军种田三千余顷"（《明宣宗实录》卷七六）；大同屯田"多为豪右占据"（《明史》卷一五七，《柴车传》）；镇守大同的参将曹俭"占应州等处庄地一百五十余顷,又私役大同诸卫军百余人耕种"(《明宣宗实录》卷一○八)。于是,军士的逃亡更多,军屯的破坏更甚。屯田子粒的数额也逐年下降,由永乐二十一年(1423年)的五百一十七万一千二百一十八石降至宣德九年(1434年)的二百三十万七千八百零七石(《明太宗实录》卷二六六;《明宣宗实录》卷一一五)。从前,边军仰给于屯种,现在有的便不得不转而依赖民运。明宣宗无力扭转这种局面,反而加以迁就,于宣德十年(1435年)修改屯田则例,"诏各都司卫所下屯军士,正粮子粒一十二石,给军士用,不必盘量,止征余粮六石,于附近军屯有司官仓交纳"(万历《明会典》卷一八,《户部·屯田》)。依原先的则例,"正粮纳官,以时给之,可以免贫军之花费,可以平四时之市价,可以操予夺之大柄。今免其交盘,则正粮为应得之物,屯产亦遂为固有之私,典卖迭出,颓钝丛生,不可收拾"(《春明梦余录》卷三六,《户部·屯田》)。这就进一步助长了屯军内部的分化和官豪势要对屯田的掠夺,军屯的破坏更加严重。到宣德十年,屯田子粒便锐减至一百七十七万六千一百四十一石(《明英宗实录》卷一二)。军屯是明朝卫所制度的经济支柱,军屯的破坏,使明朝的军事实力遭到严重削弱。

在军政日趋破坏的同时,仁、宣又一改明初的文武两途并重为重文轻武,削弱武臣的权力。早在永乐时,明成祖就派宦官到各地监军、巡视,使武臣的行动受到牵制。洪熙元年,明仁宗又设置宦官守备和各镇镇守以分武臣之权,并开创文臣参赞军务之例,"以武臣疏于文墨,选方面部属官,于各总兵处整理文书,商榷机密,于是有参赞参谋军务、总督边储"(《今言》卷二)。此例一开,武臣的权力急剧下降。到明宣宗时,巡抚由临时派遣变为久任的专职。明英宗时,又向地方派遣权力更大的总督。"内之部、科,外之监军、督抚,叠相弹压"(《明史》卷九〇,《兵志》二),总兵官已几无行军作战的自主权。

不仅如此,明廷还将北部的防线不断内移。洪武年间,明太祖经过长期战争,统一了长城内外、辽东和西北部分地区,遂于长城以北建立辽东都司(治辽阳)、北平都司(治北平)、大宁都司(治大宁,后改北平行都司)、山西都司(治太原)、山西行都司(治大同)、陕西都司(治西安)、陕西行都司(治甘州),各下辖若干卫所,驻扎重兵,屯田戍守,并修筑长城,构成一个强大的防御体系。其中,辽东都司、北平行都司、山西行都司构成北部边防前线的三大要塞。从北平行都司往西,接近元上都之处设开平卫,更西又设兴和千户所,再往西于河套东北角置云川、东胜等卫,从而形成长城外的第一道防线。永乐元年(1403年),明成祖以藩王的身份起兵夺位后,为防止其他藩王仿效自己,将拥有雄厚兵力的宁王从大宁迁往南昌,同时将大宁都司移至保定,"自是辽东失左臂,宣府折右臂,松关、潢水之险顾在肘矣"(《大宁考》),辽东与宣府、大同因此受到阻隔而无法互相应援。同时,又以东胜孤远难守,调左卫于永平,右卫于遵化,而虚其地。大宁及东胜之地一弃,长城边外就只剩下开平卫一个据点,势孤难守。明宣宗没有设法加以补救,而是在宣德五年

（1430年）下令放弃开平，移镇于独石，"自此蹙地三百里，尽失龙冈滦河之险，而边地益虚矣"（《明通鉴》卷二〇）。这样，长城外围的几个军事据点尽皆丧失，长城变成北方的第一道防线，宣府、大同就直接暴露在蒙古铁骑之下。稍有疏忽，蒙古骑兵便可长驱而入，直逼宣、大，甚至威胁北京。

由于军政的败坏，武臣权力的下降，北部防线的内移，明朝对蒙古的防御力量便大大削弱了。

第三，明仁宗、宣宗过于保守，对蒙古一味采取消极防御策略，无原则地息事休兵，为瓦剌势力的复振提供了方便。

明仁宗、宣宗为了消除明成祖好大喜功、耀武四方所遗留的隐患，重新实行休养生息的政策，这无疑是必要的。但他们过于保守，从一个极端走向另一个极端，一味息事休兵，对蒙古的袭扰采取单纯防御的策略，只是被动应付，从不主动出击，"脱扰塞下，驱之而已"（《古穰杂录摘抄》）。明仁宗一继位，就明确告谕边将："民力罢矣，慎毋贪功生事。夷虏至塞下，顺则抚之，逆则御之，驱之而已，毋为首祸。违命获功，吾所不赏。"（《明仁宗实录》卷一〇）礼部左侍郎胡濙上言："为今之计，但当守其要害，严其防御，务农以足食，练卒以养威，寇至则御，寇退不追，此上策也。尤不可自启边衅，一启所得无几，所失不赀矣。"明仁宗"嘉纳之"（《明仁宗实录》卷三下）。明宣宗继位后，进一步强调："驭夷宜宽，用兵宜审。"（《明宣宗实录》卷四）因事谪戍兴州的故元进士范济上书建议"息偃兵戈"，说："陛下远鉴汉唐，近鉴太祖，惟以安不忘危为戒，毋以征讨夷狄为意,毋以忿怒不平为念,弃沙漠不毛之地,悯华夏礼义之民,俾妇不孀,老不独,尽力于田蚕,贡赋于上国,边寨无伤痍之苦,闾里绝呻吟之声,则将无幸功,士无夭阏,将见胡虏自服,灵物自至,皇祚永隆于万万年矣。"对这种极为迂阔的言论,明宣宗阅后竟深表赞赏,说:"朕观其言皆有理,皆合朕意。"(《明宣宗实录》卷六)此后,他反复告诫边将:"虏好鼠窃,但防守周密,来则击之,去则勿追,保境安民,此为上策。"(《明宣宗实录》卷一九)"春秋之法,来者不拒,去者不追。盖来则怀之以恩,畔而去者不穷追之,诚恐耗弊中国者大也"(《明宣宗实录》卷三八),"慎固封守,勿轻出兵"(《明宣宗实录》卷八九)。当时明朝的实力虽已大大不如洪、永时期,但与蒙古相比,在军事上仍然占有优势。宣德初年,兀良哈三卫头目掠永平、山海间,听说明宣宗"将亲讨之",马上停止抄掠,"皆谢罪入贡"(《明史》卷三二八,《朵颜传》),就是一个证明。因此,有的边将曾要求改变这种消极的防御策略,但明宣宗坚持己见,拒不接受。洪熙元年七月,辽东总兵官朱荣上奏,"朵颜卫达官指挥哈喇哈孙等不来朝贡,或有二心,请遣都指挥唐琦等率兵侦之,果怀贰,即乘不备执之"。明宣宗认为"遽加以兵,非怀柔之道",敕谕朱荣道:"但整搠部伍,谨慎提备,其来不来,不足计也。"(《明宣宗实录》卷四)

这种无原则的息事休兵显然是不可取的,它为蒙古势力的复振提供了便利。蒙古三部利用仁、宣政策的这种保守性,一面与明朝保持贡赐往来,一面互相兼并,力图统一蒙古,进而与明朝对抗。此时，蒙古诸部中以瓦剌最为强大。明仁宗即位后，瓦剌首领顺宁王脱欢一面与明朝保持臣属关系，年年遣使入贡，并严格约束部众，不许侵扰明边，以免引起明廷的疑忌；另一面则集中力量统一瓦剌内部，逐步吞并贤义王和安乐王的部众，执掌瓦剌大权。而后于宣德六年（1431年）举兵东向，进攻鞑靼阿鲁台，阿鲁台西越大兴安岭迎战，遭到惨败，率家属南奔，驻牧于集宁海子的西北岸。一些大臣担心脱欢的扩张会对明朝构成威胁，建议出兵讨伐，扶助阿鲁台，明宣宗却说："彼（指阿鲁台）未尝自言，朕不欲劳中国之力，以事远夷。"（《明宣宗实录》卷七八）只遣使赐阿鲁台父子盔甲、金织文绮、袭衣，以示慰问，同时"赐瓦剌等处贡使宴"（《明宣宗实录》卷七九），没有任何谴责脱欢的表示。后来，阿鲁台为反击兀良哈的进攻，带兵攻入海西女真地区，"遂住牧辽东塞"（《皇明北虏考》）。随着阿鲁台势力的东进南下，脱欢势力逐渐向东向南发展，占领了漠北东部。宣德八年，脱欢立黄金家族出身的脱脱不花为汗，自己任太师、丞相，居住在阿鲁台故地，统辖被征服的阿鲁台部众，驻兵哈喇和林，掌握军政实权。宣德九年二月，脱脱不花率众袭杀阿鲁台妻子部属，迫使阿鲁台西逃，"徙居毋纳山、察罕脑剌等处"（《明史》卷三二七，《鞑靼传》）。阿鲁台遣使向明朝求援，明宣宗仅"遣使抚之"（《四夷考》卷六，《北虏考》），未采取任何实际行动。脱欢看透了明廷的虚弱，遂于七月间率众袭杀了阿鲁台。这样，一个统一了蒙古而日益强大的瓦剌又重新崛起，成为明朝的北部劲敌。

综上所述，明成祖、明仁宗、明宣宗的政策失误，导致明朝实力下降，边防削弱，使瓦剌势力得以乘机崛起，埋下了日后土木堡之败的祸根。如果说，明英宗和王振的昏庸腐败和无能，导致明朝政治、经济、军事形势急剧恶化，是直接造成土木堡之败的近因；那么，永乐至宣德的上述失误，则是酿成土木堡之败的远因。

# 四百年后再看张居正的改革

2017年是明代杰出政治家张居正逝世435周年，笔者想起他生前大无畏的改革勇气，彪炳史册的改革业绩，死后却被夺秩抄家的悲惨结局，不禁感慨良多。

## 日益严重的统治危机

张居正（1525—1582年），字叔大，号太岳，湖广江陵（今属湖北荆州）人。从小聪颖绝伦，15岁为诸生，写得一手好文章，得到湖广巡抚顾璘的赏识，誉之为"国器"。16岁中举，顾璘解下犀带相赠。20岁赴京会试下第，23岁再试成功，中二甲进士，入翰林院为庶吉士，开始了自己的政治生涯。

张居正慨然以天下为己任。他利用在翰林院当庶吉士的历练机会，了解当时的时事政治，着力收集一切可能到手的原始资料，一一分类条列，进行深入的思考，探讨治国除弊的办法，为后来的改革打下坚实基础。之后,他授翰林编修,又在裕王府邸担任侍讲侍读,再升任侍讲学士,领翰林院事。这段时间,他继续密切关注形势的发展,于嘉靖二十八年(1549年)上《论时政疏》,历陈宗室骄恣、庶官瘝旷、吏治因循、边务未修、财用大匮五大弊病,吁请从速进行改革。奏疏呈上后被"留中",如同石沉大海,毫无音信。

十六世纪是经济全球化的起始阶段,白银货币化便是中国与世界的关键连接点。明代的白银货币化始于十四世纪末的洪武末年,到十五世纪下半叶的成化、弘治年间为官方所承认,随即自上而下地全面铺开。到十六世纪四十年代,即嘉靖年间,白银货币化已基本完成,中国进入银本位阶段。这既有力地推动着商品经济的繁荣,又促进了对外贸易的发展,国外主要是日本和南美的白银开始如潮水般流入中国。

伴随着白银的货币化和商品经济的发展,明中期的皇帝大多沉醉于穷奢极欲的生活,不问国家大事。明宪宗即位不久,就深居宫中,热衷神仙、佛老、声色、货利、奇技淫巧等事,疏于朝政。被称为"中兴""圣主"的明孝宗,执政中后期也怠于政事,等待批阅的奏章往往稽留数月,或竟不施行。明武宗更好逸乐,经常外出巡游,嬉戏玩乐,是明史上有名的荒唐皇帝。明世宗由外藩继统,为了巩固自己的皇位,早期忙于"议大礼";待到坐稳皇位,又迷恋方术丹药,日事斋醮修炼,祈求长生不老,三十年不理朝政。明穆宗在位六载,也是热衷于游玩、挥霍,很少过问政事。皇帝如此昏聩,政局自然混乱不堪,不是宦官擅权乱政，就是阁臣内斗不休。一般官员或是阿谀奉承，见风转舵，或是虚与委蛇，明哲保身，行政效率极其低下，中央集权机构运转失灵。在社会奢靡之风的影响下，官吏以权谋私、贪赃枉法的行为日见猖獗。内阁首辅严嵩及其子严世藩大肆贪污受贿，倒台后从其家中抄出黄金三万余两、白银二百万余两，其他珍宝器物无数。皇亲国戚、大地主疯狂地兼并土地，隐田逃税，"私家日富，公室日贫"，不仅使国家财源大大减少，而且使百姓的负担日益加重，激起广大人民的强烈反抗。皇室开支不断膨胀，土木繁兴，国家财政入不敷出，到嘉靖末年已是"帑藏匮竭"，隆庆年间更是"府库久虚"，宗藩禄米、官俸和军费的运作都相当困难。边防日益废弛，边患丛生，南有倭寇肆虐，北有蒙古逞威。明王朝面临着深刻的政治、经济和军事危机。

面对尖锐的社会矛盾和严重的统治危机，一些较有远见的政治家纷纷呼吁进行改革。早在宣德年间，就有个别地方官在江南地区推行均平负担的改革。在全国范围内实行改革，则始于明武宗去世之后。正德十六年（1521年）明武宗病死，无嗣可立，也没有同父的兄弟可以继位，由兴献王之长子、明宪宗之孙、明孝宗之从子、明武宗之从弟朱厚熜继统，是为明世宗。在明世宗自湖广安陆入京继位之前的三十七天里，内阁首辅杨廷和用明武宗遗诏、皇太后懿旨和明世宗登极诏的办法，做了不少改革，革除了明武宗的一系列弊政。明世宗入京继统后，为了巩固自己的皇位，从嘉靖三年起，也在"议礼新贵"张璁、桂萼等大臣的辅佐下，以此前的改革为基础，施行一系列革新措施。其主要内容有五。第一,扩大内阁事权,使之领导九卿而成为百官之首。内阁自此开始侵夺六部之权,这为日后张居正当国进行改革创造了条件。第二,整顿都察院,清理失职的监察官员,以较为廉明的官员取代之。第三,革除正德朝派往各地的镇守中官。第四,革除外戚世封,裁减宗室禄米。第五,开放言路。不过,随着皇位的巩固,明世宗逐渐迷恋于玄修,改革的劲头越来越小,至嘉靖十年(1531年),政治改革已趋于平淡。各种社会矛盾继续恶化,明朝的统治危机越发严重。

## 力推政治与经济财政改革

张居正对此忧心如焚,期盼着有朝一日进入权力中枢,实施他的改革宏愿。嘉靖四十五年(1566年)明世宗病逝,裕王继位,是为明穆宗。张居正以裕王旧臣的身份,被擢为吏部左侍郎兼文渊阁大学士,入阁参与机务。他入阁后即与当时的内阁首辅徐阶共同起草世宗遗诏,革除了嘉靖时期的诸多弊政。寻升礼部尚书、武英殿大学士。第二年他呈上《陈六事疏》,提出省议论、振朝纲、重诏令、核名实、固邦本、饬武备六大改革主张。但明穆宗沉溺于声色犬马,对此置若罔闻,而张居正还不是内阁首辅,权力有限,也不可能展开全面的改革。其时徐阶已去职,继任的首辅李春芳为人宽厚平庸,此后接替他的首辅高拱同张居正关系密切,张居正便利用这个有利条件,在力所能及的范围之内,首先开展了"饬武备"的军事改革。

当时，明朝北方面临着漠南蒙古俺答汗的严重威胁。俺答汗控制着以河套为中心，西达青海、东抵兀良哈三卫的广大地域，兵强马壮。他为了称雄蒙古诸部，希望能与明朝议和，并多次遣使向明廷表达通贡互市的愿望，却遭到明世宗的顽固拒绝。于是便不断出兵攻掠明边，想"以战求和"。张居正和内阁诸臣为了求得北部边境的安宁，决定调整对蒙古的政策，"外示羁縻，内修战守"。他们深知，要实现对等的议和，首先必须改变北部边防积弱的局面，实现双方军事力量的均衡。为此，张居正大力整顿军纪，严格训练军队，并抽调谭纶、戚继光、王崇古、方逢时、李成梁等智勇双全的将领到北方要地担任总督、巡抚、总理等要职，整饬防务，修筑长城，使北部边境的防御能力大为提高。隆庆四年（1570年），俺答汗的孙子把汉那吉，因与俺答争夺一女子而率十多名部将降明。张居正抓住时机，力排众议，授命王崇古与俺答汗进行和谈，达成"隆庆和议"。俺答汗解送叛明投附于他的赵全等人，换回把汉那吉。翌年，明廷敕封俺答汗为顺义王，授其部将六十余人大小不等的官职。俺答汗承诺岁贡马匹物品，"永不犯边"。自此，"虏酋内附，逆贼伏诛，边境叛宁"（《张太岳集》卷二二,《答王鉴川》），结束了明蒙长期对峙的局面，从而为万历初年的社会改革创造了条件。

隆庆六年（1572年），明穆宗去世，明神宗继位，张居正结纳内监冯保，驱逐首辅高拱，代为内阁首辅。其时明神宗年方十岁，对顾命大臣兼帝师张居正既尊重又敬畏，言听计从。明神宗的生母李太后对张居正又十分信任，加上有内监冯保的支持，张居正因而大权在握，独揽朝纲，成为明代最有权威的内阁首辅，可以放手施展自己的才干。他即以《论时政疏》《陈六事疏》为总纲，大刀阔斧地开展全面改革。改革的范围涉及政治、军事、经济财政、文化教育等各个方面。其中，政治与经济财政改革是这次改革的主要内容。

政治改革是以推行考成法为核心的吏治改革。张居正认为，自嘉靖以来"纪纲不肃，法度不行"的根本原因，在于官员的不负责任，敷衍塞责，而其政绩又漫无稽察，不受制约。为此，他在万历元年（1573年）十一月经奏准正式推行考成法。其主要内容有二。一是加强内阁的行政责任和监察责任，提高六科的监察效能。规定以六科督促六部，以六部督促诸司及地方抚按，最后以内阁直接控制六科，通过六科直接掌握各级官吏的监察督促大权，形成一个严密而又完整的官吏考成系统。二是考成系统确立后，又规定六部及都察院对于皇帝批准的各项奏章，应该立即转发有关衙门执行。转发之前，要先酌量道里远近，事情缓急，立定程限，编造一式三本文簿。一本留底，月底注销；一本送交六科备案，实行一件，注销一件，半年将文簿上交一次；另一本送交内阁查考。这样，对于要办的事情，从内阁到六部，从六部到各个衙门，都做到心中有数，层层考试，"月有考，岁有稽，不惟使声必中实，事可责成，而参验之法严，即建言立法者，亦终虑其终之罔效，而不敢不慎其始矣"（《张太岳集》卷三八，《请稽查章奏随事考成以修实政疏》）。考成法推行之后，行政效率大为提高，朝廷政令，"虽万里之外，朝下而夕奉行"（《明史》卷二一三，《张居正传》）。

随着考成法的推行，张居正"大计廷臣，斥诸不职"，精简机构，裁汰冗员。如万历六年（1578年）三月，直隶府州县和卫所二十八名官员因未完成收缴钱粮的任务而受处分，未完成七分者被降职二级，未完成二分以上者被罚俸一年。万历八年六月，科臣傅作舟弹劾南京工部尚书沈应时"以部差不行考核"，经查实后沈被罚俸一年。据《明神宗实录》记载，仅从万历八年十一月到九年七月，裁汰的冗员就达五百九十五人。在张居正当国期间，"汰冗员什二三"，可见其裁革力度之大。

张居正还大力惩治贪污，说："吏治不清，贪官为害。"黔国公沐朝弼在云南横行霸道，"谋害亲子，擅杀无辜"（《明神宗实录》卷七），"事母嫂不如礼，夺兄田宅，匿罪人蒋旭等，用调兵火符遣人诇京师"。隆庆六年（1572年）八月，云南抚按和兵科先后"交章言状，并发其杀人通番诸不法事"（《明史》卷一二六，《沐英传》），但许多大臣顾忌他是开国功臣西平侯沐英的后代，不敢吭气，张居正果断"驰使缚之"（《明史》卷二一三，《张居正传》），绳之以法。辽王朱宪㸅极其荒淫暴虐，"淫乱从姑及叔祖等妾，逼奸妇女，或生置棺中烧死，或手刃剔其骨肉……用炮烙剭剥等非刑剜人目，炙人面，煇人耳"（《国朝典汇》卷一三）。但是因系皇亲国戚，无人敢碰。张居正还是同他展开了斗争，使之受到沉重打击。

在惩治贪污、裁汰冗员的同时，张居正积极举荐、任用具有真才实学的人才。他把综核名实作为发现人才、使用人才的首要条件，不受资历、毁誉、亲疏的影响，并强调用人要"赏罚明而信任笃"。张居正任用戚继光镇守蓟门，修建敌台。尽管议论纷纷，他却坚决给予支持，终获成功。又如任用精通水利的潘季驯治理黄河，"一切假以便宜久任，帑藏不问出入。诸奉行不及事者，下诏狱鞫治之。于是当事者日夜焦劳，盖逾年而堤成，转漕无患"（《明史记事本末》卷六一，《江陵柄政》）。

考成法的施行，不仅大大提高行政工作效率，而且实现内阁的集权，这就为其他改革措施的推行提供了组织保障。

张居正改革的最重要内容，是推行经济改革，重建新的财政体系。这是宣德以来特别是嘉靖后期和隆庆年间，地方赋役改革的继续和总结。

第一，清丈全国田亩。土地是传统农业社会最主要的生产资料，也是国家的主要税源。洪武年间，曾在全国丈量田亩，编制鱼鳞图册，作为征收田赋的依据。正统以后，地主阶级大肆兼并土地，并欺隐田亩，不仅减少朝廷掌握的土地数额，而且加重了赋役不均的局势。因此，自正德年间起，就不断有人吁请朝廷普遍丈量田亩，并曾在局部地区实行丈量。到嘉靖年间，要求丈量的呼声更是此起彼伏。江南总督顾鼎臣、应天巡抚欧阳铎、苏州知府王仪，曾合力在应天推行丈田，因遭当地豪绅的强烈反对，最后以夭折告终。张居正认为，清丈田亩是"剔刷宿弊，为国家建经之策"，他援引先秦郑国子产"苟利社稷，死生以之"的话表达自己的决心，决定排除万难，在全国普遍推行之。

张居正深知，这项清丈工作，牵涉到国家以及各个阶层的利益，不能鲁莽从事，要防止出现任何闪失。他选择在福建先行试点，取得经验，然后再推向全国。福建的试点工作始于万历六年（1578年）十一月，完成于八年九月。当月，张居正经与内阁大学士张四维、申时行和户部尚书张学颜商议，决定将清丈工作推向全国，限三年完成。十一月，张学颜颁布依据福建试点的经验制定的《清丈条例》八款，对清丈的政策性和技术性要求做出明确规定。于是，清丈工作在全国普遍展开。在清丈过程中，有些地方的强宗豪民百般阻挠，有些地方官员敷衍塞责，懈怠迟缓，皆受到严厉惩处。在清丈的基础上，张居正命令重新编制或修订鱼鳞图册，各地也都认真执行。如万历十年江苏武进县"奉旨通县丈量"，"是年丈量，尝造鱼鳞图"（《天下郡国利病书·常镇备录·武进县志》），常州府在清丈之后，也攒造鱼鳞图册，"惟求缮写，不啻再三"（万历《常州府志》卷四，《钱谷》）。

经过三年的努力，全国的清丈工作于万历十一年基本告竣。从各地上报的数字看，这次清丈查出了大量欺隐的田土，新增地亩一百八十二万八千五百四十二点七三顷，约占万历六年全国地亩总数七百零一万三千九百七十六顷的百分之二十六①。这不仅有助于政府控制税源，增加财政收入，减少因富户豪绅欺隐田亩向农民转嫁的负担，更为一条鞭法的普遍推行和国家财政体系的全面转型铺平了道路。

第二，普遍推行一条鞭法，重建新的财政体系。自宣德五

---

① 张海瀛：《张居正改革与山西万历清丈研究》，山西人民出版社1993年版，第130页。

年（1430年）江南巡抚周忱创平米法起，有不少地方官员在各地试行各种名目的改革，以图均平负担。至嘉靖初年出现一条鞭法后，各地的赋役改革便朝向赋役合一和一体征银的方向发展。不过由于阻力重重，谤议纷起，这些改革往往数行数止，效果甚微。张居正就任内阁首辅后，大力支持地方官推行一条鞭法。万历元年（1573年），他在给应天巡抚宋阳山讨论一条鞭法的信中即表示："仆以一人身当天下之重，不难破家以利国，岂区区浮议而摇夺乎？公第任法行之，有敢挠公法、伤任事之臣者，国典俱存，必不容贷。"（《张太岳集》卷二七，《答应天巡抚宋阳山》）后来，他在给山东巡抚的信中，更断然表示，为推行一条鞭法，将不惜付出最大的牺牲："仆今不难破家沉族，以殉公家之事，而一时士大夫乃不为之分谤任怨，以图共济，亦将奈之何哉？计独有力竭而死足哉！"（《张太岳集》卷二九，《答少宰杨二山言条鞭》）但张居正清醒地认识到，"行法在人，又贵因地"，"须得良有司行之耳"（《张太岳集》卷二八，《答楚按院向明台》）因而没有马上颁布在全国普遍推行一条鞭法的政令，而是选拔一些能干的官员，先到条件成熟的地方推行一条鞭法。此后，各地推行一条鞭法的改革逐渐进入高潮。万历八年（1580年）底在全国清丈田亩，重新编制《鱼鳞图册》，又为推行一条鞭法扫除了一大障碍。张居正乃于万历九年下令在全国普遍推行一条鞭法，这就是《明史·食货志》中所说："（条鞭之法）嘉靖间数行数止，至万历九年乃尽行之。"

一条鞭法将部分徭役摊入田亩，合并诸项杂役，条鞭征收，计亩征银。一条鞭法的推行,有利于消除赋役征派中的不合理现象,减轻农民负担;赋役征解由民办改为官办,减少了地方官吏鱼肉百姓的行为;赋役由原来征收实物和力役的形式,改为征收白银货币,标志着白银货币化的完成,也标志着国家财政体系的全面转型,建立起一种全新的中央集权货币财政体系,这是张居正改革的最重要成果。

## 张居正的时代与阶级局限性

张居正的经济改革,暂时挽救了明朝的财政危机。到万历十年(1582年),"府库充溢","太仓粟可支十年,囧寺积金,至四百余万"(《明史记事本末》卷六一,《江陵柄政》)。时人评价道:"自正、嘉虚耗之后,至万历十年间,最称富庶。"(《明史》卷二二二,《张学颜传》)更重要的是,伴随着田亩的清丈和一条鞭法的推行而实现的国家财政体系的全面转型,标志着中国由传统国家向近代国家转型,这是中国历史上亘古未有之巨变,具有重大的历史意义。正是由于实现了这种转型,农民对国家和地主的人身依附关系大大削弱,从而有力推动了晚明时期的商业化、市场化和城市化进程,促进商品货币经济的繁荣和参与国际市场的建构。

但是,人无完人,张居正亦有其时代与阶级的局限性。他不仅结纳宦官冯保,而且参与冯保主谋的"王大臣案"以逐高拱，这是其政治生涯的一个疵点。不仅如此，他在权力鼎盛时期，还显露出专权独断、骄盈自用的作风，好听奉迎的谀辞，无情打击逆耳的谏诤，甚至渐染奢靡之习，收受苞苴馈遗，利用权势助其年长的三个儿子高中制科。万历十年，张居正病逝后，反对改革的保守派，即抓住这些把柄对他大肆攻击。明神宗早已耿耿于张居正作为帝师对自己过于严苛的管束，于是下诏尽削张居正官秩与谥号，派人抄其家产，差点将其剖棺戮尸。这幕历史的悲剧，既充分暴露了封建专制君主的冷酷与无情，也昭示后人：改革家应该慎始慎终，拒腐蚀，永不沾。不过，就功过是非而言，张居正的历史贡献还是主要的、巨大的。他由清丈田亩、推行一条鞭法而促成国家转型的历史功绩，将永载史册，光耀千秋。

# 明朝覆亡的历史反思

## 明初埋下覆亡的祸根

明朝统治时间长达 277 年，是我国封建社会仅次于唐朝的第二国祚绵长的统一王朝。这个王朝最终亡于李自成的农民军，随后由于清军入关，明清易代。对于明朝的覆亡，学术界的看法见仁见智，众说纷纭。其实，如果细加深究便不难发现，对明朝的倾覆，晚明乃至南明诸帝，固然都有不可推卸的责任，但其祸根早在明朝建立之初即已深深地埋下。这就是明太祖高度强化的封建专制主义中央集权的政治体制。

面对各种错综复杂的矛盾，以及经济凋敝残破、社会动荡不安的严峻局面，明太祖按照"权不专于一司""事皆朝廷总之"的原则，对国家机构进行大刀阔斧的改革。在地方，废除总管一省行政、军事和司法监察大权的行中书省，分设布政司、按察司和都司，分管行政、司法监察和军事。三司彼此独立，又互相牵制,皆直属朝廷指挥。在中央,撤销总揽全国行政的中书省,废除丞相,以六部分理庶政,直接对皇帝负责。军事与监察机构,也都进行相应的改革。经过改革,全国的行政、军事和司法监察大权都集中到中央,最后统归皇帝一人掌握。皇权空前集中,君主的专制集权发展到新的高度。

明太祖对此非常满意,认为这样的制度可以确保自己"躬览庶政",防止皇权旁落。他还特地规定:"凡我子孙,钦承朕命,无作聪明,乱我已成之法,一字不可改易。"(《皇明祖训》序)后来继位的皇帝,无不固守这种"祖制",直至明亡。尽管后来明成祖正式建立了内阁,明宣宗又授予阁臣代皇帝草拟答复大臣奏章的"票拟"权,但内阁既没有官属,又不得专制诸司,诸司奏事也不得相关白,它不过是皇帝的秘书、顾问班子。虽然明宣宗还授予司礼监秉笔太监代皇帝对内阁的票拟进行朱批的"批红"权,但宦官代行的只是"手"的功能而非"脑"的功能。他们只能按皇帝的"圣意"行事,不得掺杂自己的私意。可见,内阁与司礼监都是辅佐皇权运行的机构,旨在强化而不是削弱皇权,并没有改变君主专制集权的本质。

如此高度强化的君主专制中央集权制度,虽然带有明太祖个人猜忌多疑的性格烙印,但归根到底是中国地主土地所有制和租佃制发展以及封建社会走向衰落的产物,含有某些顺应社会发展趋势的因素,对明代尤其是明前期的政治、军事、经济和文化的发展产生过积极作用。第一,它使明王朝得以集中更多的人力、物力和财力,特别是牢牢地控制一支强大的军队,对内能够迅速平定割据势力和少数民族上层贵族的叛乱，防止元朝残余势力卷土重来，维护多民族国家的统一；对外能够有力地抵御倭寇的骚扰，维护国家领土的完整和主权的独立。第二，中央集权体制的强化，使明王朝在其前期能够有效地维护社会的稳定，推动社会经济的发展。它使明代生产力的总体水平超过了宋元时代，为明代中后期商品货币经济的繁荣、全国性市场的形成并向世界延伸，进而参与世界市场的建构奠定了坚实的基础。第三，由于强大的中央集权体制，明王朝不仅得以大力兴办教育，推行科举，而且还凭借手中掌握的人力、物力和财力，兴办许多规模宏大的政治、军事、经济和文化工程，如营建以中都、南北两京、皇陵、十三陵、显陵以及南京大报恩寺、湖北武当山宫观等为代表的庙宇宫观，修筑长城，修建自北京通往东西南北各地的驿道干线，治理大运河和黄河，编纂《永乐大典》和众多的史志、佛藏、道藏，为后人留下了丰富的历史文化遗产。

但是，明代高度强化的皇权如同以往的历代皇权一样，既不能解决封建社会的矛盾，也未能消除封建统治的种种痼疾。到明代中后期，随着国内外形势的变化，这种高度强化的君主专制集权体制的种种弊端，便日益显著地暴露出来，最终导致明朝覆亡。

## 高度的君主专制集权致明朝覆亡

明中期以后,社会生产继续快速发展,随之而来的是白银实现货币化,农村经济日趋商品化,市镇经济骤然勃兴,在农村出现了经营地主,在城镇出现了使用雇佣劳动的手工工场。私人海外贸易日益兴盛,国内市场已从区域性市场转变为全国性的统一市场,并参与世界市场的建构,大量白银滚滚流入中国,经济结构从单一的农业经济转变为农、工、商并举的多元经济。

经济领域的变化,导致社会生活和思想观念的变化。追求财富、崇尚消费、尊卑失序、违礼越制、标新立异、开放不拘,成为一股新的社会风尚。处于独尊地位的程朱理学受到严重挑战,阳明心学与经世实学勃然兴起,人们的价值观、伦理观、财富观与政治观发生了明显的改变。到明后期,社会已开始由传统向近代转型。

在国外,自十五世纪末、十六世纪初地理大发现后,西方殖民主义者不断向世界各地扩张势力,世界市场的雏形初具规模,全球化的趋势初露端倪。陆续东来的葡萄牙人、西班牙人和荷兰人,不仅到中国沿海从事走私贸易,葡萄牙人还于嘉靖三十二年(1553年)租居澳门。荷兰人和西班牙人则在天启年间分别侵占台湾南部和北部,经过一场激烈的火拼,荷兰人击败西班牙人,于崇祯十五年(1642年)独占了我国的台湾。

面对急剧变化的国内外形势,明中后期的皇帝仍然恪守祖训,以不变应万变,固守高度强化的君主专制集权体制,不做任何改良与变革，不论是嘉靖革新还是隆万改革，都不曾触及政治体制问题。高度强化的君主专制集权体制的种种弊端，集中爆发出来，导致明朝统治大厦轰然倒塌。

首先，不受监督的皇权空前膨胀，无法保证明帝国航船的正确航向。全国的行政、军事、司法监察大权集中于皇帝一人之手，军国大事的决策全凭他的个人意志。这就要求皇帝具有高度的智慧、长远的眼光、开阔的视野和驾驭群臣、治国理政的才能。但是，明太祖制定的皇位继承制度是有嫡立嫡、无嫡立长的嫡长子制。皇帝的嫡长子立为皇太子，作为法定的皇位继承人，其余诸子悉皆封王。如果皇帝死后没有子嗣，则按"兄终弟及"的原则，从众藩王中选择其同父之弟继位。皇太子们从小生长于深宫之中，缺乏像明太祖、成祖那样长期经历政治与军事斗争的实践，很难具备治国理政的经验，相反却极易受到周围宦官的蛊惑和诱导，不是沉湎酒色，就是贪财好货，或是沉溺佛道，追求长生，置国计民生于不顾，将国家社稷安危抛之脑后，变成昏庸透顶的君主。分封制的实行，赋予藩王众多的经济特权，"令世世皆食岁禄，不授职任事"（《明史》卷八二，《食货志》六），更谈不上政治与军事斗争的历练，而优裕的寄生生活又必然导致他们的腐朽没落，使之变成一无所长的废物。这样的皇太子和藩王一旦登上皇帝的宝座，自然难以自如地驾驭皇权。如果是幼龄继位，更容易导致权臣与宦官的专政，而使皇权旁落。明代以前，丞相之设，多少限制皇帝的过分集权，并对皇帝起着助手的作用。"天子传子，宰相不传子；

天子之子不皆贤，皆赖宰相传贤足相补救，则天子亦不失传贤之意。宰相既罢，天子之子一不贤，更无与为贤者矣。"(《明夷待访录·置相》)胡惟庸案发后，丞相罢而不设，皇帝高度集权，明朝的航船只能听凭这些腐朽无能的庸主昏君的意志，驶向黑暗污浊的深渊，为滔天巨浪所倾覆。

其次，君主的绝对专制，以天下奉一人，必然导致朝政的腐败。在君主绝对专制的体制之下，君主与臣子的关系，只能是"主子"与"奴才"的关系。文官武将只能绝对服从君主的意志，按"圣意"办事。在官场中也就只能根据等级权力，看上司的眼色行事，阿谀奉承、趋炎附势、因循守旧、推诿卸任、隐瞒欺骗之风必然盛行起来。官员的任免升降，取决于皇帝和长官的好恶，势必任人唯亲，大搞裙带关系。官员一朝邀恩得宠，也势必肆行无忌，滥用特权，拉帮结派，营私舞弊，贪赃枉法，贿赂公行。正直的官员不屑于同流合污，群起反对，又势必形成激烈的党争，使朝政变得更加混乱。同时，君主越是专制，就越是需要庞大的官僚机构。"利不欲其遗于下，福必欲其敛于上；用一人焉则疑其自私，而又用一人以制其私；行一事焉则虑其可欺，而又设一事以防其欺。"(《明夷待访录·原法》)如此一来，衙门势必越设越多，官职势必越设越滥，官僚机构日趋臃肿，官僚队伍日益庞大。到明中后期，全国的官员多至十万上下，宦官十余万，厂卫特务十余万，形成一支庞大的官僚队伍。官僚机构臃肿庞大，官员人浮于事，既层层掣肘，又互相推诿，行政效率越来越低，这更为吏治的腐败提供了滋生的土壤。到明朝后期，官僚政治的种种腐败现象,便如大河决堤一般泛滥起来。朝政败坏,军政废弛,赋役征敛繁苛、国家财政破产,土地高度集中,自然灾害频发,经济文化横遭破坏,民变与兵变迭起,边疆危机日益加剧。这种政治的黑暗腐败,正是封建专制主义高度强化的必然结果。

再次,君主的绝对专制,又势必导致财政的崩溃。君主的绝对专制,使全国的财政大权集中于一人之手,经济政策的制定由其拍板,财政的收支也由其支配。这种体制,必然导致皇室财政与国家财政界限的混淆。明朝初年,户部所设的内府十库,既是中央政府的国库,也是皇帝的私库,公私不分,混同开支。后来,随着商品货币经济的发展,于正统七年(1442年)在北京户部设立太仓银库,弘治八年(1495年)又在南京户部设立银库,此后太仓银库就成为中央政府的国库,内府完全变成皇帝的私库,政府收支与皇室收支基本分开。但在皇帝的心目中,全国的土地和所有的赋役收入都是他的私有财产,不仅内府就连国库都是皇帝的财产。明神宗就声称:"朕为天子,富有四海之内,普天之下,莫非王土,天下之财皆朕之财。"(《召对录》)到明中后期,随着商品货币经济的发展,皇帝的私欲日益膨胀,生活日趋腐化,不仅纵情声色,而且大兴土木,滥施赏赐,大肆挥霍浪费,造成内府支绌,于是便向国库伸手,化国为家,甚至派遣宦官直接向工商业者进行搜刮,导致经济秩序紊乱,破坏社会经济的发展。为了满足皇室的贪欲,自明中期起,皇帝不仅大肆扩大皇庄的规模,而且大量赏赐给藩王、公主和勋戚田土,助长兼并之风,导致土地高度集中,加剧农村的两极分化。与此同时,由于战事频繁,军费的开支日益扩大,加上宗藩人口的不断膨胀,禄米的数额迅速扩增,国家财政入不敷出,皇帝更是不顾百姓的死活,屡次下令向农民加派田赋,而不肯动用内府的储积,从而极大地加重了人民的负担。所有这一切,都导致社会矛盾特别是阶级矛盾的激化。明王朝的统治大厦在农民起义军与清朝八旗兵的两面夹击之中苦苦支撑了一段时间,终于被农民军冲垮。继起的几个南明政权,虽然联合农民军的余部展开抗清斗争,但最后还是无法挽救明王朝覆亡的命运,从而打断了社会转型的历史进程。

## 明亡的历史启示

明朝的灭亡,距今已过去三百余年。回首往事,仍可从中获得许多深刻启示。

第一,政治体制必须随着客观形势的变化,实行与时俱进的改革。政治制度是一定经济形态的产物,而政治体制则是政治制度的核心,必须与经济基础相适应。明太祖制定的高度强化的君主专制集权体制,与明初封建地主经济主导的自给自足的单一农业经济是相适应的,起到了巩固封建统治、促进生产发展和社会进步的作用。但是,明太祖认为这种体制可以千秋万代一成不变地维持下去,要求他的子孙"一字不可改易"。他的子孙也未能根据客观形势的变化而进行与时俱进的改革,死死抱着祖制不变。到了明中后期，当西方殖民者开始染指我国沿海地区，国内的经济结构也正由单一的农业经济转变为农、工、商并举的多元经济，在传统的封建地主经济之外，出现经营地主和使用雇佣劳动的手工工场，国内市场已向国外延伸，并开始融入世界市场之时，这种高度强化的君主专制集权体制显然已与国内外形势的发展不相适应，其最终的崩解也就在情理之中了。

第二，经济政策必须根据经济的发展变化不断进行调整。明初的经济结构是单一的农业经济，国家的财政收入主要是通过超经济强制手段向农民征派的田赋和徭役。为了维护小农的简单再生产，又实行"重本抑末""重农抑商"的政策，以求达到维护明王朝长治久安的目的。在明前期，这种经济政策确实收到显著的效果。到明代中后期，国内外经济形势已发生深刻变化，朝廷却只对传统的经济政策稍做调整：于隆庆年间开放海禁，在万历初年张居正改革时推行一条鞭法，部分摊丁入亩，等等，均未能对经济政策进行重大调整。这既没有及时地由几乎单一的农业税制转化为真正意义上的多种税制并举，堵塞了多种税源，无法缓解国家的财政困难；又没有实行保护与扶植手工业和商业的政策，相反，在万历年间派遣大批矿监税使，对工商业者进行残暴的掠夺，使各地的工商业惨遭破坏；更没有看到经济逐渐全球化的新形势给中国带来的机遇，而是继续与周边国家保持朝贡关系，未能制定出保护、发展海外贸易的政策，使中国错失了走向世界，快速发展的一次机会。

第三，解决民生问题是维护社会安定的关键所在。明朝建立之初，贫苦农民出身的明太祖即提出"安民为本"的主张："为政以得人心为本""人安则国固"。他还提出"藏富于民"的主张："民富则亲，民贫则离，民之贫富，国家休戚系焉！""大抵百姓足而后国富，百姓逸而后国安。未有民困穷而国独富安者。"因此，明太祖极其重视民生问题，在大力恢复和发展生产的同时，实行轻徭薄赋、均平负担、惩治贪污、抑制豪强的措施，并建立起对灾荒及孤寡病残贫民的救助体系，从而促使社会迅速走向安定。此后继位的几个皇帝，大多也比较重视民生问题，所以明前期的经济继续向前发展。到明中后期，许多皇帝的贪欲却因商品货币经济的刺激而无限膨胀，既享乐腐化，又贪财好货，不仅不断向国库伸手，化国为家，而且滥施赏赐，助长大土地所有制的发展，加速土地的高度集中和贫富的两极分化。

随着国家财政的日见支绌，明廷便不顾农民的死活，拼命加重田赋的征派。据统计，从万历四十六年（1618年）到崇祯十二年（1639年），前后累计增派饷银近二千万两。田赋加派之外，还有杂税加派、地方私派、官吏暗派，可以说是层出不穷，大大超出了农民所能承受的极限。于是阶级矛盾空前激化，无法维持简单再生产的广大农民，只能揭竿而起，终于把黑暗腐朽的明王朝送进了坟墓。

# 党员干部为什么要学点历史知识

我们党的几代领导人都十分重视对历史的学习,号召广大党员干部要认真学习历史知识。抗日战争时期,毛泽东说过:"指导一个伟大的革命运动的政党,如果没有革命理论,没有历史知识,没有对于实际运动的深刻的了解,要取得胜利是不可能的。"因此,他向全党提出了学习历史、研究历史的任务,提出要"学习我们的历史遗产,用马克思主义的方法给以批判的总结"①。2015年12月,习近平总书记在中央政治局"三严三实"专题民主生活会上强调:"我们要加强对历史的学习,特别是对古代史、中国近现代史、中国共产党史的学习,历史是一面镜子,从历史中得到启迪、得到定力。"②2019年11月,习近平总书记在上海

---

① 《毛泽东选集》第2卷,人民出版社1991年版,第523页。
② 《习近平关于"不忘初心、牢记使命"论述摘编》,党建读物出版社、中央文献出版社2019年版,第214页。

考察时，又强调要"引导广大党员、干部深入学习党史、新中国史、改革开放史，让初心薪火相传，把使命永担在肩"①。

党的领导人为什么如此强调历史知识的学习？这是因为历史知识具有认识、鉴别、教育的诸多功能，举其大端，大抵有以下几个方面。

第一，有助于加深对人类社会发展规律和国情、省（区）情、市（县）情的认识。当今时代，人们要在社会上立足，要求得生存和发展，就必须了解人类社会历史的发展规律，顺应时代潮流，否则，不仅难以生存和发展，而且会落个身败名裂的下场。认识历史发展的规律，把握时代潮流的脉搏，则需借助史学研究的认识功能，广读博览，积累丰富的历史知识。马克思告诉我们："人们自己创造自己的历史，但是他们并不是随心所欲地创造，并不是在他们自己选定的条件下创造，而是在直接碰到的、既定的、从过去承继下来的条件下创造。"②因此，求得生存和发展，不仅要掌握人类社会历史的发展规律，还要认识当今的国情、省（区）情和市（县）情，这是我们生存和发展的出发点。当今的国情、省（区）情和市（县）情又是从过去发展而来的，这同样要求我们掌握丰富的历史知识，以此为依据，对未来的发展方向做出科学的预判。对党员干部来说，全面认识国情、省（区）情、市（县）情显得尤其重要，因为我们党和政府的各种战略构想、政策措施，都是依据我国的国情、省（区）情和市

---

① 转引自《学习历史，为的是面向未来》，《光明日报》2020年6月22日第1版。
② 《马克思恩格斯选集》第1卷，人民出版社1972年版，第603页。

（县）情来制定的，如果对国情、省（区）情和市（县）情缺乏全面的认识，就无法了解这些战略规划、政策措施制定的依据，也就难以有效地加以贯彻执行。

第二，有利于批判地继承历史文化遗产，增强文化自信。历史是人类时代的延续和更替。各个时代的人们在改造客观世界的实践中，都需借助先前时代的历史文化遗产和成果。无产阶级在争取自身和全人类的解放斗争中，既勇于破除一切对既往事物的迷信，又善于汲取和改造人类历史上一切有价值的精神财富。列宁指出："每个民族的文化里面，都有一些哪怕是还不发达的民主主义和社会主义的文化成分，因为每个民族里面都有劳动群众和被剥削群众，他们的生活条件必然会产生民主主义和社会主义的思想体系。"① 毛泽东也指出："我们这个民族有数千年的历史，有它的特点，有它的许多珍贵品。对于这些，我们还是小学生。今天的中国是历史的中国的一个发展；我们是马克思主义的历史主义者，我们不应当割断历史。从孔夫子到孙中山，我们应当给以总结，承继这一份珍贵的遗产。"② 要总结、承继这份珍贵的历史文化遗产，自然就得埋头学习，在广泛吸收国外优秀文化成果的同时，看到中华民族在漫长的历史长河中创造出的光辉灿烂、绚丽多彩的文化，以及为世界文化宝库和人类的进步做出的巨大贡献。在世界四大文明古国中，古埃及、古巴比伦、古印度三国的文明后来全都消亡，唯独中

---

① 《列宁全集》第37卷，人民出版社1958年版，第6—7页。
② 《毛泽东选集》第2卷，人民出版社1991年版，第533—534页。

国的文明没有中断，而是继续向前发展。批判地继承这份丰厚而珍贵的历史文化遗产，必将大大增强我们的民族自信，提振我们的民族精神。

第三，有益于总结前人的经验教训，作为行事的借鉴。有许多历史人物，他们顺应历史潮流而动，获得了成功，千古留名。如唐太宗即位后，勤于政务，虚怀纳谏，广纳贤才，知人善任，促成了"贞观之治"。明太祖创建大明王朝后，提出"安民为本""锄强扶弱"的主张，推行休养生息的政策，大力恢复和发展生产，使耕地面积和人口数量迅速超越前代水平；立法定律，严惩贪污腐败，打击不法豪强，推行教化，移风易俗，使动荡不安的社会秩序迅速趋于稳定，促成了"洪武之治"。而有些历史人物，却逆时代潮流而动，最后落个遗臭万年的可耻下场。商纣王骄奢淫逸，为鹿台糟丘，酒池肉林，驰猎无穷，鼓乐无厌，并对臣民滥施"炮烙"之刑，导致百姓的不满与反抗，最终被日益强大的周族所灭。慈禧太后在独揽清廷大权之后，不仅残酷镇压太平天国、捻军起义，还在维新变法之时发动政变，囚禁光绪帝，杀害谭嗣同等六君子，破坏变法。义和团运动失败后，以她为首的清朝权贵，更是一味屈从帝国主义的势力，甘心充当列强在中国的统治工具，给中国人民带来深重的灾难，成为历史的罪人。学习中外的历史知识，汲取古人成功的经验和失败的教训，可以为人们提供行事的借鉴。

第四，可以帮助人们提高鉴别美、丑、善、恶的能力，生活得更有诗意，更好地奔向远方。在过往的历史舞台上，各色各样的人物演出一幕又一幕生动的活剧，将人性的美、丑、善、恶暴露在阳光之下。有的为正义的、进步的事业而奋勇拼搏，有的为不义的、反动的阵营而卖命；有的为国家民族的利益奋不顾身，有的为自己的蝇头小利苟且偷生；有的为民族大义不惜抛洒热血，牺牲性命，有的为顾惜自己的小命不惜卖友求荣，甚至出卖国家民族的利益。通过对中外历史知识的学习，人们可以更好地辨明什么是善、恶、美、丑，认识什么是公平、进步、正义，有所甄别，有所汲取，启迪智慧，净化心灵。特别是那些仁人志士，更为人们提供了学习的榜样。霍去病"匈奴未灭，何以家为"的崇高志向，文天祥"人生自古谁无死，留取丹心照汗青"的千古绝唱，戚继光"封侯非我意，但愿海波平"的高尚品格，林则徐"蛮烟一扫海如镜"的宏伟理想，无不激励着后人为国家民族而献身。为劳苦大众的解放、为共产主义事业而献身的李大钊、方志敏、刘胡兰、黄继光、邱少云等无产阶级革命烈士的共产主义品格，更激励着当今的人们，为实现中华民族伟大复兴、为全面建设社会主义现代化国家而奋勇拼搏。

第五，可以帮助人们正确地认识人与自然的关系，增强生态环境保护意识。无数历史事实表明，只有处理好人与自然的关系，与之和谐共处，加快推进生态文明建设，经济才能持续发展，人类才能健康生活。否则，过度地向自然索取，造成严重的环境污染、生态失衡，不仅经济无法持续发展，人类的健康也必将受到损害，无法生存。习近平总书记在视察长江、黄河时，就一再强调对长江、黄河要搞大保护，不搞大开发，要求沿江沿河各省区市都要自觉地承担起保卫母亲河的重任。人们学习历史知识,便可很好地领会其中的深刻道理,提高环保意识,自觉投身于当今的环保事业,为建设社会主义生态文明尽自己的一份力量。